MAXIMILIAN BREBÖCK
LEON BRUDY

DER TÄGLICHE ATHLET

366 Mal Inspiration und Motivation
für Fokus, Mindset und Erfolg

FBV

Bibliografische Information der Deutschen Nationalbibliothek
Die Deutsche Nationalbibliothek verzeichnet diese Publikation in der Deutschen Nationalbibliografie. Detaillierte bibliografische Daten sind im Internet über http://dnb.d-nb.de abrufbar.

Für Fragen und Anregungen:
info@m-vg.de

Originalausgabe, 3. Auflage 2025

© 2021 by FinanzBuch Verlag,
ein Imprint der Münchner Verlagsgruppe GmbH
Türkenstraße 89
D-80799 München
Tel.: 089 651285-0

Alle Rechte, insbesondere das Recht der Vervielfältigung und Verbreitung sowie der Übersetzung, vorbehalten. Kein Teil des Werkes darf in irgendeiner Form (durch Fotokopie, Mikrofilm oder ein anderes Verfahren) ohne schriftliche Genehmigung des Verlages reproduziert oder unter Verwendung elektronischer Systeme gespeichert, verarbeitet, vervielfältigt oder verbreitet werden. Wir behalten uns die Nutzung unserer Inhalte für Text und Data Mining im Sinne von § 44b UrhG ausdrücklich vor.

Redaktion: Petra Sparrer
Korrektorat: Christine Rechberger
Umschlaggestaltung: Karina Braun, München
Umschlagabbildung: Shutterstock.com/Rocksweeper
Satz: ZeroSoft, Timisoara
Druck: GGP Media GmbH, Pößneck
Printed in Germany

ISBN Print 978-3-95972-425-8
ISBN E-Book (EPUB, Mobi) 978-3-96092-798-3

Weitere Informationen zum Verlag finden Sie unter
www.finanzbuchverlag.de
Beachten Sie auch unsere weiteren Verlage unter www.m-vg.de.

INHALT

Warm-Up	4
Taktikbesprechung	7
Januar	12
Trainingsprogramm Winter	*30*
Februar	47
März	79
April	113
Trainingsprogramm Frühling	*130*
Mai	147
Juni	183
Juli	217
Trainingsprogramm Sommer	*234*
August	253
September	267
Oktober	321
Trainingsprogramm Herbst	*337*
November	355
Dezember	387
Siegerehrung	421
Anhang	422

WARM-UP

»Die besten Bücher sind die, von denen jeder meint, er habe sie selbst schreiben können.«

BLAISE PASCAL, PHILOSOPH UND MATHEMATIKER

Nicht nur die Einleitung zu diesem Buch beginnt wie selbstverständlich mit einem Zitat – viele weitere werden folgen.
Es gab eine Zeit, da waren Zitate außergewöhnlicher Menschen für uns ungefähr so etwas wie ein buntes Eis im Schwimmbad: sehr befriedigend für einen Moment, aber ohne nachhaltige Wirkung. Das war seinerzeit nicht den Botschaften geschuldet, sondern unserer Unreife. Vor allem mangelte es uns an der Fähigkeit, den gelesenen Worten auch konkrete Taten folgen zu lassen.

Zitate mit wertvollen Inhalten gibt es viele. Sie sind nicht selten die Essenz gesammelter Erfahrungen eines Menschen zu einem Thema. Sie vermitteln die Weisheit der Alten, die Verwegenheit der Jungen oder die Warnung der Erfahrenen. Auf Zitate stößt man in Büchern, Zeitungen, Magazinen und auf Websites. Zu hören sind sie im Radio, in Podcasts und im Gespräch mit alten oder neuen Weggefährten. Hin und wieder stehen sie auch an *überraschenden* Orten wie auf Hauswänden, Einladungen, Speisekarten oder in Toiletten. Viele gehen im täglichen Lärm unter, andere führen zu kurzem innerlichem Nicken. Manche machen schwierige Zeiten erträglicher oder schöne Zeiten schöner.

Jahr für Jahr, Erfahrung für Erfahrung und Zitat für Zitat haben wir gemerkt wie hilfreich es ist, die Erfahrungen und Einschätzungen anderer Menschen nicht nur wahrzunehmen, sondern sie bewusst in unserem Leben anzuwenden. An Ideen mangelt es selten, unser aller Problem ist und bleibt die Umsetzung. Die besten Zitate sind daher die, die unser Leben tatsächlich verbessern oder einen konkreten Anstoß geben, etwas anzupacken, zu verändern und zu wagen.

366 Zitate, denen wir genau das zutrauen, haben wir in diesem Buch zusammengetragen.

Der tägliche Athlet ist ein Buch, welches wir – die Autoren – uns schon viel früher als Begleiter in unserem Leben gewünscht hätten. Wir sind Sportler aus Leidenschaft, aber weder Weltklasseathleten noch olympische Hochleistungssportler. Wir haben uns Ziele gesetzt. Wir waren motiviert im Training und nervös im Wettkampf. Wir haben einige Siege gefeiert und noch mehr Niederlagen verdaut. Wir haben gute Gewohnheiten aufgebaut und schlechte zu lange behalten. Wir haben über den Tellerrand geschaut, über uns selbst gelacht und manchmal auch geweint.

Für alle diese Situationen haben wir in der Vergangenheit den Rat von Experten, Mentoren und Vorbildern gesucht und manchmal in Form von passenden Zitaten gefunden. Aus dieser Suche ist über die letzten 20 Jahre eine große Sammlung entstanden, deren beste »Stücke« wir in diesem Buch mit unseren Lesern teilen möchten.

Die von uns ausgewählten Weisheiten und Denkanstöße kommen von Menschen, die ähnliche Situationen bereits erlebt und ihre hilfreichen oder tröstenden Gedanken dazu niedergeschrieben oder auf anderem Weg an uns weitergegeben haben. Wir sprechen von erfolgreichen Sportstars, charismatischen Anführern, genialen Nobelpreisträgern und großen Philosophen ebenso wie von unbequemen Denkern, schlauen Tüftlern und verwegenen Trainern. Wir sprechen aber auch von alltäglichen Helden, die trotz schwerer Schicksalsschläge oder ungünstiger Startvoraussetzungen Lösungen gefunden haben, statt in Selbstmitleid zu versinken. Wir sind davon überzeugt, dass du von vielen Zitaten, Geschichten und Persönlichkeiten in diesem Buch etwas für dein Leben als Athlet mitnehmen kannst, sei es ein neuer Blickwinkel auf alte Probleme, motivierende Gedanken oder einfach eine Anregung zum Nachdenken.

Eine Trennlinie zwischen Sport und Leben gibt es nicht. Das haben wir am eigenen Leib erfahren. Im Gegenteil, aus der Vogelperspektive betrachtet, wirkt der Sport wie eine einzige große Metapher für unsere menschliche Existenz. Du musst also kein guter Athlet sein, um dich von diesem Buch inspirieren zu lassen. Mit Sport musst du überhaupt nichts zu tun haben, um dich von diesem Buch motivieren und anregen zu lassen. Und schon Bill Bowerman, ein legendärer Leichtathletik-Coach und Unternehmer aus den USA, stellte ganz richtig fest: »*Wenn du einen Körper hast, bist du auch ein Athlet.*«

WARM-UP

Wir laden dich ein, mit uns auf eine Lernreise durch ein ganzes Jahr, vielleicht sogar durch ein ganzes Leben zu gehen. Mögen dich die Zitate beschützen, motivieren, schmunzeln lassen oder auf neue Ideen bringen. Bei der Lektüre und deinen eigenen Reflexionen wünschen wir dir viel Vergnügen, beim Ausprobieren deiner neuen Ideen und bei der Beantwortung deiner Fragen den größtmöglichen Erfolg und Erkenntnisgewinn. Möge dir das Buch auf deinem weiteren Lebensweg als Athlet und als Mensch helfen.

Pura Vida,
Max & Leon

TAKTIKBESPRECHUNG

»That's why at the start of every season I always encouraged players to focus on the journey rather than the goal. What matters most is playing the game the right way and having the courage to grow, as human beings as well as [athletes]. When you do that, the [rest] takes care of itself.«*

PHIL JACKSON, AMERIKANISCHER BASKETBALLTRAINER

»Ich kann niemanden etwas lehren. Ich kann sie nur zum Nachdenken anregen.«

SOKRATES, GRIECHISCHER PHILOSOPH

Als Sportler wissen wir, wie wichtig und gesund gezieltes Training, gute Ernährung sowie ausreichend Schlaf und Regeneration für uns sind. Der entscheidende Einfluss unserer Psyche auf unseren Erfolg wird uns dagegen oft erst dann bewusst, wenn wir mit Motivationsproblemen zu kämpfen haben, im Training viel besser als im Wettkampf abschneiden oder andere mentale Baustellen entdecken, vor denen es sich nicht einfach weglaufen lässt. Genau wie wir unseren Körper mit Nährstoffen versorgen, müssen wir auch unseren Geist richtig ernähren. *Der tägliche Athlet* wird dir dabei helfen, mit inspirierenden Zitaten, motivierenden Geschichten und einem Blick hinter die Mindset-Kulissen erfolgreicher Menschen aus vielen verschiedenen Lebensbereichen. Dies ist ein Trainingsbuch für deinen Geist. Bevor wir gemeinsam auf den Platz laufen, gehen wir nochmals unseren Matchplan durch. Bereit?

---

* Wir haben das Originalzitat an zwei Stellen minimal abgewandelt, damit sich alle Sportler und nicht nur Basketballer angesprochen fühlen. [athletes] haben wir statt basketball players und [rest] statt ring eingesetzt.

TAKTIKBESPRECHUNG

AUFBAU DES BUCHS

Vom 1. Januar bis zum 31. Dezember findest du auf den folgenden Seiten pro Kalendertag jeweils ein Zitat, lernst seinen Verfasser besser kennen und erfährst, wie du das Zitat in deinem Leben anwenden kannst. An passenden Stellen haben wir weitere Erläuterungen zu den Tagen eingefügt.

Die 366* Zitate sind vier Kategorien zugeordnet, die jedem Athleten aus dem eigenen Leben vertraut sind.

- **Aufbruch**
  Wenn man im Sport und im Leben etwas erreichen möchte, sind Motivation und realistische Zielsetzung ebenso wichtig wie gute Gewohnheiten und ein positives Umfeld, um den Prozess nicht auf halber Strecke abzubrechen. Um diese Themen geht es im ersten Teil.

- **Wettkampf**
  Du hast die Wahl: Trainingsweltmeister zu bleiben oder dich irgendwann den Gefahren und Chancen des Wettkampfs und deinem Lampenfieber zu stellen. In diesem Themenblock erfährst du, wie du in der Arena im Moment präsent bleiben und deine Selbstzweifel überwinden kannst.

- **Entwicklung**
  Als Sieger könntest du die Welt umarmen, als Verlierer googelst du gerade nach einer neuen Sportart? Unser dritter Themenkreis hilft dir, deine Triumphe und Stolpersteine sinnvoll einzuordnen, dir ehrliche Fragen zu stellen und über dich nachzudenken.

- **Über den Tellerrand**
  Egal ob Sport die schönste Haupt- und dein sonstiger Alltag die notwendige Nebensache ist: Es schadet niemandem, in unserem vierten Themenblock über den Tellerrand hinauszuschau-

---

* Wir gehen von einem Schaltjahr aus, deswegen gibt es inklusive des 29. Februar 366 Tage.

en, sich über Tabuthemen Gedanken zu machen und dabei den Humor nicht in der Umkleidekabine zu lassen.

Damit du nicht von einem Thema dominiert wirst und ein Vierteljahr durchhalten musst, um zum nächsten vorzudringen, haben wir uns dazu entschlossen, alle vier Blöcke auf das ganze Jahr zu verteilen. Wir hoffen, dass dein Leseerlebnis auf diese Weise möglichst abwechslungsreich und spannend bleibt. Wenn du gerade Inspiration zu einem bestimmten Themenbereich brauchst, findest du nach kurzem Blättern oder durch einen Blick ins Inhaltsverzeichnis den gewünschten Input.

Jeweils Mitte Januar (Winter), Mitte April (Frühling), Mitte Juli (Sommer) und Mitte Oktober (Herbst) haben wir zudem eine Seite mit Challenges eingefügt, Herausforderungen, die dir helfen, vom Theoretiker zum Praktiker zu werden. Jede der vier Seiten besteht aus drei Aufgaben – eine für deinen Körper, eine für deinen Geist und eine für deine Interaktion mit deinen Mitmenschen. Daraus ergeben sich insgesamt zwölf Challenges – für jeden Monat des Jahres eine.

UNSERE EMPFEHLUNGEN

Es steht uns nicht zu, dir vorzuschreiben, wie du dieses Buch lesen solltest. Nichts liegt uns ferner. Betrachte die folgenden Punkte daher eher als Kabinengeflüster unter Athleten der gleichen Sportfamilie:

- **Höre auf Teamkameraden in den Gastbeiträgen!**
    Wir sind sehr glücklich darüber, dass wir einige Sportler und Trainer mit spannender Geschichte für Gastbeiträge gewinnen konnten. Ihre Artikel gewähren dir einen sehr direkten Einblick in ihr Mindset und ihre Psyche. Wir möchten dich ausdrücklich dazu ermutigen, dich nach Möglichkeit mit ihnen zu vernetzen, ihre Websites zu besuchen und ihnen weiter zu folgen.

- **Springe spontan von A nach B!**
    Wir möchten dich hiermit herzlich dazu einladen, das Buch zu jedem beliebigen Zeitpunkt deines Lebens an irgendeiner

Stelle aufzuschlagen. Wenn dir weder das Zitat noch unsere Gedanken dazu gefallen, mach am besten gleich einen Ausfallschritt zur nächsten Seite. Im Idealfall gleicht das Lesen einer spielerischen Einheit statt einem harten Zirkeltraining. Der Spaß steht im Vordergrund.

- **Lies nicht zu schnell und nicht zu lange!**
  Der tägliche Athlet ist kein packender Thriller. Du wirst das Buch nicht atemlos an einem regnerischen Wochenende verschlingen wollen. Das ist gut so und stört uns nicht im Geringsten. Vermeide, dass sich nach einigen Seiten am Stück alles zu einem großen Mindset-Brei vermischt. Nimm dir alle Zeit der Welt und noch ein bisschen mehr. Es ist ein Marathon, kein Sprint.

- **Reflektiere den Sinn der Zitate aus deiner Sicht!**
  Du interpretierst eines der Zitate vollkommen anders als wir? Unsere Ableitungen machen für dich weniger Sinn, als Nebel in Tüten zu verkaufen? Wunderbar. Wir sind nicht so größenwahnsinnig zu glauben, dass wir die Deutungshoheit haben. Die Verfasser der Zitate sind die Stars, nicht wir. Steige selbst in den Ring, diskutiere mit Coaches, Teamkameraden oder deinen Bürokollegen über die Inhalte und Aussagen. So beschleunigst du deinen Lerneffekt und dein inneres Wachstum.

- **Challenges für dich!**
  Kein Buch der Welt kann dir helfen, besser zu werden, wenn du die Inhalte und deine Vorsätze nicht umsetzen kannst. Es gibt unendlich viele Ideen, Tipps und Ratschläge zu allen möglichen Themen. Theoretisch weiß jeder, was zu tun ist, aber dieses Wissen in Taten umzusetzen ist das Problem. Ändere, tausche oder individualisiere die zwölf Herausforderungen nach Belieben. Wir geben dir nur Beispiele von Dingen, die wir selbst schon probiert haben. Hauptsache du schaffst es, zu handeln und hilfreiche Gedanken umzusetzen.

FRAGEN & ANTWORTEN

Vor dem Startschuss wollen wir noch ein paar Fragen beantworten, die dir vielleicht während der Lektüre kommen. Wenn du weitere Anmerkungen, Fragen, Zitatvorschläge für die nächste Auflage oder sonstiges Feedback hast, schreib uns bitte eine Mail an buch@wissenswelle.com und athlet@lbrudy.com oder triff uns an jedem 29. Februar auf einem Sportplatz deiner Wahl.

- **Wie ist das mit den Quellenangaben?**

    Die Suche nach aktuellen, seriösen und verifizierten Quellenangaben zu allen Zitaten ist für die meisten Autoren – auch für uns – ungefähr so lustig wie ein Barfußlauf durch das Death Valley zur Mittagszeit. Wir haben uns nach bestem Wissen und Gewissen bemüht, sind uns aber der enormen Fehleranfälligkeit bewusst. Wir bitten hier um Nachsicht und freuen uns über konstruktive Kritik, statt über erhobene Zeigefinger. Wir sind nicht perfekt, sondern auf der Suche nach spannenden Perspektiven und neuen Denkansätzen.

- **Warum sind manche Zitate auf Englisch und andere auf Deutsch?**

    Wir haben uns dazu entschlossen, die Zitate englischsprachiger Verfasser im Original zu belassen, um den ursprünglichen Charme nicht zu gefährden. Falls du Verständnisprobleme haben solltest, findest du die deutschen Übersetzungen im Anhang. Alle anderen Zitate sind auf Deutsch.

- **Phrasen über Phrasen und weiter?**

    Ein Buch über Mindset, Motivation und Inspiration kommt leider nicht ganz ohne Phrasen aus. Wir bitten aufrichtig, das zu entschuldigen. Andererseits glauben wir, dass nicht alles Gold ist, was glänzt, noch kein Meister vom Himmel gefallen ist und sind überzeugt, dass das Beste zum Schluss kommt.

TAKTIKBESPRECHUNG

- **Warum ist X nicht dabei, meine Sportart Y kommt nicht vor und überhaupt, wie kann man nur Z vergessen?**
Wir haben uns bemüht, eine ausgewogene Mischung aus Zitaten, Sportarten, Menschen und Geschichten zu finden, wissen aber um die Unmöglichkeit, es jedem Leser recht zu machen.

- **Warum kommen relativ viele Amerikaner vor?**
Das hängt zum einen mit unserer Begeisterung für den amerikanischen Sport zusammen, zum anderen gibt es einfach viele schöne und passende Zitate von Sportlern und Coaches aus den USA.

- **Warum liest man fast nur von Athleten und selten von Athletinnen?**
Für eine flüssigere Lesbarkeit haben wir uns in den meisten Fällen für den neutralen »Athleten« entschieden, womit wir alle Geschlechtsidentifikationen (weiblich, männlich, divers) ansprechen wollen. An der ein oder anderen Stelle ist die Suche nach dem Ursprung der Zitate etwas im Sand verlaufen. Dann liest du meist etwas von einer unbekannten Sportlerin oder Autorin. Denn wir sind überzeugt, dass die meisten intelligenten Sprüche der Geschichte wahrscheinlich von Frauen stammen.

JANUAR

1. JANUAR

»Everybody wants to be a bodybuilder, but nobody wants to lift no heavy-ass weights.«

RONNIE COLEMAN

> US-amerikanischer Bodybuilder der 1990er- und 2000er-Jahre und bis heute Sport-Ikone. Achtmaliger Mr. Olympia, die höchste Auszeichnung im professionellen Bodybuilding.

Jeder Sportler strebt nach dem bestmöglichen Resultat. Endlich mal den lange angestrebten Halbmarathon laufen. Vielleicht sogar einfach nur den Strandkörper für den Sommer fit bekommen. Wir alle wollen unser Ziel erreichen. Aber – um es in den gepflegteren Worten des American-Football-Coaches Paul Bryant (mit sechs Meisterschaften einer der Größten seiner Zunft) auszudrücken: *»Es kommt nicht auf den Willen zum Sieg an – den hat jeder. Es zählt der Wille, sich auf den Sieg vorzubereiten.«*

Nicht selten ziehen wir unsere Motivation aus der Bewunderung von Sportlern auf der Höhe ihrer Leistung. Dennoch dürfen wir nicht vergessen, wie viel schweißtreibende Hingabe, Leidenschaft und Arbeit hinter diesen kurzen Momenten im Rampenlicht stecken. Oft ist auch ein Verzicht auf so manche schönen Dinge des Lebens notwendig. Nur wenn wir bereit sind, konstant Mühe, Arbeit, Aufopferung und ja, manchmal auch schmerzlichen Verzicht zu investieren, werden wir es schaffen, den Gipfel des Erfolgs zu erklimmen. Lernen wir also von diesen Größen ihres Sports. Wer sonst könnte wissen, was man investieren muss, um an die Spitze zu kommen, als diejenigen, die sich jahrelang dort halten konnten? Hast du ihren Siegeswillen? Hast du ihren Willen, die notwendige Arbeit für dein Ziel zu investieren?

2. JANUAR

»Sich selbst zu kennen ist der Anfang aller Weisheit.«

ARISTOTELES (384–322 V. CHR.)

> Der griechische Universalgelehrte gilt als einer der bedeutendsten Philosophen aller Zeiten. Er wurde von Platon unterrichtet und begründete und beeinflusste maßgeblich viele Forschungsdisziplinen.

Selbsterkenntnis ist nicht gleich Selbstoptimierung. Die Bereitschaft und Offenheit, sich selbst besser kennenlernen zu wollen, bedeutet nicht automatisch, dass man unzufrieden ist oder gar undankbar für die Karten, die einem vom Leben ausgeteilt wurden. Es geht vielmehr darum, sich seiner individuellen Stärken und Schwächen überhaupt erst bewusst zu werden. Optimieren ist nur dann möglich, wenn man den Ausgangszustand kennt.

Athleten sind es gewohnt, ihren Körper zu trainieren. Ausdauer, Kraft und Koordination sind Grundvoraussetzungen für die meisten Sportarten. Seit einigen Jahren bekommt auch das mentale Training mehr Aufmerksamkeit. Zumindest im Spitzensport wird es mittlerweile als eine elementare Ursache von Erfolg und Misserfolg betrachtet.

Doch mentales Training ist um ein Vielfaches leichter und effizienter, wenn Sportler auch dazu bereit sind, sich selbst zu erforschen und besser einschätzen zu lernen. Ein Ziel ist es, sich selbst auch gerade dann der beste Freund zu sein, wenn der Stresspegel hoch ist und viel auf dem Spiel steht. Nur mit einem starken Fundament kann man bis in den Himmel bauen.

ENTWICKLUNG

3. JANUAR

An diesem Tag im Jahr 1969 wurde Michael Schumacher geboren.

»Die Blumen der Sieger gehören in viele Vasen.«

MICHAEL SCHUMACHER

> Er ist einer der größten Rennfahrer aller Zeiten, gewann siebenmal die Formel-1-Weltmeisterschaften und holte 91 *Grand Prix*-Siege. 2013 zog er sich bei einem Unfall schwere Verletzungen am Kopf zu und befindet sich seither in intensiver medizinischer Behandlung.

Du hast im Training gelitten. Du warst diszipliniert mit deiner Ernährung, deinem Schlaf, deiner Vorbereitung. Du hast die Nerven behalten, als es darauf ankam. Du, du, du? Nein, denn du bist niemals allein für deine Leistungen verantwortlich, deine Triumphe.

Wer hat dir wochen- oder monatelang den Rücken freigehalten, damit du trainieren kannst? Wer hat penibel darauf geachtet, dass dein Körper die richtigen Nährstoffe bekommt? Von wem hast du stets Aufmunterung und Zuspruch bekommen, als es wichtig für dich war?

Jeder Sportler, egal ob Einzelkämpfer oder Teamsportler, ob Superstar oder blutiger Anfänger, ob 18 oder 81 Jahre alt, hat Menschen in seinem Umfeld, die alles erst möglich machen. Die im richtigen Moment da sind oder zurückstecken. Genauso wie du dich von diesen Menschen nach Niederlagen oder Verletzungen trösten oder pflegen lässt, solltest du alle kleinen und großen Erfolgserlebnisse und Siege mit ihnen zelebrieren und dich regelmäßig bei ihnen bedanken. Respektiere ihren Anteil an deinem Leben als Athlet. Es ist keine Selbstverständlichkeit, dass sie dir helfen.

4. JANUAR

An diesem Tag gewann Nick Saban im Jahr 2004 seine erste nationale Meisterschaft mit den LSU Tigers als Cheftrainer.

»Becoming a champion is not an easy process. It is done by focusing on what it takes to get there and not on getting there.«

NICK SABAN

> Der US-amerikanische College-Football-Coach gewann mit den Teams der Louisiana State University (LSU) Tigers und University of Alabama Crimson Tide bisher sieben nationale Meisterschaften als Cheftrainer.

Kaum ein Trainer im American Football hat die vergangenen beiden Jahrzehnte so sehr geprägt wie Nick Saban. Mit dem University of Alabama Football Team etablierte er eine bislang selten erlebte Dominanz. Er ist alleiniger Rekordhalter für die meisten nationalen Meisterschaften im American College Football.

Oft bewundern wir solche Persönlichkeiten ehrfürchtig, wenn sie am Abend des Erfolgs ihre Trophäe in den Himmel recken. Wir wären aber auch nicht die erfolgsorientierten Sportler, die wir offensichtlich sind (immerhin liest du gerade ein Buch zu diesem Thema), wenn wir uns dabei nicht auch fragten: Wie machen sie das? Glauben wir den erfolgreichsten Trainern überhaupt? Sind es nicht die Pokale, Medaillen oder Championship-Ringe, die Siegertypen antreiben? Wirklich erfolgreiche Sportler wissen, dass das am Ende nur Symbole für das zuvor Geleistete sind. Sie lassen sich nicht von glänzendem Edelmetall blenden. Statt sich auf das zu konzentrieren, was nach all den vielen Schritten kommen könnte, richten sie ihre Aufmerksamkeit auf jeden einzelnen Schritt, der notwendig ist. Das Erreichen des Gipfels ist dann nur die logische Konsequenz.

5. JANUAR

An diesem Tag kam 1980 der Ex-Fußballer Sebastian Deisler zur Welt.

»Ich war zu sensibel für das große Fußballgeschäft. Man muss härter sein als ich.«

SEBASTIAN DEISLER

> Der ehemalige deutsche Fußballprofi und Nationalspieler beendete seine Fußballkarriere 2007 wegen Depressionen.

Der Meistertrainer und -spieler Jupp Heynckes hat mal über Sebastian Deisler gesagt, er sei das größte Talent des deutschen Fußballs. Keiner hat ihm seinerzeit widersprochen. Doch im Nachhinein sind nicht seine präzisen Pässe, seine großartige Technik oder seine geniale Spielübersicht seine größten Errungenschaften. Seine größte Leistung bestand darin, sich rechtzeitig vom Fußballgeschäft verabschiedet zu haben. Anzuerkennen, dass seine Depression nicht einfach wegzuschießen ist wie ein Ball aus der eigenen Abwehr. Der Verbleib im Fußballgeschäft war letztlich ein zu großes Risiko für die eigene seelische Gesundheit, das eigene Leben. Sebastian Deislers Zitat sollte Athleten nachdenklich machen. Falls du Leistungssportler oder (angehender) Profi bist, darfst du dir folgende Fragen stellen: Will ich wirklich für das große Geschäft bereit sein? Passe ich mit meinem Charakter in dieses System? Ist das Schmerzensgeld wirklich hoch genug für all das, was ich aufgeben muss?

Ähnliche Schlüsse zieht Sebastian Deisler, wenn er auf seine Zeit als Fußballer zurückschaut: »*Heute frage ich mich, ob das System, das ich verlassen habe, vielleicht kranker ist, als ich es war.*«

Lass dir deine Entscheidungshoheit von niemandem nehmen: Höre auf deinen Bauch und dein Herz. Mach eine Vollbremsung, solange du noch kannst. Du hast nur dieses eine Leben.

ÜBER DEN TELLERRAND

6. JANUAR

An diesem Tag im Jahr 2002 gewann Sven Hannawald das letzte Springen der Vierschanzentournee. Damit gelang es ihm als erstem Skispringer überhaupt, alle vier Wettbewerbe zu gewinnen.

»Ich bin kein Held. Im Schwimmbad hüpfe ich nur vom Ein-Meter-Brett. Höher trau ich mich nicht rauf.«

SVEN HANNAWALD

> Nach dem Ende seiner Karriere im Wintersport war der ehemalige Skispringer Hannawald außerdem im Fußball und im Motorsport aktiv.

Wer's glaubt wird selig, möchte man Sven Hannawald zurufen. Jemand, der gar mal selbst auf einer Skisprungschanze stand und sich vor Schwindel festhalten musste, wird beim Lesen des Zitats wahrscheinlich einen Lachkrampf kriegen. Sven Hannawald, Meister aller Skisprungklassen, Gewinner der Vierschanzentournee, furchtloser Athlet, traut sich keinen Hopser vom Drei-Meter-Brett im Schwimmbad? Komm schon.

Er bewies in einer Sportart heldenhaften Mut, während den meisten von uns schon beim Gedanken an einen Sprung vor Schreck das Blut in den Adern gefrieren würde. Für seine Erfolge wurde er von den deutschen Medien und Skisprungfans einstimmig zum Helden auserkoren. Ein Mitspracherecht hatte er damals nicht. Niemand hat ihn um seine Meinung gebeten. Dabei wurde es einigen deutschen Sporthelden in der Vergangenheit nicht immer leicht gemacht. Ein normales Privatleben gab und gibt es nicht. Jeder möchte ein Stück des Starkuchens. Trotz all seiner Erfolge hat sich Sven Hannawald selbst nie so wichtig genommen, wie wir ihn machen wollten. Bester Beweis ist das hier angeführte Zitat. Wer braucht schon unnahbare Helden, wenn es humorvolle Vorbilder gibt.

GASTBEITRAG

7. JANUAR

»Das Staunen gehört zu den stärksten Kräften, die uns in die Wiege gelegt wurden. Und gleichzeitig ist es eine der schönsten Fähigkeiten, die es gibt.«

DAS ZITAT STAMMT AUS DEM BUCH *STILLE* VON ERLING KAGGE.

> Der folgende Text ist ein Gastbeitrag von Anna von Boetticher, der deutschen Rekordhalterin im Apnoetauchen. Sie hat in zehn Jahren insgesamt 33 deutsche Rekorde und einen Weltrekord aufgestellt und in vier Weltmeisterschaften dreimal die Bronzemedaille geholt. Seit einigen Jahren berät sie tauchende Einheiten der deutschen Marine und arbeitet intensiv mit Spezialkräften der Kampfschwimmer und Minentaucher. Anna von Boetticher ist Autorin des Buchs *In die Tiefe: Wie ich meine Grenzen suchte und Chancen fand.* Weitere Infos unter: www.annavonboetticher.com.

Dieser Gedanke von Erling Kagge spricht mir aus der Seele. Wer in der Lage ist, über das Leben zu staunen und immer wieder und überall Dinge und Momente zu sehen, die überraschend, schön oder faszinierend sind, der ist auch in der Lage, immer wieder Glück zu empfinden und sich daran zu erinnern, was wirklich zählt.

Für mich bedeutet es, zu wissen, warum ich tauche. Was suche ich dort in der Tiefe der Meere? Unter dem Eis? Im Wettkampf? Wenn ich mich trainingsmüde fühle oder der Wettkampfstress bei einer WM mich fragen lässt: warum tue ich mir das an?, hilft es mir, den Kern meiner Motivation wiederzufinden, wenn ich meine Umgebung aktiv und intensiv wahrnehme.

Ein besonderes Beispiel war die Weltmeisterschaft 2013. Nach einem Unfall bei einem Weltrekordversuch im Schlittentauchen in der Disziplin ›variables Gewicht‹ nur wenige Wochen zuvor, war aus verschiedenen Gründen eine Lawine von Anfeindungen in den Internetforen der Szene über mich hereingebrochen. Ich musste den Unfall selbst noch verar-

beiten, doch in diesem Klima konnte ich das Gefühl nicht abschütteln, etwas beweisen zu müssen. Ein denkbar schlechter Ausgangspunkt für einen extremen Tauchgang. Ich spürte den Druck von allen Seiten, fühlte mich schlechter und schlechter und überlegte, ob es besser wäre, nicht zu starten. Doch dann, auf dem Weg hinaus zum Training, wusste ich auf einmal wieder: Ich tauche, weil ich es von ganzem Herzen liebe, und ich werde äußeren Umständen weder erlauben zu bestimmen, wie ich meinen Tauchgang angehe, noch wie ich ihn erlebe. Ich ging ins Wasser und hatte einen Moment der großen Klarheit: Das Staunen war zurück. Wenig später tauchte ich im Wettkampf zwei deutsche Rekorde und holte einmal den vierten Platz und einmal Bronze. Doch viel wichtiger war: Ich erlebte das Wasser, sah die Farbe des Lichts in der Tiefe, ein einzigartiges schwarzblau, ich sah einen kleinen Fisch, der vor meiner Maske Schutz suchte, und ich wusste, wie ich tauchen werde und warum.

Für mich ist es essenziell wichtig, zu wissen, was ich an meinem Sport liebe, auch dann, wenn er richtig schwer ist. Ich schätze die vielen kleinen Momente und erlebe sie intensiv. Wenn man die Sache an sich nicht liebt, sind Rekorde und Erfolg nur wenig wert, denn sie sind in einem Moment vorüber. Dabei kann man über so vieles staunen. Über die eigene Fähigkeit, die sich entwickelt, oder über die eines Kollegen. Über den Regen, durch den man läuft, während sich alle anderen in Hauseingänge ducken. Über den grauen Himmel, der an einem schlechten Tag mit den unruhigen, anthrazitfarbenen Wellen am Horizont verschwimmt. Wer staunen kann, immer wieder, hat den Motor des Lebens entdeckt.

ENTWICKLUNG

8. JANUAR

»No yes. Either HELL YEAH! or no.«

MEHRERE QUELLEN

> Das Zitat wird je nach Quelle entweder James Altucher, amerikanischer Geschäftsmann, Autor und Podcaster, oder Derek Sivers, amerikanischer Autor, Musiker und Unternehmer, zugeschrieben.

Der nächste Schachzug steht an. Die nächste sportliche Aufgabe wartet. Dein neues Ziel muss definiert werden. *»Nach dem Spiel ist vor dem Spiel«*, hat schon Sepp Herberger gesagt.

Es stimmt: Als Athlet wartet immer die nächste Herausforderung, manchmal vielleicht sogar ein wildes Abenteuer auf dich. Schließlich willst du besser werden oder zumindest etwas erleben. Im Wettstreit mit dir selbst oder mit der Konkurrenz.

Doch gerade nach einem Wettkampf macht es oftmals Sinn zu pausieren und in Ruhe zu reflektieren. Ist der nächste Schritt wirklich das, was du willst, oder nicht eher nur der normale Weg, der von einem Athleten mit einem bestimmten Leistungsniveau einfach erwartet und eigentlich nicht hinterfragt wird? Begeistert dich die nächste Etappe auf deinem sportlichen Weg oder ist dein innerer Dialog eher verhalten und pflichtbewusst, im Sinne von »dann muss ich das wohl machen«?

Natürlich kann ein Mannschaftssportler nicht einfach innerhalb einer Saison aussteigen. Auch Einzelsportler müssen manchmal gewisse Pflichten erfüllen. Irgendwann bekommen beide aber die Möglichkeit, auf die Stopptaste zu drücken und zu entscheiden, ob sie so weitermachen wollen wie bisher.

Hilfreich, um sich selbst über den weiteren Weg klarer zu werden, ist die Frage: Begeistert mich die Aussicht wirklich? Warum solltest du deine kostbare Zeit für etwas einsetzen, das dich nicht euphorisiert? Gib dich nicht mit einem »ist ganz in Ordnung« zufrieden. Es ist entweder ein HELL YEAH! oder deine Lebenszeit nicht wert.

9. JANUAR

»You have to do stuff that average people don't understand because those are the only good things.«

ANDY WARHOL

> Ist ein US-amerikanischer Künstler, Filmemacher, Verleger und Pop-Art-Ikone.

Ist dein Training nicht intensiv, wirst du im Wettkampf auch keine Intensität an den Tag legen können. Erledigst du deine Aufgaben durchschnittlich, wird auch dein Resultat nur Mittelmaß sein.

Berggipfel sind spitz, die Luft dort oben ist dünn. Oben gibt es nur für diejenigen Platz, die bereit sind, Außergewöhnliches zu leisten. Jeden Tag aufs Neue. Eine kleine Prise Talent gehört sicherlich dazu. Aber wir alle wissen: »*Hard work beats talent, if talent doesn't work hard.*« Deine Begabung mag dich vielleicht von einem höheren Ausgangspunkt starten lassen, aber erst die harte Arbeit ermöglicht es dir, in die höchsten Höhen zu gelangen, die Grenzen zu verschieben und aus dem Mittelmaß auszubrechen.

10. JANUAR

»If you don't think you were born to run, you're not only denying history. You're denying who you are.«

CHRISTOPHER MCDOUGALL

> Ist ein amerikanischer Autor und Journalist. Sein 2009 erschienenes Buch *Born to run* ist eines der erfolgreichsten Sportbücher der letzten Jahrzehnte.

Man könnte ergänzen: Der Mensch ist nicht nur zum Laufen, der Mensch ist zur Bewegung an sich geboren. Es gibt viele Tierarten, die eine bestimmte Bewegungsform viel besser können als wir: Affen können besser klettern, Geparden können schneller rennen und alle Fische können besser schwimmen als der Mensch. In Sachen motorische Vielseitigkeit macht uns allerdings niemand etwas vor. Der *Homo sapiens* ist der Zehnkämpfer der Erde.

Wir alle sind Athleten. Wir alle sind Sportler. Das flauschige Mittelgebirge, das sich momentan auf deinem Bauch befindet, ist nicht dein Schicksal, sondern optional. Du hast es jeden Tag selbst in der Hand, nein, du hast sogar die Verantwortung dir selbst gegenüber, genau das zu tun, was für deine Vorfahren selbstverständlich war: deinen Hintern zu bewegen. Mach jetzt den ersten Schritt! Aus Aufstehen wird Gehen, aus Gehen wird Laufen, aus Laufen wird Sprinten. Bewege dich wie deine Vorfahren mit dem Wissen von heute. Du bist ein Mensch. Du bist ein Sportler. Vergiss das nicht!

11. JANUAR

»If you're unwilling to leave someplace you've outgrown, you will never reach your full potential. To be the best, you have to constantly be challenging yourself, raising the bar, pushing the limits of what you can do. Don't stand still, leap forward.«

RONDA ROUSEY

> Ist eine US-amerikanische *Mixed Martial Arts (MMA) Kämpferin*, Judoka, Wrestlerin und Schauspielerin. Als erste Frau überhaupt wurde sie in die Ultimate Fighting Championship aufgenommen, dem weltweit größten MMA-Wettbewerb. Zuvor war sie die erfolgreichste amerikanische Judoka der US-Geschichte.

Entgegen der landläufigen Meinung von »*never give up*« und »*beat yesterday*« ist Aufgeben tatsächlich eine Kunst, die viele Champions beherrschen. Sie erkennen, wann der richtige Zeitpunkt für eine Richtungsänderung ist, oder wann es an der Zeit ist, etwas aufzugeben, das einfach nicht mehr funktioniert.

Sei es in ein neues Trainingsumfeld zu wechseln, sich von einer alten Trainingsmethode abzuwenden, die keine neuen Reize mehr setzt, oder eine andere Ernährungsform zu finden – um neue sportliche Wege bestreiten zu können, ist es entscheidend, immer wieder bei sich selbst anzusetzen. Zu hinterfragen, ob es Zeit für eine Veränderung ist. Genau wie unsere Muskeln benötigen auch unsere Persönlichkeiten stets neue Impulse, um Wachstum zu bewirken.

Herauszufinden, wann es besser ist, nicht mehr einfach weiterzumachen, weil man schon so lange dabei ist, sondern einen Richtungswechsel einzuschlagen, ist eine wichtige Fähigkeit aller Champions. Dabei ist es entscheidend, dass du nicht aufhörst oder eine neue Richtung einschlägst, weil dir etwas hart oder schwierig erscheint. Orientiere dich neu, weil das Alte nicht das Richtige für dich war, weil du einen neuen Reiz brauchst.

12. JANUAR

»You might not make it to the top, but if you are doing what you love, there is much more happiness there than being rich or famous.«

TONY HAWK

> Ist ein weltbekannter Skateboarder und wurde insgesamt elfmal Weltmeister. Durch seine Popularität und seine Aktionen als Unternehmer und Eventveranstalter leistete er Pionierarbeit für die globale Ausbreitung der Sportart.

Den wenigsten Sportlern ist der ganz große Wurf vergönnt. Und falls doch, dann ist er meist eine *once in a lifetime*-Erfahrung. Serienmeister und -sieger wie Roger Federer, Michael Phelps oder der FC Bayern sind mit ihren vollen Trophäenschränken die Ausnahme. Wenn du zu den restlichen 99,99 Prozent der Tennisspieler, Schwimmer und Fußballer gehörst, wirst du nie in den Genuss eines großen Titelgewinns oder eines Weltrekords kommen.

Ziemlich ernüchternd? Nicht unbedingt. Der Schlüssel zum Glück liegt nicht auf dem Boden irgendwelcher Pokale. Glück und Zufriedenheit findest du dort, wo du jetzt gerade bist, oder überhaupt nicht. Keine Trophäe, kein vollendetes Projekt und auch kein neuer Job kann dir das geben. Du musst die Vorstellung aufgeben, dass Glück immer genau da ist, wo du nicht bist. Genieße den Moment! Das ist die wahre Kunst in deinem (Sportler-)Leben.

13. JANUAR

»Das Schicksal fragt nicht.«

LUKAS MÜLLER

> Der ehemalige österreichische Skispringer verbringt seit einem Sturz 2016 mit inkompletter Querschnittlähmung den Großteil seines Alltags im Rollstuhl.

Skispringen ist eine Sportart, die besonderen Mut erfordert. Äußere und innere Faktoren wie Form, Nervenstärke und Windverhältnisse müssen vom Moment des Starts am Balken bis zum Ausfahren nach der Landung perfekt ineinandergreifen. Unberechenbare Ereignisse können im Sekundenbruchteil aus der Siegerstraße eine Sackgasse werden lassen.

Das unberechenbare Schicksal spielte in der jungen Karriere von Lukas Müller eine entscheidende Rolle. Mit aufeinanderfolgenden Titeln bei der Ski-Juniorenweltmeisterschaft galt der Österreicher als die große Nachwuchshoffnung des ganzen Landes. Bei einem Sprung im Januar 2016 brach er sich allerdings bei einem schweren Sturz den sechsten und den siebten Halswirbel. Seitdem kämpfte sich Müller im Rollstuhl mühsam zurück auf die Füße und ins Leben. Als Trainer ist er seinem Sport treu geblieben, wenn auch in einer anderen Rolle als es sein ursprünglicher Plan war.

Doch was können die eigenen Pläne schon gegen das Schicksal ausrichten? Erst das Unvorhersehbare bringt uns auf genau die neuen Wege, die wir vorher nie für möglich gehalten hätten. Heute gibt Müller als Skisprungtrainer seine Erfahrungen und sein Wissen an andere Athleten weiter. Das Schicksal fragt nicht danach, wann es dich hart trifft. Aber du kannst mit deiner Antwort immer einen positiven Weg für dich finden.

14. JANUAR

»Mit gutem Beispiel voranzugehen, ist nicht nur der beste Weg, andere zu beeinflussen, es ist der einzige.«

ALBERT SCHWEITZER

> Der bekannte Arzt, Philosoph und Universalgelehrte mit deutsch-französischen Wurzeln erhielt im Jahr 1952 den Friedensnobelpreis.

Deine Aktionen als Mannschaftssportler sind im Guten und im Schlechten ansteckend für dein Team. Auch wenn du Einzelsportler bist oder »nur« Ausdauer- oder Kraftsport praktizierst, beeinflusst du Menschen in deinem Umfeld. Das bedeutet Verantwortung und die Chance, auf das Geschehen einzuwirken. Das beginnt schon vor dem eigentlichen Auftritt. Mit wem würdest du lieber in ein Weltmeisterschaftsfinale einlaufen? Mit Thomas Müller, der dich vor dem wichtigsten Spiel eures Lebens zum Lachen bringt, oder mit einem Mitspieler, der Angst oder übertrieben großen Respekt vor dem Gegner ausstrahlt? Was bleibt bei deinem jungen Teamkollegen hängen, wenn er dir dabei zusieht, wie du deinem verletzten Gegner auf die Beine hilfst, obwohl ihr in Rückstand geraten seid und die Uhr gnadenlos läuft? Wie wichtig war es für die Mannschaft, als der Kapitän in der Halbzeitpause mit einer flammenden Rede Gänsehaut in dir und allen anderen erzeugt hat? Du bist kein unwichtiger Teil der Mannschaft. Du bist die Mannschaft. Nutze die spezifischen Charakteristika deiner Persönlichkeit, um dein sportliches Umfeld entweder zu begeistern, zu beruhigen oder aufzumuntern.

15. JANUAR

»Somewhere along the line we seem to have confused comfort with happiness.«

DEAN KARNAZES

> Der US-amerikanische Ultramarathonläufer und Buchautor mit griechischen Wurzeln lief im Jahr 2006 an 50 aufeinanderfolgenden Tagen in allen 50 amerikanischen Bundesstaaten jeweils einen Marathon.

Die wohl häufigste Frage, die Ultralangstreckenläufern gestellt wird, ist: »Warum machst du das?« Oder gleich in der verschärften Version: »Bist du völlig verrückt geworden?« Der Amerikaner Dean Karnazes ist einmal 350 Meilen am Stück gelaufen. 80 Stunden und 44 Minuten war er dafür ununterbrochen und ohne längere Ruhepausen unterwegs. Für viele Menschen ist das komplett irre.

Für Karnazes und viele seiner laufenden Geschwister im Geiste ist jedoch etwas anderes viel verrückter, als lange am Stück zu laufen: im eigenen Leben nicht an die Grenzen zu gehen. Nicht erfahren zu wollen, wozu man wirklich im Stande ist, wie viel man wirklich leisten kann, auf innere und äußere Abenteuer zu verzichten. Bequemlichkeit ist dann am schönsten, wenn man sie sich verdient hat, nicht wenn sie zum Standard, zum Normalzustand wird. Für Dean Karnazes wäre das Leben der meisten anderen Menschen viel anstrengender und frustrierender als ein Ultramarathonlauf.

TRAININGSPROGRAMM WINTER

»The resistance that you fight physically in the gym and the resistance that you fight in life can only build a strong character.«

ARNOLD SCHWARZENEGGER,
SCHAUSPIELER, UNTERNEHMER, POLITIKER

Die tägliche Challenge für deinen Körper
Körperliche Aktivität spielt in deinem Leben als Athlet wahrscheinlich schon eine große Rolle. Warum also nicht für einen Monat einen Schritt weiter gehen und täglich trainieren. So könntest du jeden Tag Liegestütze, Kniebeugen oder Sit-ups machen, eine kurze Runde laufen oder Seilspringen. Du wirst dich wundern, wie fit du durch diese zusätzlichen Minuten wirst.

Kälte: die Challenge für deinen Geist
Vorbei sind die Zeiten als Warmduscher – diesen Monat duschst du kalt. Die Mutigen drehen während der gesamten Zeit unter der Dusche auf kalt, alle anderen am Ende jeder Dusche. Eine kalte Dusche hebt deine Stimmung, stärkt dein Immunsystem und verbessert deine Durchblutung. Das Kaltduschen erfordert eine kurze Überwindung und ist daher das perfekte Mindset-Training. Mehr dazu findest du im Tageseintrag zum Zitat von Wim Hof am 28. Dezember oder bei einer Internetsuche mit seinem Namen.

Die Challenge für deine Interaktion: freundliche Taten
Selbstlose Taten stehen bei dieser Herausforderung im Mittelpunkt. Versuche sie eine Weile lang jeden Tag in dein Leben zu integrieren. Hilf einem jüngeren Athleten bei einer Übung, koche für deine Mannschaftskollegen, biete anderen Spielern an, sie zum nächsten Turnier mitzunehmen. Werde kreativ und entdecke, wie gut es tut selbstlos zu sein.

16. JANUAR

»Erhebe deine Worte, nicht deine Stimme, denn es ist der Regen, der die Blumen zum Wachsen bringt, nicht das Gewitter.«

Dschalāl ad-Dīn Muhammad Rūmī – kurz Rumi

> War ein persischer Gelehrter (1207–1273) und gilt heute als einer der bedeutendsten persischsprachigen Dichter des Mittelalters.

Sport lebt von unserer Leidenschaft, einem Zustand der Begeisterung, der sich manchmal aber auch nur schwer steuern lässt. Nicht selten sind wir in den entscheidenden Situationen unseres Matches, Duells oder Wettkampfs heißblütig und emotionsgeladen.

Wie begegnest du in diesen Momenten deinen Teamkollegen, deinem Trainer und den Offiziellen am besten? Oder dir selbst? Wahrscheinlich nicht, indem du laut wirst, andere beleidigst oder alles besser weißt. Welcher Gefühlszustand hilft dir in diesen Momenten wirklich weiter?

17. JANUAR

An diesem Tag im Jahr 1942 wurde Muhammad Ali unter seinem Geburtsnamen Cassius Marcelius Clay geboren.

»I hated every minute of training, but I said, don't quit. Suffer now and live the rest of your life as a champion.«

MUHAMMAD ALI

> War einer der erfolgreichsten Boxer (Spitzname »The Greatest«) und einer der einflussreichsten Sportler aller Zeiten. Auch abseits des Rings trat er in öffentliche Erscheinung, unter anderem als Gegner des Vietnamkriegs, Unterstützer der Gleichberechtigung von Afroamerikanern sowie der »Nation of Islam«.

Die Trainingsumgebung der Fitnessstudios hat sich in den vergangenen Jahrzehnten stark verändert. Aus den miefigen Keller-Muckibuden von früher sind gestylte, verglaste Fitnesstempel geworden. Wellness-Zusatzangebote statt puristischer Nasszelle, Smoothies in allen Farben statt dem grauen Proteinshake ohne Geschmack, und Trainingsangebote, die aus einer Wampe Sixpacks machen, nicht durch schweres Eisen, sondern durch Elektroimpulse. Spaß, Events und glückliche Sportler lassen sich besser vermarkten als Blut, Schweiß und Tränen.

Aber die Fitnessindustrie kann aufrüsten und ausschmücken wie sie will: Viele effiziente Trainingseinheiten werden auch in 100 Jahren noch keinen Spaß machen. Sie sind anstrengend, einsam und nicht glamourös. Doch wenn du als Athlet wirklich weiterkommen möchtest, sind sie alternativlos.

Du musst nicht wie Muhammad Ali jedes Training hassen. Du kannst aber deine Grenzen verschieben, statt deine Komfortzone einfach mit ins Fitnessstudio zu nehmen. Du musst auch leiden, statt dauergrinsend für Fotos auf dem sozialen Medium deiner Wahl zu posieren. Diese Aussicht mag unsexy oder sogar einschüchternd sein. Aber all das ist es wert, für deine Erfolge und deinen Stolz, es geschafft zu haben.

18. JANUAR

»It is more difficult to stay on top than to get there.«

MIA HAMM

> Ist eine ehemalige US-amerikanische Fußballerin. Sie gewann die größten Auszeichnungen des Weltfußballs (Weltmeisterin, Olympiasiegerin, FIFA Weltfußballerin) allesamt zweimal. Hamm ist neben Michelle Akers eine von zwei Frauen in der FIFA-Liste der 125 besten lebenden Fußballer.

Yeah! Du hast es geschafft. All die monatelange Qual auf dem Trainingsplatz hat sich bewährt. Die Arbeit im Maschinenraum hat sich ausgezahlt. Jubelnd stehst du nun ganz oben. Am Ziel deiner Träume. Zeit, den kurzen Moment des Ruhms zu genießen. Der Platz an der Spitze ist hart umkämpft, die Luft dünn.

Schaffst du es mal ganz nach oben, kannst du nur kurz die Aussicht genießen. Jedenfalls, wenn du oben bleiben willst. Denn oben zu bleiben, ist noch viel schwieriger als nach oben zu kommen. Sehr wenigen Athleten gelingt das. Warum sonst scheitern so viele beim Versuch, ihre größten Erfolge zu wiederholen?

Egal wie viel du gewonnen hast: Es ist wichtig, dass du dir die Einstellung bewahrst, die dich ursprünglich an die Spitze gebracht hat.

19. JANUAR

»Two things define you: your patience when you have nothing and your attitude when you have everything.«

GEORGE BERNARD SHAW

> Der irische Dichter, Politiker und Schriftsteller wurde 1925 mit dem Nobelpreis für Literatur ausgezeichnet.

Erfolgreiche Menschen zu beobachten, kann hart sein. Gerade wenn der Kontrast zum eigenen Leben sehr groß erscheint. Statt Empathie empfinden wir häufig Neid. Doch woher kommt dieser Neid? Nur weil jemand anderes etwas erreicht hat, bedeutet es doch nicht zwangsläufig, dass weniger davon für dich da ist. Stattdessen ist Geduld der bessere Begleiter auf deinem Weg zu großen Taten. Übertragen auf unser Sportlerleben sind Einfühlungsvermögen und Selbstlosigkeit im Sieg genauso unerlässlich wie in der Niederlage. Missgunst und Besitzgier, wenn du noch nicht oben angekommen bist, sind genauso schlechte Ratgeber wie Überheblichkeit und Prahlerei, wenn du an der Spitze stehst.

20. JANUAR

An diesem Tag im Jahr 1984 starb Johnny Weissmüller.

»(It was then) I received my most important lesson – in swimming, or in life. Coach Bachrach told me to swim for form and not for speed. Throughout my career I swam for form; speed came as a result of it.«

JOHNNY WEISSMÜLLER

> Als erster Mensch schwamm die US-amerikanische Schwimm-Ikone 100 Meter Freistil unter einer Minute. Fünf Olympiasiege im Freistil 1924 und 1928 sowie Bronze im Wasserball krönten neben unglaublichen 51 Weltrekorden seine eindrucksvolle Karriere.

Weissmüller war ein echter Athlet. Einer, der scheinbar mühelos zwischen Sportarten wechseln konnte. So zum Beispiel zwischen Schwimmen und Wasserball. In beiden Disziplinen konnte er olympische Medaillen abräumen. Er war so dominant, dass ihn das Olympische Komitee in einem Atemzug mit Legenden wie Mark Spitz und Michael Phelps nennt. Lediglich die damals geringere Anzahl an Veranstaltungen führte zu der kleineren Medaillensammlung Weissmüllers.

Vielleicht war es aber auch gar nicht schlecht, dass Weissmüller zwischen seinen Wettkämpfen noch Zeit für anderes hatte. Denn in den Pausen ging er gerne mal zum Sprungturm und unterhielt das Publikum mit diversen Kunststücken. Darin war Weissmüller so gut, dass er nach seiner Schwimmkarriere als Tarzan in zwölf Kinofilmen weltweite Berühmtheit erlangte.

All das passierte Weissmüller einfach so. So scheint es zumindest auf den ersten Blick. Vielleicht war es aber auch schlichtweg das Resultat seiner heute zitierten Einstellung. Statt auf das Resultat legte er seinen Fokus auf die Sache selbst. Er versuchte das Mittel, nicht den Zweck zu perfektionieren. Mit riesigem Erfolg!

21. JANUAR

»If you want to look good in front of thousands, you have to outwork thousands in front of nobody.«

DAMIAN LILLARD

> Der US-amerikanische Basketballprofi, unter anderem in Diensten des NBA-Teams Portland Trailblazers, wurde mehrfach ins All-Star-Team der besten Spieler der Liga gewählt.

Es gibt Sportler, die ihre beste Leistung vor Zuschauern bringen, oder eben genau dann, wenn es darauf ankommt. Sie wachsen auf der kleinen oder großen Bühne des Sports über sich hinaus. Ihr körpereigenes Adrenalin wirkt so leistungssteigernd, dass es eigentlich auf der Dopingliste stehen müsste.

Nervenstarke Athleten sind beeindruckend und doch gibt es Kontrahenten, an denen du dich auf deinem eigenen Weg vielleicht noch mehr orientieren solltest. Es sind Sportler, die weder Applaus noch Drucksituationen brauchen, um ihre beste Leistung zu zeigen. Sie brauchen keine externen Anreize – ein Blick in den Spiegel genügt.

Die beiden Cross Fit Champions Katrín Davíðsdóttir und Matthew Fraser zählen zu den fittesten Sportlern weltweit und sind selbst ihre größten Kritiker. Sie zeigen um 6 Uhr morgens allein keine schlechtere Leistung als um 20 Uhr in einem ausverkauften Stadion.

Hartes Training zahlt sich immer aus. Es wirkt wie eine Rüstung für die entscheidenden Momente im Wettkampf, wenn du auch mental deine Bestform brauchst. Wenn du in deiner Sportart außergewöhnlich gut werden willst, musst du auch außergewöhnlich trainieren. An diesem Weg führt auch Nervenstärke nicht vorbei. Hartes Training wirkt sich auch positiv auf deine mentalen Fähigkeiten aus, Drucksituationen standzuhalten.

22. JANUAR

»Hey, isn't that John Candy.«

JOE MONTANA

> Bekannt als einer der besten American-Football-Quarterbacks der Geschichte. Er spielte für die San Francisco 49ers und die Kansas City Chiefs und gewann insgesamt viermal den Super Bowl.

Es ist der Abend des heutigen Tags im Jahr 1988. In einer Defensivschlacht kämpfen die San Francisco 49ers gegen die Cincinnati Bengals um den Super Bowl. Drei Minuten vor Spielende gehen die Bengals mit drei Punkten in Führung. San Francisco hat den Ball und muss nun einen Touchdown erzielen, um das Spiel doch noch zu gewinnen. Ein Ballverlust, und die Niederlage wäre besiegelt. Vor diesem finalen Spielzug, versammeln sich die Offensivspieler der San Francisco 49ers im Kreis und warten auf den Schlachtplan von Spielmacher Joe Montana. Aber statt einer tiefsinnigen Rede über die Bedeutung der kommenden drei Minuten deutet Joe Montana auf die Tribüne, wo er den kanadischen Schauspieler John Candy entdeckte.

In einer Situation, in der die Anspannung sich beinahe zu verkrampfen drohte, gelang es Montana durch diese Geste, dass er und seine Teamkameraden so locker bleiben konnten, wie es für das Folgende unentbehrlich war. Nach Wiederbeginn nahm der Spielmacher der 49ers mit chirurgischer Präzision die Defensive der Bengals auseinander und gewann mit seinem Team schließlich den Super Bowl.

In den entscheidenden Momenten des Sports ist es oft diese konzentrierte Lockerheit, die den Unterschied macht. Sie ist die Basis für ein unerschütterliches Vertrauen in die eigenen Fähigkeiten. Führungsfiguren schaffen es in solchen Momenten, voranzugehen. Sie geben ihrem Team genau das, was es braucht: Leichtigkeit und Vertrauen. Eine wahre Meisterleistung an Teamführung.

23. JANUAR

»Well you know, your plan sounds to me a lot like saving up sex for your old age. It just doesn't make a lot of sense.«

WARREN BUFFETT

> Ist ein US-amerikanischer Investor und Milliardär. Seit Jahrzehnten zählt er zu den reichsten Menschen der Welt. Zusammen mit Bill Gates ist er Initiator der Kampagne *The Giving Pledge*, wobei sich Milliardäre verpflichten, mindestens die Hälfte ihres Vermögens für wohltätige Zwecke zu spenden. Er selbst gibt an, 99 Prozent seines Vermögens stiften zu wollen.

Es existiert die Vorstellung, dass wir zuerst gewisse Meilensteine erreicht haben müssen, um zu genießen. Erst wenn die Schäfchen im Trockenen sind, können wir uns Zeit für die schönen Seiten des Lebens nehmen. So auch in einer Anekdote, die Warren Buffett über einen Besuch an der Harvard Universität vor einigen Jahren erzählte. Dort kam er mit einem Absolventen der Uni ins Gespräch. Dieser junge Mann erzählte dem Milliardär, dass er nach seinem ersten Abschluss für einige bekannte Unternehmen gearbeitet hat und nun zurück an der Harvard Business School sei mit dem Plan, seinen Lebenslauf perfekt abzurunden, um schließlich für eine große Unternehmensberatung arbeiten zu können. Daraufhin entgegnete ihm Buffett, ob es wirklich das sei, was er tun möchte. Der junge Mann verneinte, aber dazu werde er »eines Tages kommen.« Das heutige Zitat gibt wieder, was Buffett von dieser Antwort hielt.

Athleten sind an einen gewissen Belohnungsaufschub gewöhnt. Wir schuften schweißtreibend, um am Ende der Saison einen Pokal in die Höhe recken zu können.

Warum sparen wir uns das Angenehme für den Feierabend, das Wochenende oder, noch schlimmer, für den Ruhestand auf? Und dann?

Verschiebe das, was dich glücklich macht, nicht auf morgen. Mach es jetzt!

24. JANUAR

»Winning is great, sure, but if you are really going to do something in life, the secret is learning how to lose. Nobody goes undefeated all the time. If you can pick up after a crushing defeat, and go on to win again, you are going to be a champion someday.«

WILMA RUDOLPH

> Die US-amerikanische Leichtathletin war mehrfache Olympiasiegerin, Weltmeisterin und wurde zu einer internationalen Ikone der Leichtathletik. In den 1960er-Jahren galt sie als die schnellste Frau der Welt. Sie war zudem eine der bekanntesten dunkelhäutigen Frauen weltweit.

Die Leichtathletin Wilma Rudolph ist ein Leuchtturm für Sportler, die sich nach einer Niederlage am liebsten verkriechen wollen, und für alle Menschen, die sich von Schicksalsschlägen und harten Lebensumständen von ihren Träumen abbringen lassen. Als Frühgeburt kam sie mit einem Gewicht von nur zwei Kilogramm auf die Welt und war eines von 22(!) Kindern, die aus den beiden Eheverhältnissen ihres Vaters stammten. Rudolph litt an mehreren gefährlichen Kinderkrankheiten wie Scharlach und Lungenentzündung. Zudem erkrankte sie mit fünf Jahren an einer Kinderlähmung, die dazu führte, dass sie Kraft in ihrem linken Fuß und Bein verlor. Bis zum Alter von zwölf Jahren musste sie eine Beinstütze tragen.

Nach solch einem Lebensstart stellt man sich die Frage, ob die spätere Olympiasiegerin und Weltrekordhalterin in ihrem Zitat wirklich von sportlichen Niederlagen spricht. Niemand bleibt im Leben vom Start bis zur Ziellinie unbesiegt. Wilma Rudolph weiß, was das Wort »Kampf« bedeutet. Erinnere dich an ihre Geschichte, wenn das Schicksal es dir das nächste Mal schwer macht. Von ihr können wir alle das Aufstehen nach dem Hinfallen lernen.

25. JANUAR

»Die Möwen folgen dem Fischkutter, weil sie glauben, dass die Sardinen zurück ins Meer geworfen werden.«

Eric Cantona

> Ist ein ehemaliger französischer Fußballspieler. Nach einem Kung-Fu-Tritt gegen einen pöbelnden Fan während eines Spiels wurde Cantona für acht Monate von jeglichem Spielbetrieb gesperrt. Das heutige Zitat ist seine Reaktion auf einer Pressekonferenz nach Bekanntgabe jener Sperre.

Was in aller Welt soll das denn heißen?, fragst du dich vielleicht gerade. Mit deinen Fragezeichen bist du nicht allein. Die Reporter auf der damaligen Pressekonferenz konnten sich auch keinen Reim darauf machen. Was war passiert? Am 25. Januar 1995 beim Spiel Manchester United gegen Crystal Palace hatte der Schiedsrichter den Spieler Eric Cantona des Felds verwiesen. Auf seinem Weg nach draußen beleidigte ein Zuschauer den Franzosen, der ihm prompt in Kung-Fu-artiger Manier einen Tritt verpasste. Cantona entkam zwar einer Gefängnisstrafe, wurde jedoch von der FIFA für acht Monate gesperrt.

In unserer zumeist glatten Sportwelt, der mehr und mehr die Charakterköpfe abhandenkommen, in der alles bis ins kleinste Detail analysiert werden muss und jedes Wort auf die Goldwaage gelegt wird, ist Cantonas Statement herrlich erfrischend: *»Diese Worte hatten keinerlei ernst gemeinte Bedeutung«*, äußerte er sich später in einem Zeitungsinterview angesprochen auf die Szene: *»Die Situation war sehr angespannt und ich wollte diese Anspannung lösen. Ich wusste, dass alle sofort analysieren wollten, was ich gesagt hatte. Sie hätten an meiner Stelle stehen und das große Unverständnis in all den Gesichtern sehen sollen. Umwerfend!«*

26. JANUAR

An diesem Tag im Jahr 1961 wurde Wayne Gretzky geboren.

»You miss 100 percent of the shots you don't take.«

WAYNE GRETZKY

> Der Spitzname »The Great One« sagt es bereits: Gretzky gilt für viele als der beste Eishockeyspieler aller Zeiten. Er spielte 20 Saisons in der nordamerikanischen Profiliga NHL und ist dort bis zum heutigen Tag sowohl der erfolgreichste Torschütze als auch Passgeber.

Der Gedankengang eines imaginären Landesligaspielers mag vielleicht wie folgt aussehen: *»Ja, ja – der hat leicht reden. Ich kann mich doch nicht mit einer Eishockeylegende, einem Jahrhundertspieler vergleichen. Die Amis immer mit ihren Vereinfachungen. So leicht ist es eben nicht in der harten Welt des unterklassigen Sports. Ich weiß, wovon ich rede. Ich habe mir meinen Platz in der Landesliga hart erkämpft in den letzten Monaten – auch ohne überdurchschnittliche Technik oder Talent. Da werde ich einen Teufel tun und in einer entscheidenden Phase des Spiels auch noch versuchen, aufs Tor zu schießen. Zugegeben: Reizen würde es mich schon. Tief drin spüre ich, dass ich es kann. Andererseits will ich auf keinen Fall der Depp sein, der es in der entscheidenden Situation vergeigt.«*

Genau diese Einstellung macht einen der Unterschiede zwischen Weltklasse und Kreisklasse aus. Wayne Gretzky ist nicht als Eishockeylegende auf die Welt gekommen. Er hat sich nur wieder und immer wieder getraut, zu schießen. Er hat Verantwortung übernommen und sich seiner Versagensangst gestellt. Nicht zu schießen, bewahrt dich vielleicht davor, für einen Tag der Depp zu sein, aber auch davor, ein Held zu werden.

27. JANUAR

Internationaler Tag des Gedenkens an die Opfer des Holocaust.

»Die letzte der menschlichen Freiheiten besteht in der Wahl der Einstellung zu den Dingen.«

VIKTOR FRANKL

> Der Wiener Neurologe und Psychiater überlebte als einziger seiner Familie drei Jahre in verschiedenen Konzentrationslagern, darunter Dachau und Auschwitz. Später verarbeitete er seine Erlebnisse in seinem Buch *...trotzdem Ja zum Leben sagen.*

Die Verbrechen Nazideutschlands in den Konzentrationslagern sind in ihrer Grausamkeit kaum zu überbieten. Die Inhaftierten erlebten tagtäglich Horror, Angst und Schmerz. So auch Viktor Frankl, der jahrelang selbst in Gefangenschaft die Qual der Konzentrationslager ertragen musste. Er musste miterleben, wie seine Mutter und Ehefrau sowie sein Vater und Bruder ermordet wurden. Nach seiner Befreiung 1945 war nichts von seinem alten Leben übrig. Fast nichts.

Viktor Frankls Leben ist ein guter Beweis dafür, dass wir auch in den schlimmsten Situationen Gutes finden können. Bei der Verarbeitung seiner Zeit im Konzentrationslager gab ihm beispielsweise der Gedanke Hoffnung, dass das Erlebte ihn zu einem besseren Psychologen machen würde. Seiner Familie bliebe immerhin die tägliche Qual erspart, die er weiterhin in seiner Erinnerung durchleben musste.

Sein extremes Beispiel zeigt uns: Es kommt nicht auf das an, was uns widerfährt, sondern darauf, wie wir reagieren. Unsere Reaktion haben wir jederzeit unter Kontrolle.

28. JANUAR

»You gain strength, courage and confidence by every experience in which you really stop to look fear in the face. You are able to say to yourself, ›I have lived through this horror. I can take the next thing that comes along.‹ You must do the thing you think you cannot do«.

ELEANOR ROOSEVELT

> War eine amerikanische Diplomatin, Kämpferin für die Menschenrechte und als Ehefrau von Franklin D. Roosevelt von 1933 bis 1945 die First Lady der USA.

Dieses Zitat von Eleanor Roosevelt wird oftmals twittergerecht zu dem Satz abgekürzt: »*Do one thing every day that scares you.*« Die Botschaft ist nicht falsch: Es kann sich lohnen, auf Dinge zuzugehen, die dir Angst machen. Meist macht dich diese Erfahrung stärker. Auch wenn eine tägliche Überwindungsübung für viele Menschen wahrscheinlich eine zu große Hürde ist.

Die ursprüngliche Empfehlung Roosevelts geht über das gezielte Verlassen der flauschigen Komfortzone hinaus. Die Mechanismen von Angst und Nervosität funktionieren nicht immer vorhersehbar und linear. Sich dagegen zu rüsten, ist kein To-do, das man einfach abhaken kann.

Lähmende Angst kann einen Sportler aus heiterem Himmel überkommen. Sie kann hinterlistiger, kräftezehrender und gemeiner sein als jeder Gegner. In diesen Momenten gilt es, ruhig zu bleiben und der Angst in die unsichtbaren Augen zu schauen. Wenn du nicht auf ihre Provokationen und Aufforderungen eingehst, sondern Angst und Nervosität als alte Bekannte willkommen heißt, verlieren sie nach kurzer Zeit ihre Kraft und Macht über dich.

Es gilt daher, dich tatsächlich regelmäßig aktiv mit deinen Ängsten zu konfrontieren. Andererseits darfst du sie sogar begrüßen, wenn sie als ungebetene Gäste zu Besuch kommen. Beides klappt nicht von heute auf morgen, aber mit der Zeit wirst du in dieser Disziplin besser und besser werden.

29. JANUAR

An diesem Tag wurde 1891 Richard Norris Williams geboren.

»Give yourself permission to shoot for something that seems totally beyond your grasp. You may be surprised at your capabilities«.

DANICA PATRICK

> Die US-amerikanische Rennfahrerin konnte 2008 in der ansonsten von Männern dominierten Motorsportwelt als erste Frau überhaupt einen Sieg bei der IndyCar-Rennserie einfahren.

Manchmal braucht es den tiefen inneren Glauben, das Unmögliche erreichen zu können. Davon zeugt nicht nur das heutige Zitat, sondern auch die erstaunliche Geschichte des Tennisspielers Richard Norris Williams. Der junge Williams war im April 1912 Passagier der RMS Titanic auf dem Weg in die USA, um dort Studium und Tennisspielen zu verbinden. Als die Titanic den Eisberg rammte und sank, sprang Norris ins eiskalte Wasser. Dort verbrachte er die nächsten sechs Stunden. Nach seiner Rettung und einer ersten ärztlichen Untersuchung riet ihm der Arzt, sich sofort seine Beine amputieren zu lassen. Amputationen waren in der damaligen Zeit bei schwerwiegenden Erfrierungen ein durchaus üblicher medizinischer Rat.

Williams, der nach wie vor von einer großen Tenniskarriere träumte, entschied sich dagegen. Stattdessen wollte er sich selbst um die Gesundheit seiner Beine kümmern. So stand er alle zwei Stunden auf und bewegte sich, um die Blutzirkulation aufrechtzuerhalten .

Seine Sturheit wurde belohnt. Seine Beine wurden gesund und er erfüllte sich seinen Traum. Er gewann mehrere US-Meisterschaften im Einzel und Doppel, *Grand-Slam-Titel* sowie den Davis Cup. Manchmal muss man an sich selbst glauben. Auch oder gerade dann, wenn es sonst niemand tut.

30. JANUAR

»What other people may find in poetry or art museums, I find in the flight of a good drive.«

ARNOLD PALMER

> War ein amerikanischer Profigolfer, und gilt als erster Sportler, der neben hohen Preisgeldern auch ebenso hohe Werbeeinnahmen erhielt.

Das Gefühl, wenn du den Ball richtig getroffen hast und schon im Moment des Kontakts weißt, »der sitzt perfekt«, ist schwierig zu beschreiben. Und doch weiß jeder, der dieses Gefühl bereits hatte, wie es sich anfühlt. Für den Bruchteil einer Sekunde bleibt die Welt stehen. Nichts um dich herum bewegt sich. Es gibt nur dich und deinen Platz in der ersten Reihe für die schönste Flugschau des Sports. Aus keinem besseren Winkel könntest du nun verfolgen, was gleich passieren wird. Scheinbar in Zeitlupe und gleichzeitig rasend schnell bewegt sich das Spielgerät. Obwohl er sich vorwärtsbewegt, scheint der Ball doch in der Luft still zu stehen. Und gleich, Sekundenbruchteile später, findet er seine finale Position. Ein herrliches Gefühl!

Ob beim Abschlag im Golf, beim Vorhand-Return im Tennis oder bei der Volleyabnahme im Fußball – solche Momente lassen die Zeit anhalten. Sie bleiben uns in Erinnerung. Ob Profi oder Amateursportler – diesen Augenblicken jagen wir hinterher. Sie machen aus unserem Sport unsere Leidenschaft. Für die Leichtigkeit, die wir in diesen Momenten spüren, lohnt sich all das Training.

31. JANUAR

»You can't start the next chapter of your life if you keep re-reading the last one.«

MICHAEL MCMILLAN

> Ein britischer Dramatiker, Künstler und Pädagoge. Seine Arbeit zeichnet sich durch die Vielfältigkeit aus. Er ist sowohl für künstlerische Installationen als auch als Autor von Theaterstücken bekannt.

Jeden Tag kommst du an den Stationen deines alten Lebens vorbei: Pokale, Fotos, Medaillen. An den Wänden und auf den Regalen bist du weiterhin Athlet. Nur regelmäßig abgestaubt müssten sie werden, die stummen Zeitzeugen der Erfolge. Wenn du das Haus verlässt, begleiten dich jedes Mal Tausende Erinnerungen. *»Das war einfach die schönste Zeit«*, – diesen Satz hat jeder, der dich kennt, schon Dutzende Male gehört, seitdem du deine Sportkarriere an den Nagel gehängt hast.

Doch du kannst so oft in den Rückspiegel schauen, wie du willst. Das Leben kann nur nach vorne gelebt werden. Zurückgehen kannst du nur in Gedanken, nicht aber in Handlungen. Richtig präsent im Hier und Jetzt bist du nur, wenn du keine mentalen Reisen in die Vergangenheit machst. Verstehe das nicht falsch: Niemand will und wird dir deine Erinnerungen nehmen. Melancholie ist ein wunderschönes Gefühl. *»Die Dosis macht das Gift.«* Diese Weisheit des Paracelsus, Schweizer Arzt und Philosoph des 16. Jahrhunderts, macht auch vor dir nicht Halt.

Es ist niemals zu spät, nochmals ganz neu zu anzufangen. Stell dich deiner Angst, wieder Anfänger zu sein. Bitte andere Menschen um Rat. Erarbeite dir neue Privilegien, statt alte einzufordern. Deine Aktionen von heute sind die Erinnerungen von morgen.

FEBRUAR

1. FEBRUAR

»Die Jungs lachen: ›Oh, du boxt. Sehr lustig.‹ Aber immer, wenn Leute lachen, denke ich mir – ›Dir werde ich es eines Tages zeigen.‹ Nachdem ich fünfmal Weltmeisterin geworden bin, sind sie alle ruhig. Und sie respektieren mich.«

MARY KOM

> Ist mit sechs Weltmeistertiteln die bis dato erfolgreichste Boxerin der Geschichte. Die Inderin engagiert sich auch politisch und ist Mitglied des indischen Parlaments.

Die Autobiografie von Mary Kom heißt *Unbreakable*. »Gegen alle Widrigkeiten« wäre auch ein guter Titel gewesen. Aufgewachsen in ärmlichen Verhältnissen als Tochter von einfachen Bauern schaffte sie dank harter Arbeit und eisernem Willen einen so märchenhaften Aufstieg, dass selbst eine Fantasiefigur wie Rocky Balboa alias Sylvester Stallone vor Neid erblassen würde. Zusätzlich zu finanziellen und logistischen Schwierigkeiten und den vielen blöden Sprüchen, die sie sich als boxende Frau in Indien anhören musste, kam, dass sie ihre Leidenschaft für das Boxen vor ihrem Vater geheim hielt. Sie lebte in der ständigen Furcht, er könne ihr die Sportart verbieten. Obwohl ihr Vater selbst ehemaliger Kampfsportler war, dachte er, Boxen würde die Chancen seiner Tochter mindern, einen passenden Ehemann zu finden. Eines Tages erfuhr der Vater aus der Zeitung von ihren Erfolgen – für ein Veto war es nun zu spät.

Egal wie deine individuellen Startvoraussetzungen sein mögen oder was andere Menschen vor oder hinter deinem Rücken über dich erzählen: Mary Kom ist der lebende Beweis dafür, dass in der Sportwelt fast nichts unmöglich ist, egal wie dein sportlicher Traum auch aussehen mag.

2. FEBRUAR

»You are never really playing an opponent. You are playing yourself, your own highest standards, and when you reach your limits, that is real joy.«

ARTHUR ASHE

> Der US-Amerikaner gewann als erster dunkelhäutiger Tennisspieler Wimbledon. Er gründete nach seiner eigenen Infektion mit dem HI-Virus in Folge einer Bluttransfusion die Arthur Ashe Foundation zur weltweiten Bekämpfung und Eindämmung von AIDS.

Arthur Ashe ist eine Legende. Er hat Brücken gebaut, wo vorher Schluchten waren. Er hat sich in einem Sport an die Spitze gekämpft, der lange – viel zu lange – nur weißen Spielern zugänglich war. Er war ein Gentleman auf und neben dem Platz.

Er stand sinnbildlich für Fairness und Anstand, aber gleichzeitig auch für Arbeitsethos und große Erfolge. Ein solcher Wegbereiter für Tausende afroamerikanische Profisportler mit zeitlosen Tugenden würde seinem Land auch in der heutigen Zeit guttun.

Die ruhige Konzentration auf das eigene Spiel war für seine Art Tennis zu spielen elementar. Wutausbrüche à la John McEnroe waren für ihn undenkbar. Verbale Auseinandersetzungen mit dem Gegner wären ihm – als schwarzem Spieler – in der weißen Tenniswelt kaum verziehen worden.

Was für Arthur Ashe richtig war, kann auch dir helfen. Konzentriere dich im Wettkampf primär auf dich selbst: deine Leistung, deine Technik, deine Taktik, deine Rituale. Wenn du deine eigenen Maßstäbe erfüllst hast, kannst du nicht als Verlierer vom Platz gehen.

3. FEBRUAR

»Die großen Leute haben eine Vorliebe für Zahlen. Wenn ihr ihnen von einem neuen Freund erzählt, befragen sie euch nie über das Wesentliche.«

ANTOINE DE SAINT-EXUPÈRYS

> Der Schriftsteller ist vor allem für sein Werk *Der kleine Prinz* bekannt.

Die finanziellen Dimensionen des Spitzensports sind in den vergangenen Jahrzehnten nahezu explodiert. So dreht sich beispielsweise im bezahlten Fußball vieles um noch höhere TV-Gelder, Ablösesummen und Gehälter. Auch im Amateurbereich geht es mittlerweile um Geld. Ohne Punkteprämie schnürt selbst in den untersten Ligen kaum noch jemand die Fußballschuhe.

Gewiss, ein Athlet muss nicht nur für die Jahre seiner Profisportkarriere, sondern auch für die Zeit danach die finanzielle Grundlage schaffen – das Maximum rausholen. Auch ambitionierter Hobbysport kommt nicht ohne Aufwand zustande.

Der kleine Prinz merkt jedoch an, dass es immer darum ginge, wie alt der neue Freund sei, wie viele Brüder er hat oder wie viel Geld sein Vater verdient. Nicht jedoch darum, wie seine Stimme klingen mag oder ob er Schmetterlinge sammelt. Ab und zu sollten wir uns aber das obige Zitat zu Gemüte führen und nachdenken: Sind es wirklich nur nackte Zahlen und harte Fakten durch die wir uns als Menschen definieren wollen?

Letztendlich ist es nicht Geld, das zählt. Es sind Werte wie Einfachheit, Liebe, Mitgefühl, Freundschaft, Familie oder Zugehörigkeit, die unser Leben reich und erfüllt werden lassen.

4. FEBRUAR

»And at the end of the day, there is nothing but the journey. Because destination is pure illusion.«

RICH ROLL

> Ausdauerathlet und Autor des Buches *Finding Ultra: Wie ich meine Midlife-Krise überwand und einer der fittesten Männer der Welt wurde.*

Ob beim Finale der Fußballweltmeisterschaft oder bei einem Tischtennisturnier vor der Haustür – meist geht es im Sport darum, als Sieger vom Platz zu gehen. Den Gegner dominiert zu haben. Diesen Ehrgeiz – wenn auch in unterschiedlichen Ausprägungen – haben die meisten Sportler. Schon als Kinder lernen wir, dass Ergebnisse zählen. Auch spätere Quereinsteiger setzen sich konkrete Ziele, wie ein bestimmtes Handicap, eine bestimmte Bestzeit oder eine bestimmte Turnierrunde zu erreichen. Ist das nicht paradox? Wir warten schließlich auch nicht unser ganzes Leben auf das Ende, den Tod. Der Moment des Triumphs ist im Vergleich zum vorherigen Weg kurz – erschreckend kurz.

Die weltweite Durchschnittszeit für einen Marathon bei Männern beträgt 4 Stunden und 13 Minuten. 29 Minuten mehr sind es bei den Frauen. Der finale Schritt über die Ziellinie dauert nur eine Sekunde. Zwar bleiben die Glückshormone länger im Körper, aber nicht so lange, als dass wir es uns leisten könnten, die Reise dorthin – inklusive monatelanger Vorbereitungszeit – zu vernachlässigen. Wäre es nicht besser, den Fokus zu verschieben? Den Prozess in den Mittelpunkt zu rücken, nicht den Moment, in dem das Ziel erreicht ist?

5. FEBRUAR

»Weiß – wie immer.«

TINA MAZE

> Die slowenische Ex-Skirennläuferin wurde 2012/13 Gesamtweltcupsiegerin. Zudem ist sie zweifache Olympiasiegerin und vierfache Weltmeisterin.

Nass. Trocken. Sulzig. Blumig. Oder gar champagnerartig. Es lässt sich viel über den Zustand der feinen Eiskristalle diskutieren, auf denen alpine Athletinnen und Athleten ihre Wettkämpfe austragen. Ganze Betreuerteams stehen bereit, um die Skier perfekt auf diese Zustände einzustellen. Mit »Weiß – wie immer« beantwortete Tina Maze nach einem Weltmeisterschafts-Trainingslauf die Frage einer Reporterin, wie der Schnee gewesen sei. Und das klingt fast ein wenig schnippisch und arrogant. Und doch gibt es Einblick in die Denkweise einer der ganz Großen ihres Sports. Immerhin gehört Tina Maze zum erlauchten Kreis der wenigen alpinen Skirennläuferinnen, die Weltcuprennen in allen fünf Disziplinen (Slalom, Riesenslalom, Super-G, Abfahrt, Super-Kombination) für sich entscheiden konnten. Ihre Antwort zeigt, dass der Fokus am Wettkampftag einzig und allein auf der Ausführung der Aufgabe liegt. Dabei geht es um das optimale Anfahren des Tors, den richtigen Schwung, Konzentration auf das, was wirklich zählt. Denn der Schnee kann sein wie er will. Echte Champions konzentrieren sich auf das, was sie zu leisten haben. Sie wissen: Alles andere befindet sich außerhalb ihres Einflussbereichs und ist damit zweitrangig.

6. FEBRUAR

»Du weißt nie, wie stark du bist, bis stark sein die einzige Wahl ist, die du hast.«

BOB MARLEY

> Der jamaikanische Musiker war einer der wichtigsten Pioniere der Reggae-Musik. Er ist in der Rock and Roll Hall of Fame und gilt als einer der bedeutendsten Musiker des 20. Jahrhunderts.

Die meisten Menschen, die dieses Buch in den Händen halten, kennen Krieg, Terrorismus und Hunger hoffentlich nur aus Geschichtsbüchern, aus Erzählungen ihrer Großeltern oder den Medien. Als Athleten aus deutschsprachigen Ländern sind wir privilegiert. Wir erleben freiwillig körperliche und mentale Ausnahmezustände in unseren Sportarten. Wir befinden uns in der Regel nicht in lebensgefährlichen oder ausweglosen Situationen.

Dennoch ist unser Leiden im sportlichen Wettbewerb echt und beileibe keine Simulation. Zum Beispiel der Krampf zehn Kilometer vor der Ziellinie im Marathonlauf. Das Gefühl, unsere Teamkameraden im entscheidenden Moment nicht hängen lassen zu wollen. Das extrem anstrengende Trainingsprogramm, das dein Trainer für alternativlos hält, damit du das nächste Level erreichst. In unserer modernen Welt steht es uns immer frei, den einfachen Weg zu gehen: Auto- statt Fahrradfahren, den Aufzug statt der Treppe nehmen, Lieferservice statt selbst einkaufen.

Als echte Athleten wählen wir bewusst nicht die bequeme Variante und rüsten damit für das Leben auf. Wir beweisen, dass wir viel mehr zu leisten imstande sind, als die Rahmenbedingungen in unserer westlichen Welt von uns verlangen. Dieses Wissen zu haben, ist auch in Friedenszeiten sehr wertvoll.

7. FEBRUAR

Am heutigen Tag 2016 wurde Brett Favre in die American Football Pro Hall of Fame aufgenommen.

»With each game I play, with each season I play, I'm running out of chances. You're never guaranteed next year. You're never guaranteed the next game. You have to seize the opportunity when it's there in front of you.«

BRETT FAVRE

> Der ehemalige American-Football-Quarterback spielte von 1991 bis 2010 in der National Football League (NFL). 1997 gewann er den Super Bowl.

Oft schwelgen wir – zugegebenermaßen wohlverdient – in Erinnerung an das letzte Tor, einen hervorragenden Zweikampf oder ein außergewöhnliches Dribbling. Sicher ertappen wir uns auch in Momenten der Niederlage schon in Gedanken an den nächsten Spielzug, den nächsten Aufschlag, den nächsten Wurf, das nächste Spiel.

Aber woher nehmen wir eigentlich die Gewissheit, dass es überhaupt ein nächstes Mal gibt? Es braucht nicht viel Fantasie, um sich Situationen vorzustellen, die ein nächstes Mal verhindern. Gewiss ist: Mit jedem Match, das wir bestreiten, kommen wir dem Ende unserer Karriere näher. Sich mit diesem Ende auseinanderzusetzen, erscheint einem gerade in jungen Jahren noch sehr fremd. Dennoch sind wir gut beraten, uns nicht der trügerischen Gewissheit des »nächsten Mals« hinzugeben. Einzig sicher ist das aktuelle Dribbling. Der jetzige Pass. Der Moment.

Wie viel Demut bringt diese Erkenntnis erst, wenn wir diesen Gedanken auf unser ganzes Leben beziehen? Dieser Gedanke hat etwas Belebendes. Sich dem Ende der Karriere oder des Lebens bewusst zu werden, hilft, die begrenzte Zeit, die wir haben, intensiver zu nutzen und zu genießen.

8. FEBRUAR

»A person always doing his or her best becomes a natural leader, just by example.«

JOE DIMAGGIO

> Er gilt weithin als einer der größten Baseballspieler aller Zeiten und ist am bekanntesten für seine Serie von 56 Spielen in Folge mit mindestens einem Schlag – bis heute der individuelle Rekord der Major League Baseball (MLB).

Entgegen der allgemein verbreiteten Meinung brauchst du keinen Titel, um ein Anführer zu sein. Weder in deiner Mannschaft noch in deinem beruflichen Team oder deiner sozialen Gemeinschaft wirst du durch schlichte Ernennung automatisch zu einer Führungsfigur. Echte Leader werden zu Anführrern, indem sie ihr Bestes geben. Indem sie mit gutem Beispiel vorangehen, schaffen sie eine Atmosphäre, in der auch ihre Teamkollegen an ihr Maximum gehen. Ein echter Anführer denkt »wir statt ich«, erklärt und fragt, statt zu befehlen, unterstützt, statt zu benutzen. Er führt nicht hierarchisch von oben herab, sondern durch Enthusiasmus und Inspiration.

9. FEBRUAR

»I think a hero is an ordinary individual who finds strength to persevere and endure in spite of overwhelming obstacles«.

CHRISTOPHER REEVE

> Der amerikanische Schauspieler, Regisseur und Aktivist erlangte als »Superman« weltweite Bekanntheit. 1995 stürzte Reeve bei einem Reitturnier schwer und war seither querschnittsgelähmt. 2004 starb er im Alter von 52 Jahren.

Nach Niederlagen im Sport wieder aufzustehen, weiterzumachen, statt alles einfach hinzuschmeißen, zeugt von Durchhaltevermögen und Charakter.

Der Amerikaner Rick van Beek ist begeisterter Triathlet. Er ist Vater einer schwerbehinderten Tochter, Maddy. Sie kam mit einem Geburtsfehler auf die Welt und kann weder sehen noch essen. 75 Prozent ihres Gehirns funktionieren nicht. Eine größere Lebensprüfung für eine Familie ist kaum vorstellbar. Dagegen wirkt jeder Ironman wie ein Spaziergang.

Doch statt beim Schwimmen, Radfahren und Laufen Ablenkung für sich allein zu suchen, entschied Rick van Beek sich anders. Er nimmt seine kranke Tochter zum Training und zu Wettkämpfen einfach mit. Fortan sitzt sie im Schlauchboot, wenn er schwimmt. Sie fährt im selbstgebauten Anhänger mit, wenn er auf dem Fahrrad sitzt oder auf der Laufstrecke ist. Er kann sehen, wie sehr ihr das Freude macht, ihr in ihrem sonst stark eingeschränkten Leben ein bisschen Freiheitsgefühl vermittelt.

Über hundert Triathlons haben Vater und Tochter bislang zusammen absolviert, ein rührendes Beispiel für die Magie des Sports. Ein Held wird man durch außergewöhnliche Taten, nicht durch große Reden.

10. FEBRUAR

»You can't stop the waves, but you can learn to surf.«

JON KABAT-ZINN

> Der emeritierte US-amerikanische Professor für Medizin ist Buchautor und Gründer einer Achtsamkeits- und Stressreduktionsklinik. Er verbindet Yoga, Buddhismus und Achtsamkeitstraining mit wissenschaftlichen Erkenntnissen.

WhatsApp, YouTube, Instagram, Facebook, Messenger, Twitter, Snapchat, Tik Tok, Tumblr, Flickr, Tinder, Pinterest, LinkedIN, Xing ..., dazu Apps, Streaming und Videospiele und, und, und ... Selbst wenn ein junger Athlet nur einen Bruchteil der genannten Plattformen und digitalen Möglichkeiten nutzt, ist es geradezu überwältigend, welches Ablenkungspotenzial jeder Besitzer eines Smartphones in der eigenen Hosentasche hat. Überall warten News, Updates, Angebote, Inhalte, Chats und noch vieles mehr auf uns. 24 Stunden, 7 Tage die Woche, 365 Tage im Jahr.

Der Lärm digitaler Reizüberflutung ist die Norm, analoge Ruhe dagegen muss man sich gezielt suchen. Das wird sich in Zukunft kaum mehr ändern, egal ob wir das gut oder belastend finden.

Umso wichtiger ist es daher für Sportler (und natürlich darüber hinaus für alle Menschen), ganz bewusst auf den Technologie-Wellen zu surfen, statt sich unter Wasser drücken zu lassen. Wichtig ist, selbst aktiv zu werden, nachzudenken und eigene Regeln aufzustellen. Sonst droht man, passiver Spielball der Ablenkungsindustrie zu werden.

Bei der konkreten Umsetzung dieser Eigenverantwortung kann man sich an die Empfehlung halten, die Online-Zeit auf eine kleine Anzahl sorgfältig ausgewählter, zeitlich begrenzter und optimierter Aktivitäten zu konzentrieren, die uns in unseren Werten unterstützen. Auf gedankenlosen Konsum und stundenlanges Scrollen kann man dann besser verzichten.

11. FEBRUAR

An diesem Tag stellte Maya Gabeira im Jahr 2020 ihren Big-Wave-Weltrekord auf.

»Es ist wirklich schwierig. Aber es wird friedlich, wenn du in Ohnmacht fällst. Wenn du weg bist, bist du weg.«

MAYA GABEIRA

Die Big Wave Surferin aus Brasilien hält mit 22,40 Meter (Stand Ende 2020) den Rekord für die größte jemals von einer Frau gesurften Welle.

Die Extremsurferin Maya Gabeira lag 2013 nach einem schweren Sturz für kurze Zeit leblos im portugiesischen Meereswasser. Kurze Zeit später konnte sie erfolgreich wiederbelebt werden. Ganz in der Nähe, in den Wellen vor der portugiesischen Stadt Nazaré, gelang ihr im Februar 2020 dann die Verbesserung ihres eigenen Weltrekords. Eine größere Welle ist noch keine Frau gesurft. Auch die meisten männlichen *Big Wave-Surfer* konnten bisher nicht mithalten.

Nahtoderfahrung und gefeierte Weltrekordinhaberin, die ständige Überwindung von körperlichen und mentalen Rückschlägen, der Kampf gegen die eigene Angst, die Lust auf neue Rekorde und Grenzüberschreitungen – Maya Gabeira lebt ein extremes Leben voller Widersprüche. Für eine Extremsportlerin wie sie gehört das zum Alltag. *Big Wave-Surfer* setzen sich großen Gefahren aus. Der eigene Tod surft als mögliche Konsequenz immer mit. Mentale Stärke und die Fähigkeit, ganz präsent im Augenblick zu bleiben, ist eine Grundvoraussetzung für das Überleben.

Maya Gabeira zieht Energie aus dieser permanenten Grenzerfahrung. Sie versucht aber auch, diejenigen Tage auszukosten, an denen sie nicht auf dem Surfbrett steht. Zeit, in der sie Schmerzen hat oder das nächste Abenteuer noch fern ist. Alle Tage sind ein Geschenk. Für Maya Gabeira und für uns alle.

12. FEBRUAR

»Die Welt zeichnet niemals einen höheren Preis auf dich aus als den, den du dir selbst gibst.«

SONJA HENIE

> Die norwegische Eiskunstläuferin errang 1928, 1932 und 1936 dreimal olympisches Gold sowie zehn Weltmeistertitel von 1927 bis 1936. Nach ihrer sportlichen Karriere wechselte Henie in die Schauspielerei. Äußerst erfolgreich, galt sie Ende der 1930er-Jahre sogar als einer der bestbezahlten Stars in Hollywood.

Du bestimmst selbst deinen Wert. Das ist in Gehaltsverhandlungen nicht anders, als wenn es um den Umgang anderer Leute mit dir und deinen Gefühlen geht. Doch woran wird unser Selbstwert gemessen? Ähnlich wie bei Staaten und Ländern an deiner jährlichen Produktionsleistung und deinem Wertsteigerungspotenzial?

Lass dich nicht zu sehr von goldenen Talern blenden. Denn eines ist gewiss: Dein letztes Hemd wird keine Taschen haben. Freundschaft, Einfühlsamkeit, Selbstbestimmtheit, Nächstenliebe und Freiheit sind die Dinge, auf die es ankommt, die unser Leben und das Leben unserer Mitmenschen bereichern. Täglich hast du die Chance, genau nach diesen Werten zu leben.

13. FEBRUAR

»I've been cheered by thousands, booed by thousands, but nothing feels as bad as the booing inside your own head during those ten minutes before you fall asleep.«

ANDRE AGASSI

> Ist ein ehemaliger Tennisspieler, achtfacher *Grand Slam-Champion* und ehemalige Nummer Eins der Weltrangliste.

In der Seele eines Athleten sind zwei Mitspieler immer mit von der Partie. Zum einen wäre da der innere Schweinehund, dessen Lieblingswörter »morgen«, »genug« und »zu anstrengend« sind. Er nervt und beklagt sich ständig. Vor allem vor Trainingseinheiten oder wenn du ein Ziel hartnäckig verfolgst, versucht er, sich Gehör zu verschaffen.

Sein kongenialer Partner in deinem Athleten-Innenleben ist der innere Kritiker. Er ist eher der Wettkampftyp und teilt dir bevorzugt in den entscheidenden Phasen seine Sicht auf die Geschehnisse mit. Gut findet er, wenn er dir direkt nach deinem Auftritt in der Dusche, auf dem Heimweg oder auch noch Tage später aus heiterem Himmel verraten kann, was er von der Performance gehalten hat – nämlich meist relativ wenig.

Doch genau wie der innere Schweinehund, der deinen Ehrgeiz und deinen Willen als unsympathische Gegner verachtet, hat auch der innere Kritiker einen Todfeind. Dieser hört auf den zugegeben seltsamen Namen »hundertprozentiger Einsatz ohne Wenn und Aber«. Verbrüderst du dich während eines Rennens, eines Matches oder eines Kampfs mit ihm, machst du den inneren Kritiker so gut wie mundtot. Auch in den Tagen danach kommt er noch nicht aus seiner Schockstarre heraus.

GASTBEITRAG

14. FEBRUAR

»Ruhig bleiben, Sicherheit ausstrahlen«.

FELIX LOCH

> Dieser Text ist ein Gastbeitrag von Felix Loch – deutscher Rennrodler der Extraklasse. Im Einsitzer und Team konnte er bisher drei olympische Goldmedaillen sowie sechsmal den Gesamtweltcup gewinnen. Dazu kommen 17 Medaillen bei Weltmeisterschaften, unglaubliche 13 davon sind Weltmeistertitel.

In meiner Karriere als Rennrodler habe ich eins gelernt: Du darfst dich von nichts und niemandem aus der Ruhe bringen lassen. Im Moment, wenn es drauf ankommt und du deine beste Leistung abrufen willst, musst du dich voll auf dich selbst konzentrieren und alles um dich herum ausblenden. Das hört sich vielleicht leichter an als es tatsächlich ist, aber mit der Zeit und vor allem mit der Erfahrung bin ich ruhiger, entspannter geworden.

Vor wichtigen Events, wie zum Beispiel vor Olympischen Spielen, ist die Aufregung rund um den Sport bzw. um die eigene Person immens hoch. Jeder möchte etwas von dir wissen: ein Interview dort, eine Veranstaltung da. In Druckmomenten habe ich gelernt, ruhig zu werden, den Fokus wirklich nur auf den einen Lauf zu legen und das tausendfach Eingeübte einfach genauso umzusetzen wie in jedem Trainingslauf auch. Ich bin der festen Meinung, dass man im Wettkampf nicht noch einen »oben drauf« setzen kann. Nein, es geht vielmehr darum, im Training schon die bestmögliche Leistung hinzulegen und diese im Rennen dann noch einmal so zu wiederholen.

Ruhig bleiben, Sicherheit ausstrahlen! Das ist für mich aber nicht nur ein Motto im Sport, sondern eine generelle Lebenseinstellung. Ich glaube, dass wir uns in der Gesellschaft generell zu schnell aufregen. Wir müssen in schwierigen, vielleicht auch neuen Situationen, die uns vor berufliche oder persönliche Herausforderungen stellen, ruhiger und gelassener vorgehen, nicht jedes Wort oder jede Handlung auf die Goldwaage legen. Sondern erst einmal abwarten und dann überlegt und besonnen vorgehen. Mit der Holzhammer-Methode bin ich in meinem Leben – sei es privat oder in der Rodelbahn – noch nie gut gefahren!

Beispiel Kindererziehung. Wir haben mit Lorenz und Ludwig wirklich wahnsinnig tolle Kinder, die für meine Frau und mich die Welt bedeuten. Es gibt aber auch Situationen – alle Eltern werden sich jetzt wiederfinden – die uns an den Rand des Wahnsinns treiben! Dann heißt es, ruhig bleiben und die Dinge nicht überbewerten. Oder – noch besser – sie sogar aus einem anderen Blickwinkel sehen. Vielleicht ist die Zeichnung an der weißen Wand gar keine Schmiererei, sondern ein kleines Kunstwerk und die Kids haben sie gemalt, um dir eine Freude zu machen?!

15. FEBRUAR

»The people who are crazy enough to think they can change the world are the ones who do.«

STEVE JOBS

> Der US-amerikanische Unternehmer ist am besten bekannt als Mitbegründer und langjähriger Geschäftsführer der Apple Inc. Als Industriedesigner gilt er als treibende Kraft hinter dem iTunes Music Store und dem iPod sowie der modernen Smartphones, und veränderte so nachhaltig unsere digitale Welt.

In der Sportwelt gibt es viele Momente und Rekorde »für die Ewigkeit«. So haben die Weltrekorde der amerikanischen Sprinterin Florence Griffith-Joyner über 100 und 200 Meter schon seit Mitte der 1980er-Jahre Bestand. Auch Sergej Bubkas legendärer Hochsprungrekord hielt unglaubliche 20 Jahre, bevor er am 15. Februar 2014 von Renaud Lavillenie um zwei Zentimeter überboten wurde. Sind Rekorde also doch nicht für die Ewigkeit? Nein, sind sie nicht! Genauso wie die amerikanische Meile unter vier Minuten (mittlerweile liegt der amerikanische High-School-Rekord sogar fast zehn Sekunden drunter) als physiologisch unmöglich galt, wird der Zwei-Stunden-Marathon eher früher als später offiziell fallen. Jeder Rekord wird irgendwann geknackt.

Sicherlich wird der Spielraum im Spitzensport immer geringer, die Luft immer dünner, Rekorde werden immer schwieriger zu erreichen. Das Unmögliche zu überwinden, beginnt immer mit jemandem, der (oder die) glaubt, es zu können. Wir limitieren uns immer wieder in unseren Vorstellungen. Unsere Gedanken bauen Grenzen auf, die es vielleicht gar nicht gibt. Es ist einfacher zu denken, du kannst etwas nicht, denn es bewahrt dich vor der harten Realität des Scheiterns und somit vor der Gewissheit, dass du vielleicht wirklich nicht in der Lage bist, etwas Großes zu erreichen. Doch was, wenn du es nur deshalb nicht erreicht hast, weil du es nie ernsthaft versucht hast?

16. FEBRUAR

An diesem Tag im Jahr 1959 wurde John McEnroe geboren.

»You cannot be serious.«

JOHN MCENROE

> Der ehemalige Weltklassetennisspieler aus den USA gewann insgesamt 77 Einzel- und 78 Doppeltitel und konnte sowohl die *Grand Slam-Turniere* Wimbledon (dreimal) und die US Open (viermal) gewinnen.

John McEnroe hat sich während seiner Karriere mit etlichen Schiedsrichtern angelegt und diese zum Teil wüst beschimpft. Er hat geflucht, geschrien und Schläger zerhackt. Er hat seinem Zorn auf dem Tennisplatz freien Lauf gelassen. Durch diese Ausbrüche verlor er oft seinen Rhythmus, machte seinen Gegnern psychologische Geschenke und verlor viele Matches, die er nicht hätte verlieren müssen.

Genau wie einst John McEnroe verlieren sich viele Sportler – egal mit welchem Leistungslevel – während eines Wettkampfs in unnötigen Debatten und Streitereien mit Schiedsrichtern, Gegnern, Zuschauern und überhaupt allen, die gerade zur falschen Zeit am falschen Ort sind.

Das kostet unendlich viel Kraft und Konzentration. Was noch schlimmer ist: Es lenkt vom Wesentlichen ab, nämlich die optimale Leistung zu zeigen. Im besten Fall schadet ein solch destruktives Verhalten nicht, einen Mehrwert hat es eigentlich nie.

Der entrüstete Ausspruch *»You cannot be serious«* von John McEnroe in seinem Erstrundenmatch in Wimbledon am 21. Juni 1981 gegenüber dem Schiedsrichter (wohlgemerkt beim Stand von 1:1 im ersten Satz) ist zu Recht legendär geworden – ein Stück Tennis- und Sportgeschichte für die Ewigkeit. Zu dem Ausspruch kam es, weil der Schiedsrichter einen Ball, den McEnroe auf der Linie gesehen hatte, auf *Aus* entschied.

Dein Zorn im Wettkampf macht dich in der Regel eher berüchtigt als berühmt. Ruhig und konzentriert zu bleiben ist die bessere Wahl.

17. FEBRUAR

In den USA und Neuseeland ist dies der Tag der spontanen Nettigkeiten, der Random Acts of Kindness Day.

»Du kannst die Worte ›Bitte‹ oder ›Danke‹ nicht oft genug sagen.«

MARIA SHARAPOVA

> Die gebürtige Russin und ehemalige Nummer Eins der Tennis-Weltrangliste gewann jedes *Grand Slam-Turnier* mindestens einmal und war elf Jahre lang die bestbezahlte Sportlerin der Welt.

Als Spitzensportler bewegt man sich in einer Welt voller vermeintlicher Freunde, wird von Menschen auf der ganzen Welt erkannt und verdient in gewissen Sportarten absurd viel Geld. Benebelt von der eigenen Wichtigkeit, der Bewunderung durch andere und der permanenten Höhenluft kann einem da schon ganz schön schwindelig werden.

Umso wichtiger ist es, den Kontakt zur Erde nicht zu verlieren und den Mitmenschen mit Respekt zu begegnen. Eine solide Basis dafür, auf dem Teppich zu bleiben, sind gute Umgangsformen. Freundlich grüßen, aufrichtig danken und lächelnd etwas Nettes sagen. Diese kleinen Gesten kosten nichts, verändern aber viel. Langfristig sind sie ebenso wichtig wie die großen sportlichen Taten, für die man zu Recht bewundert wird.

18. FEBRUAR

An diesem Tag findet jährlich in den USA der nationale Wein-Trink-Tag statt.

»A trophy carries dust. Memories last forever.«

MARY LOU RETTON

> Als 16-Jährige gewann die US-Amerikanerin bei den Olympischen Spielen 1984 eine Gold-, zwei Silber- und zwei Bronzemedaillen im Kunstturnen.

Vorschau zum Vorabend deines 85. Geburtstags. Du sitzt im Schaukelstuhl auf deiner Veranda und genießt den Sonnenuntergang. In deiner Hand ein Glas Rotwein. Noch immer ist Sport ein fester Bestandteil deines Lebens. Zwar bist du nicht mehr so leistungsorientiert wie in deiner Jugend, doch dank täglicher Bewegung weißt du, dass du noch ein paar gesunde Jahre vor dir hast. Du blickst zurück. An was erinnerst du dich? Sind es tatsächlich die Pokale und Titel, die zählen?

Für Athleten, die in ihrer Sportart alles erreicht haben, sind es erstaunlicherweise selten die Pokale, die in ihrer Erinnerung die größte Rolle spielen. Vielmehr erinnern sie sich an die Kleinigkeiten, die ihre Leidenschaft, ihren Sport so besonders gemacht haben. Sie erinnern sich daran, was sie während der kurzen Spanne ihrer Karriere erleben, oder an die Menschen, mit denen sie ihre Erfolge teilen durften.

Ein Wimpernschlag und alles ist vorbei. Lass dich nicht von Titeln treiben oder von Medaillen blenden! Denn nur das Schwelgen in Erinnerungen wird bleiben. Stelle also lieber sicher, dass du Erlebnisse kreierst, an die du dich später im Schaukelstuhl gerne erinnerst.

19. FEBRUAR

An diesem Tag im Jahr 1986 wurde die brasilianische Fußballerin Marta Viera da Silva geboren.

»Ich denke, mein Hauptziel ist es, so viele Spieler wie möglich zu beobachten und ein wenig von jedem von ihnen zu lernen, insbesondere von den Dingen, die sie gut machen«.

MARTA VIERA DA SILVA

> Marta ist eine brasilianische Fußballspielerin. Sie gilt als die beste Spielerin aller Zeiten, war sechsmal Weltfußballerin und ist WM-Rekordtorschützin.

Dieses Zitat ist beeindruckend. Besonders männliche Sportler mit großem Ego und vergleichsweise bescheidenen Erfolgen sollten es sich ausdrucken und aufhängen. Marta ist der größte Star des Frauenfußballs. Trotz ihres beeindruckenden Könnens und ihrer langen Erfolgsliste möchte sie sich immer weiter verbessern. Sie will sich von anderen Spielern etwas abschauen. Lebenslanges Lernen, Offenheit und Bescheidenheit in Reinform statt Stillstand, Voreingenommenheit und Arroganz.

Diese Einstellung zu ihrem Beruf ist sicher eine der Ursachen für die enorme Langlebigkeit ihrer Karriere. Bei der Fußball-Weltmeisterschaft 2019 war sie genauso Torschützin wie auch schon bei den vorangegangenen vier Weltmeisterschaften.

Von ihrer Einstellung solltest du dir etwas abschauen. Frage dich: Was kannst du morgen Neues lernen? Von welchen anderen ehemaligen Sportlern aus deiner Sportart kannst du dir etwas abschauen? Wie kannst du das in deinem Training konkret umsetzen?

20. FEBRUAR

»Wenn Männer gegen mich verlieren, haben sie immer Kopfschmerzen... oder ähnliches. Ich habe noch nie gegen einen völlig gesunden Mann gewonnen.«

Zsuzsa Polgár

> Die ungarische Schachspielerin wurde mit gerade einmal 15 Jahren die weltweit am höchsten platzierte weibliche Schachspielerin.

Die Nicht-Anerkennung von Niederlagen – so lustig es bei Zsuzsa Polgár klingt – ist die erste Stufe der Diskriminierung anderer Geschlechter. Der Spaß hört allerdings spätestens dort auf, wo die Vergütung und Anerkennung der erzielten Leistung nach dem Geschlecht unterschieden wird. Vieles hat sich ja schon verbessert, sagen viele. Männer natürlich. Schließlich liegen die Prämien für einen WM-Sieg der DFB-Frauen heutzutage schon bei einem Fünftel von dem, was Männer für die gleiche Leistung bekommen würden. Immerhin schon deutlich besser als früher, oder? Alles nicht so wild, sagen die anderen. Man stelle sich kurz vor, was im umgekehrten Fall für ein Sturm der Entrüstung losbräche.

Noch schlimmer sieht es abseits des Sports aus. Schon mal etwas vom geschlechterspezifischen Lohngefälle gehört? Demzufolge liegt der durchschnittliche Bruttoverdienst von Frauen in Deutschland seit Beginn der Erhebung vor über 20 Jahren weit unter dem von Männern. 21 Prozent geringerer Lohn für die gleiche Leistung, so eine Erhebung des Statistischen Bundesamts. Womit soll das gerechtfertigt sein?

Sport kann Grenzen überwinden. Bei Themen wie Diskriminierung und Gleichberechtigung müssen wir Athleten mit gutem Beispiel vorangehen. Das beginnt damit, keine Ausflüchte zu suchen, sondern anzuerkennen, wenn jemand besser ist – unabhängig von Alter, Geschlecht, Hautfarbe, sexueller Orientierung, Religion oder Herkunft.

21. FEBRUAR

An diesem Tag im Jahr 1976 begannen die ersten Paralympischen Winterspiele.

»Für mich gibt es nur ein Handicap: zu wenig Schnee.«

ANNA SCHAFFELHUBER

> Die ehemalige Monoskibobfahrerin und Athletin gewann bei Paralympischen Winterspielen insgesamt sieben Goldmedaillen, eine Silber- und eine Bronzemedaille. Ende 2019 erklärte Schaffelhuber ihren Rücktritt vom Leistungssport.

Technisches Können, Nervenstärke und das richtige Umfeld sind wichtige Voraussetzungen für den Erfolg von Sportlern. Ohne den unerschütterlichen Glauben, trotz aller Widerstände auf Kurs zu bleiben, läuft man Gefahr, irgendwann frustriert aufzugeben.

Anna Schaffelhuber wurde am 21. Februar 1993 mit einer Querschnittslähmung geboren. Seither ist sie auf einen Rollstuhl angewiesen. Statt mit ihrem Schicksal zu hadern oder sich von der schwierigen körperlichen Ausgangslage einschränken zu lassen, nahm Anna ihr Leben schon früh in die eigenen Hände. Bereits mit fünf Jahren begann sie, Monoskibob zu fahren. Der Rest ihrer einmaligen Karriere ist mittlerweile deutsche Sportgeschichte. Anna ist eine der erfolgreichsten Para-Athletinnen überhaupt.

Egal wie deine körperlichen Voraussetzungen aussehen mögen: Mit der richtigen Einstellung kann dich nichts aufhalten. Lass dir von niemandem etwas anderes einreden. Wenn du es wirklich willst, können deine Träume Realität werden. Das ist kein Spruch aus einem Glückskeks. Anna Schaffelhuber hat es uns vorgemacht. Jetzt muss nur noch Schnee fallen.

22. FEBRUAR

An diesem Tag im Jahr 1940 wurde Tenzin Gyatso als Dalai-Lama inthronisiert.

»Es gibt nur zwei Tage im Jahr, an denen man nichts tun kann. Der eine ist gestern, der andere morgen. Dies bedeutet, dass heute der richtige Tag zum Lieben, Glauben und in erster Linie zum Leben ist.«

DALAI-LAMA

> So lautet der Titel des spirituellen Anführers des tibetischen Buddhismus. Der aktuelle 14. Dalai-Lama ist Tenzin Gyatso. Er erhielt 1989 den Friedensnobelpreis.

Menschen, die im Hier und Jetzt leben, sind glücklicher, gelassener und letztlich auch erfolgreicher als Menschen, die wieder und wieder zu Situationen in der Vergangenheit zurückspulen oder ihre Ängste und Hoffnungen auf die Zukunft projizieren. Natürlich soll man aus Niederlagen und Siegen lernen. Es ist eine gute Idee, sich ambitionierte Ziele zu setzen. Das kann aber nur dann effektiv sein, wenn man sich dem aktuellen Moment, dem laufenden Training oder der Regeneration mit vollem Bewusstsein und voller Konzentration widmet.

Werde also zum Meister des Augenblicks und sei zu 100 Prozent präsent in dem, was du tust. Alles andere ist Schnee von gestern und Musik von morgen. Verstehst du diesen einfachen Gedanken und gestaltest dein Leben entsprechend, wird sich schnell vieles positiv verändern.

23. FEBRUAR

»Eine Reise mit tausend Meilen beginnt mit einem kleinen Schritt.«

LAO-TSE

> Der chinesische Philosoph, welcher der Legende nach im 6. Jahrhundert v. Chr. gelebt haben soll, begründete den Taoismus, neben Buddhismus und Konfuzianismus eine der Drei Lehren Chinas. Der philosophische Begriff »Tao« bedeutet ursprünglich »Weg«.

Fast immer kostet der kleine erste Schritt die größte Überwindung und die meiste Kraft. Egal wie groß und schwer die Aufgabe scheint, der du dich stellen willst, – die erste Hürde liegt im Beginnen. Doch hast du einmal angefangen, stellst du meist fest, dass die Aufgabe gar nicht so unmöglich ist, wie sie dir noch vor Kurzem erschien. Es ist dieser eine kleine Schritt, an den sich ein zweiter und ein dritter und viele weitere kleine Schritte reihen, die dich langsam, aber stetig deinem Ziel näherbringen. Während du dich von einem Schritt zum nächsten hangelst und die große Reise als viele kleine Einzelschritte betrachtest, aus denen sie besteht, stellst du fest, dass du dein Ziel irgendwann erreichst. Mag es zunächst auch noch so weit entfernt erscheinen.

Es kann sein, dass es seine Zeit braucht und dass es zwischendurch auch beschwerlich wird. Aber wenn du dein Ziel nicht aus den Augen verlierst, während du dich stets auf den nächsten kleinen Schritt konzentrierst, wirst du deine Mission erfüllen. Dieser Grundsatz gilt nicht nur im Sport, sondern lässt sich auf jede Situation im Leben übertragen. Wo auch immer deine Reise hingehen soll, denke daran, dass du nur den Mut haben musst, die kleinen Schritte zu gehen. In einem Monat wünschst du dir, heute begonnen zu haben. Mach noch heute den ersten Schritt.

24. FEBRUAR

»Just believe in yourself. Even if you don't just pretend that you do and, at some point, you will.«

VENUS WILLIAMS

> Stand Ende 2020 konnte die US-Amerikanerin 49 Titel im Einzel sowie 24 Turniersiege im Doppel gewinnen. Im Februar 2002 stand sie zum ersten Mal an der Spitze der Tennis-Weltrangliste, es folgten bisher elf Wochen als Nummer Eins. Zudem gewann sie im Alter von 20 Jahren Gold bei den Olympischen Spielen 2000 in Sydney.

Wie wundervoll ist doch unser Geist, – ein Ort, an dem die größten Kunstwerke dieser Erde erträumt wurden. Von Michelangelos Sixtinischer Kapelle über Beethovens Kompositionen bis hin zu Goethes fließenden Reimen. Warum also nicht diese unglaubliche Macht der Gedanken für den eigenen Weg nutzen? Ob nun als Hobbysportler beim lang ersehnten Überqueren der Marathon-Ziellinie oder als Tennislegende nach Jahren an der Spitze: Erfolge werden an dem gleichen Ort erschaffen wie die größten Kunstwerke der Menschheit – in unserem Geist. In unserem Glauben an uns selbst. Das ist die Grundlage, mit der wir den ersten Schritt zur Realität erschaffen. Worauf wartest du? Glaub an dich selbst! Niemand anderes wird es für dich tun.

25. FEBRUAR

Der jeweils vierte Mittwoch im Februar ist in den USA der Inconvenice-Yourself-Day (deutsch: Sei-unbequem-Tag), der dazu aufruft, aus der Bequemlichkeit des Alltags auszubrechen.

»Be willing to be uncomfortable. Be comfortable being uncomfortable.«

PETER ALEXANDER MCWILLIAMS

> War ein US-amerikanischer Autor, Poet, Fotograf und Aktivist. Als Autor hat er mehrere Bücher verfasst, die es auf die Bestsellerlisten der *New York Times* schafften. Bekanntheit erlangte McWilliams darüber hinaus als Advokat für den Einsatz von medizinischem Marihuana zur Behandlung klinischer Depressionen.

Die Welt, in der wir leben, ist von der Idee geprägt, dass wir Glück und Zufriedenheit kaufen können. Auf unseren Wegen suchen wir nach Abkürzungen oder *hacks*, schnellen Wegen zum sofortigen Erfolg à la »dreißig Pfund in dreißig Tagen«. Doch in der Realität gibt es keine Abkürzungen. Meist ist der Weg sehr langwierig und voller Hindernisse. Und dabei ist das Hindernis der Weg. Mitten durch das Hindernis führt der Weg auf die andere Seite. Dieser Prozess lässt dich wachsen und herausfinden, wer du wirklich bist.

Glück und Zufriedenheit finden wir, indem wir unsere Komfortzone verlassen. Wenn du dich aktiv und bewusst in Situationen begibst, die du eigentlich scheust, wird der innere Wachstumsprozess erst angestoßen, der notwendig ist, um echte innere Zufriedenheit zu finden. Und kaum etwas ermöglicht den Weg aus der Komfortzone hinaus so wie eine sportliche Herausforderung. Auch darüber hinaus solltest du dir regelmäßig die Frage stellen: Wo wägst du dich schon viel zu lange in komfortabler Sicherheit? Welches Hindernis scheust du, weil es dir unangenehm ist, dich damit auseinanderzusetzen?

26. FEBRUAR

»The hero and the coward both feel the same thing, but the hero uses his fear, projects it onto his opponent, while the coward runs. It's the same thing, fear, but it's what you do with it that matters.«

Cus D'Amato

> War ein legendärer Boxtrainer und -manager, der unter anderem Mike Tyson, Floyd Patterson und José Torres trainierte. Der New Yorker mit italienischen Wurzeln eröffnete bereits im Alter von 22 Jahren seinen eigenen Boxclub.

Feigling oder Held? Ist das ein himmelweiter Unterschied? Sind die völlig verschiedenen Charaktere Welten voneinander entfernt? Nicht wirklich. Beide sind aufgeregt, beide haben Angst. Es ist doch so: Vor einem Wettkampf oder mittendrin kommt es zu einer Situation, in der du dich – oft innerhalb von Sekundenbruchteilen – entscheiden musst. Traust du dich oder ziehst du den Schwanz ein? Zeigst du Verletzlichkeit oder machst du auf cool? Bietest du an, den Elfmeter zu schießen, oder duckst du dich weg?

Auch wenn du dich in der Vergangenheit vielleicht schon mehrmals nicht getraut hast, mach dir bewusst: Du hast jedes Mal wieder die Wahl. Dein Gegner hat die gleiche Angst. Dieses Mal wirst du mutig handeln. Dieses Mal wirst du als Held vom Platz gehen. Weil du dich getraut hast. Von jetzt an werden dich deine Mitspieler und Gegner mit anderen Augen sehen. Und was noch viel wichtiger ist – du auch dich selbst.

27. FEBRUAR

»Eine Krise ist ein produktiver Zustand. Man muss ihr nur den Beigeschmack der Katastrophe nehmen.«

MAX FRISCH

> War ein Schweizer Schriftsteller und Architekt, dessen Werke noch heute von einer breiten Öffentlichkeit gelesen und diskutiert werden.

Im Sportlerleben bleibt keiner von Rückschlägen verschont. Mal sind es kleinere Muskelverletzungen, die uns für ein paar kurze Wochen zum Zuschauen an der Seitenlinie verdammen, mal können größere Schicksalsschläge das Karriereende bedeuten. Hinzu kommen interne Mannschaftsquerelen, Auseinandersetzungen mit dem Trainer, wiederholt unfaire Behandlung durch vermeintlich unparteiische Schiedsrichter oder eine Niederlagenserie, die einfach nicht abreißen will. Schnell gerät man in eine Abwärtsspirale, aus der man sich schwer befreien kann.

Betrachten wir die Entwicklung der vergangenen Jahre und Jahrzehnte, haftet dem Wort Krise beinah schon etwas von routinierter Normalität an. Finanzkrise, außenpolitische Krise, Flüchtlingskrise, Coronakrise ... Lassen wir uns zu sehr von der negativen Konnotation dieses Worts leiten, driften wir schnell in dunkle Gedanken ab. Die Kunst, eine Krise zu überstehen, liegt in unserer Gabe, selbst in der Krise das Positive zu finden.

Verletzungen und Erkrankungen beispielsweise sind Zeichen einer Dysbalance in unserem Körper, zwischenmenschliche Auseinandersetzungen bieten Gelegenheit für persönliches Wachstum, und werden wir unfair behandelt, hilft uns dies, für unsere eigenen Werte einzustehen. In jeder Krise steckt die Möglichkeit für einen Neubeginn. Die Gelegenheit, Dinge anders und besser anzugehen. Es liegt an uns selbst, uns dessen auch in schwierigen Momenten bewusst zu werden und nicht die Verzweiflung überhandnehmen zu lassen.

28. FEBRUAR

»Slow is Smooth and Smooth is Fast.«

NAVY SEALS

> So lautet das Trainingscredo der US-Militär Spezialeinheiten *Navy Seals*, einer der am besten ausgebildeten Militäreinheiten unseres Planeten.

Werden *US Navy Seals* gerufen, handelt es sich garantiert um Missionen, die schwerer, härter und gefährlicher kaum sein können. Nicht selten geht es um das gezielte Töten von Feinden der Vereinigten Staaten. So wie im Mai 2011 beim Angriff auf den Terroristen Osama Bin Laden. Dabei arbeiten die *Navy Seals* stets unter höchstem Druck. Sie wissen, sie haben wahrscheinlich nur einen Versuch, ihren Auftrag auszuführen. Scheitern sie, können sie dafür mit ihrem Leben bezahlen.

Nun geht es für uns als Sportler glücklicherweise nie um Leben und Tod. Dennoch können wir uns etwas vom Training dieser hochausgebildeten Spitzenathleten abschauen. Überschnelles oder überstürztes Handeln hat meist ein fatales Ende. Viel wertvoller ist es, wenn du dich langsamer, dafür aber bedachter und bewusster bewegst. Mit erhöhter Sorgfalt geht ein erhöhtes Bewusstsein für Fehler in deiner Vorgehensweise einher. Wenn es darauf ankommt, können Fehler fatale Auswirkungen haben. Das Ergebnis all dieser langsamen Handlungen auf kleinster Ebene führt im Großen und Ganzen zu Beschleunigung und Effizienz. Und verbessert ultimativ die Gesamtleistung. Definiere ab heute effiziente Präzision statt überstürzten Aktionismus als dein Ziel!

29. FEBRUAR

»Live everyday as if it were your last, because someday, you're going to be right.«

MUHAMMAD ALI

> Im Februar 1999 wurde Ali vom Internationalen Olympischen Komitee zum »Sportler des Jahrhunderts« gekürt. Seine Kämpfe mit Ken Norton (3×, 1973–1976), Joe Frazier (3×, 1971–1975), und der berühmte *Rumble in the Jungle* gegen George Foreman (1974) gelten noch heute als legendär.

Nichts in unserem Leben ist so sicher wie der Tod. Na gut, außer Steuern zahlen zu müssen, wie US-Gründervater Benjamin Franklin einmal treffend feststellte. Doch trotz dieser Gewissheit, setzen wir uns selten mit der eigenen Sterblichkeit auseinander. Es ist angsteinflößend, es macht keinen Spaß.

Gerade in jungen Jahren sind wir der festen Überzeugung, dass uns noch viele Jahrzehnte auf dieser Erde bevorstehen. Genug Zeit, noch viele tolle Dinge zu erleben und zu machen. Woher nehmen wir diese Gewissheit? Es gibt keine Garantie, dass unser letzter Tag auf der Erde nicht schon heute oder morgen ist.

Du brauchst deswegen nicht mit einer Trauerwolke über deinem Kopf durch die Gegend zu laufen. Mach dir aber ab und zu bewusst, dass du zu jedem Zeitpunkt diese Erde verlassen kannst. Verschiebe also nicht zu viel auf morgen.

MÄRZ

1. MÄRZ

Welttag der Komplimente

»I always say that I'll go first ... That means if I'm checking out at the store, I'll say hello first. If I'm coming across somebody and make eye contact, I'll smile first. (I wish) people would experiment with that in their life a little bit: Be first, because – not all times, but most times – it comes on your favor. The response is pretty amazing ... nobody's going first anymore.«

GABRIELLE REECE

> Die ehemalige professionelle Volleyballspielerin aus den USA ist heute Moderatorin und Model. Sie ist mit dem *Big Wave-Surfer* Laird Hamilton verheiratet.

Durchsetzungsvermögen, Biss, die Ellenbogen ausfahren. Wir glauben, dass es archaischer Tugenden bedarf, um an die Spitze zu kommen. Als Sportler sind wir es gewohnt, mit aller Macht siegen zu wollen. Selbst der fairste Spieler geht auf dem Feld manchmal an die Grenze des Erlaubten. Spitzenathleten kennzeichnet oft ein gewisser Egoismus.

Wir sollten dennoch niemals vergessen, dass wir außerhalb des Spielfelds ganz normale Menschen sind. Ehrgeiz und Gewinnen mögen wichtig sein. Wichtiger sind aber Freundlichkeit, Rücksichtnahme, Nächstenliebe und menschliche Wärme. Ein Lächeln kostet dich nichts, ein freundliches Hallo nur einen kurzen Atemzug.

2. MÄRZ

»They say that nobody is perfect. Then they tell you practice makes perfect. I wish they'd make up their minds.«

WILT CHAMBERLAIN

> Der US-amerikanische Basketballer spielte von 1959 bis 1973 in der Profiliga National Basketball Association (NBA). Bei seinem Karriereende 1973 stand er in der ewigen Bestenliste mit 31419 Punkten auf dem ersten Platz.

Zusammen mit Michael Jordan ist der trotz einer Körpergröße von 2,16 Metern erstaunlich bewegliche Offensivspieler der bisher einzige NBA-Basketballprofi mit einem Karrierepunkteschnitt von über 30 Punkten pro Spiel. Chamberlain bekam sehr viele individuelle Auszeichnungen, erreichte Rekorde und war ein außergewöhnlicher Athlet. Zu Collegezeiten erreichte er im Hochsprung, Kugelstoßen und 100-Yard-Sprint Ergebnisse, die ihm teilweise die Olympiaqualifikation ermöglicht hätten. Seine 100 Punkte in einem Spiel am 2. März 1962 bleiben wahrscheinlich ein ewiger Rekord. Das Attribut »dominant« passt zu kaum einem Sportler so sehr wie zu Wilt Chamberlain in den 1960er-Jahren.

Sein Zitat verdeutlicht: Es gibt in unserer Welt unzählige Meinungen. Exemplarisch sieht man das beim Thema Ernährung. Vegetarisch, vegan, karnivor, Paleo, Intervallfasten, Rohkost, Ayurveda oder doch eher makrobiotisch? Ständig wechselnd scheint etwas Neues »in« zu sein. Wer weiß denn noch, was nun genau richtig ist? Schon Chamberlain fragte sich, was »sie« denn nun für richtig hielten. Ein Grund mehr dafür, seinen eigenen Weg zu finden!

3. MÄRZ

Heute im Jahr 2018 verstarb Roger Bannister.

»Every morning in Africa, a gazelle wakes up. It knows it must outrun the fastest lion or it will be killed. Every morning in Africa, a lion wakes up. It knows it must run faster than the slowest gazelle, or it will starve. It doesn't matter whether you're a lion or a gazelle – when the sun comes up, you'd better be running.«

Sir Roger Bannister

> Die britische Lauflegende auf der Mittelstrecke wurde nach der sportlichen Karriere ein medizinisch höchst anerkannter Neurologe.

Als erster Mensch überhaupt lief Roger Bannister 1954 die Meile unter der magischen Grenze von vier Minuten. Diese Barriere galt lange Zeit als unüberwindbar. Einen Marathon unter zwei Stunden zu laufen, wäre wohl eine vergleichbare Schallmauer der heutigen Zeit. Nach seiner herausragenden sportlichen Karriere als Mittelstreckenläufer wurde Bannister ein erfolgreicher Neurologe, politischer Berater und blieb als Funktionär (Sport Council of Great Britain, Mitglied des Weltrats für Sportwissenschaft und Leibeserziehung) dem Sport noch lange erhalten.

Auf die Frage, ob die Vier-Minuten-Meile seine größte Leistung sei, sagte Bannister, er sei stolzer auf seinen Beitrag zum medizinischen Fortschritt durch die Erforschung der Reaktionen des Nervensystems. Höchstleistungen auf beiden Gebieten brachten ihm 1975 den Ritterschlag der britischen Königin ein. Ob auf der Laufbahn oder in der beruflichen Karriere – wenn die Sonne aufging, gab Sir Roger Bannister immer alles.

4. MÄRZ

»Im Beruf des Schriftstellers gibt es [...] weder Sieg noch Niederlage. Verkaufszahlen, Literaturpreise oder Kritikerlob sind vielleicht äußere Zeichen des schriftstellerischen Erfolges, aber nichts davon zählt.«

HARUKI MURAKAMI

> Die Bücher des japanischen Schriftstellers und begeisterten Hobbyläufers wurden in über 50 Sprachen übersetzt und weltweit millionenfach verkauft.

Diese Worte aus dem Mund eines derart erfolgreichen Autors muten erst einmal befremdlich an. Murakami führt aber weiter aus: »*Entscheidend ist nur, ob das Geschriebene das Ziel erreicht, das man sich als Autor gesetzt hat. Dieser Anspruch duldet keine Ausreden.*« In diesem Sinne, so der Bestsellerautor, »*hat ein Roman eine gewisse Ähnlichkeit mit einem Marathonlauf*«. Man müsse die Motivation aus sich selbst ziehen und keine Bestätigung in Äußerlichkeiten suchen.

In vielen Sportarten geht es nicht darum, einen Gegner zu schlagen. Und selbst wenn: Ist es nicht viel befriedigender, sich nach den eigenen Ansprüchen zu richten, statt einzig das erzielte Resultat zur Bewertung zu nehmen? Über diese Frage lohnt es sich nachzudenken. Überführen wir das Zitat von Haruki Murakami in die Sprache des Sports, und schon haben wir eine gute Anleitung:

Im Beruf des Sportlers gibt es weder Sieg noch Niederlage. Ranglisten, Pokale oder Kritikerlob sind vielleicht äußere Zeichen des sportlichen Erfolgs, aber nichts davon zählt. Wichtig ist, die eigenen Ziele zu erreichen. Ist man selbst sein eigener Kritiker, machen Ausreden keinen Sinn. Ein Sportler sollte sich nicht nach Äußerlichkeiten, sondern nach seiner eigenen Motivation richten.

5. MÄRZ

»Wir haben zwei Leben. Das zweite beginnt, wenn wir erkennen, dass das erste endlich ist.«

KONFUZIUS

> Der chinesische Philosoph lebte wahrscheinlich vor rund 2500 Jahren. Zentraler Teil seiner Lehre war die Einfügung des Menschen in die Harmonie der ganzen restlichen Welt.

Als Sportler sind wir zielorientiert. Weit über die aktive Karriere hinaus formt der Sport unseren Charakter und stählt unseren Willen, unser Ziel so lange zu verfolgen, bis wir es erreicht haben. Wir sind diszipliniert und halten durch. Während wir dafür von Nicht-Sportlern bewundert werden, birgt unsere Zielorientierung für uns Gefahren: Wir verlieren leicht den Blick für das Wesentliche.

Bei vielen Sportlern, deren Beispiel wir in diesem Buch geben, stellte sich ein schwerer Schicksalsschlag als wichtige Fügung für den künftigen Erfolg in ihrem Leben heraus. Warum ist das so? Vielleicht, weil extreme Erfahrungen und der eigene Umgang mit dem möglichen Karriere- oder Lebensende die Sichtweise auf das Leben verändern. Man realisiert, wie kostbar und endlich die Zeit ist. Wie wichtig es ist, die Person zu werden, die man wahrhaftig sein möchte. Für unser Leben gibt es kein Inhaltsverzeichnis. Wir wissen nicht, ob wir am Beginn, in der Mitte oder schon am Ende sind.

6. MÄRZ

Am heutigen Tag bestritt Mike Tyson 1985 als 18-Jähriger seinen ersten Profi-Boxkampf.

»Every man has a plan, until he gets punched in the mouth.«

MIKE TYSON

> Der US-Amerikaner war der einzige Schwergewichts-Boxer, der die Weltmeisterschaftstitel aller drei Verbände gleichzeitig hielt. Mit 20 Jahren ist er der jüngste Boxer, der bis dato einen Schwergewichts-Titel gewonnen hat.

Das Klischeebild eines Boxers entspricht dem eines einfältigen Krawallbruders. Dabei erfordert der Boxsport neben Kraft und Schnelligkeit auch Intelligenz, Finesse und Taktik. Doch egal wie gut sich ein Boxer vorbereitet und seinen Gegner dominiert, eines ist gewiss: Er oder sie werden Schläge einstecken und Nehmerqualitäten beweisen müssen. Das Zitat von Mike Tyson ist universell übertragbar. Denn ob im Ring, auf dem Court oder im wahren Leben: Alle Planungen und Optimierungen sind erst einmal dahin, wenn dich der erste Schlag getroffen hat.

Wie reagierst du, wenn sich dir die ersten unerwarteten Herausforderungen und Schwierigkeiten in den Weg stellen? Taumelst du wie ein benommener Boxer durch den Ring auf der Suche nach deinem ursprünglichen Plan, oder schüttelst du dich kurz und bleibst trotz Widrigkeiten auf dein Ziel fokussiert? Finde einen anderen Weg, wenn das Leben zuschlägt.

7. MÄRZ

Seit 2007 ist der heutige Tag in Deutschland der Tag der gesunden Ernährung.

»The rotten apple spoils his companion.«

MEHRERE QUELLEN

> Das heutige Zitat lässt sich nicht zweifelsfrei zuordnen, geht jedoch am ehesten auf Benjamin Franklin zurück. Der US-Gründervater lebte von 1706 bis 1790 und war 1776 maßgeblich an Entwurf und Ausfertigung der Unabhängigkeitserklärung der Vereinigten Staaten beteiligt.

Obst und Gemüse sind nicht nur für Sportler wichtige Bestandteile einer ausgewogenen Ernährung. Heidelbeeren sind ganz besonders gut für dich. Das heimische Superfood enthält die für Sportler so wichtigen Antioxidantien, liefert dir viel Vitamin C und E und fördert den Sauerstofftransport in deinen Zellen. Ein großartiges Gefühl, wenn man im Supermarkt das letzte Schälchen ergattert! Umso ärgerlicher, wenn du zu Hause feststellst, dass eine einzige schlechte Beere ganz unten in der Ecke schon alle Früchte um sie herum mit einem leichten weißen Pelz befallen hat. Jetzt musst du schnell handeln und all diese Heidelbeeren entfernen, um wenigstens noch ein paar genießen zu können. Bemerkst du die faule Beere zu spät, währt die anfängliche Freude über die blauen Wunderfrüchte nicht allzu lange.

Ob nun Heidelbeere, Apfel oder einfach ein schlechter Moment – in unserem (Sportler)leben ist das nicht anders. Selbst bei gründlichster Inspektion wirst du den Wurm im Apfel nicht erkennen. Schlechte Früchte kommen vor. Wir alle haben schlechte Tage. Ein Wurf misslingt. Ein Plan geht nicht ganz auf. Dein Gegenüber behandelt dich unfair. Daran kannst du nichts ändern. Erlaube diesen Momenten jedoch nicht, alles andere in deinem Tag zu ruinieren. Handle schnell und bewusst, damit du den Rest noch genießen kannst.

8. MÄRZ

Heute ist der internationale Tag der Frauen.

»Long-term consistency trumps short-term intensity.«

BRUCE LEE

> War ein weltweit bekannter *Martial Arts Kämpfer*, Lehrer, Schauspieler und Philosoph. Das *Time Magazine* zählte ihn zu den 100 wichtigsten Personen des 20. Jahrhunderts.

Vielleicht kennst du das: Du hörst von einem neuen revolutionären Weg, bist sofort inspiriert und legst gleich los. Die ersten Tage und Wochen treibt dich diese Inspiration auch dazu an, dranzubleiben. Doch nach und nach wirst du etwas nachlässiger, bevor du dann mehr und mehr in Undiszipliniertheit verfällst. »Ich bin einfach nicht stark genug, um ein richtig tolles Programm mal wirklich durchzuziehen,« flüstern dir deine Selbstzweifel ins Ohr.

Nicht derjenige mit dem besten Plan kommt am meisten voran, sondern wer sich am besten und am längsten daran halten kann. Die besten Vorsätze und Theorien sind wertlos, wenn du es nicht schaffst, tatsächlich dabeizubleiben. Doch genau dieses Wissen kannst du nutzen. Nicht die perfekte Strategie ist entscheidend, sondern dein Durchhaltevermögen. Statt dich an dem schwersten, komplexesten und schnellsten Plan zu orientieren, wähle eine Strategie, die du möglichst wahrscheinlich bis zum Ende durchhalten kannst. Beständigkeit schlägt Intensität. Beständigkeit führt zu echten Fortschritten. Beständigkeit pflastert den Weg zum Erfolg.

GASTBEITRAG

9. MÄRZ

»Gib alles – nur nie auf!«

NORBERT ELGERT

> Der folgende Text ist ein Gastbeitrag von Norbert Elgert, einem der erfolgreichsten Fußballtrainer und -lehrer im Nachwuchsbereich. Seit 1996 ist der ehemalige Fußballprofi der führende Ausbilder beim FC Schalke 04. Zu seinen ehemaligen Spielern gehören viele große Namen des deutschen Fußballs, unter anderem Manuel Neuer, Julian Draxler, Mesut Özil, Benedikt Höwedes und Leroy Sane. Norbert Elgert ist Autor des Buches *Gib alles – nur nie auf! Die Erfolgsstrategien vom Trainer der Weltstars*.

Um allgemein im Leben und speziell im Spitzenfußball erfolgreich zu sein, braucht man auf jeden Fall Talent. Talent ist eine Begabung, die jemanden zu überdurchschnittlichen Leistungen auf einem bestimmten Gebiet befähigt. Aber rein sportliche Begabung ist nur eine Voraussetzung. Talent stellt dich nur in die Tür zum Profifußball, aber erst Charakter, Einstellung, Motivation, Ausdauer und hartes, intelligentes Training über einen langen Zeitraum bringen dich durch die Tür. Das heißt, du brauchst auch ein Talent dafür, dein Talent zu nutzen. Ein Talent dafür, Hindernisse und Schwierigkeiten zu überwinden. Ein Talent dafür, immer alles zu geben, durchzuhalten und nie aufzugeben. Gewinnen fängt immer an mit Beginnen. Denn jedes Talent und jede Begabung entfaltet sich nur durch Betätigung. Um zu beginnen, muss ich zunächst einmal wissen, was und wohin ich überhaupt will. Ich muss ein Ziel haben, denn wenn ich nicht ziele, kann ich auch nicht treffen. Wer nicht weiß, wo das Tor steht, der wird es auch nicht treffen. Alle erfolgreichen Menschen haben klare und eindeutige Ziele. Ob wir wirklich alle unsere Ziele erreichen, ist gar nicht so entscheidend. Was wirklich zählt, ist, dass wir uns anstrengen und immer alles geben. So lernen wir dazu, wachsen und entwickeln neue Fähigkeiten. Der wirk-

liche Wert eines großen Ziels ist unsere Entwicklung auf dem Weg dorthin. Das Hauptziel, der Fixstern, sollte groß und herausfordernd, aber auch erreichbar sein. Wichtig ist es, sich Zwischen- oder Etappenziele zu setzen, einen Schritt nach dem anderen zu machen. Die Etappenziele oder Sprossen auf der Erfolgsleiter müssen herausfordernd und bei vollem Einsatz erreichbar sein. Denn unerreichbare Ziele führen zu Demotivation und sogar Frustration. Zu einfach erreichbare Ziele bremsen die Entwicklung und hindern dich daran, das Beste aus dir herauszuholen. Wie schon einmal gesagt, entfaltet sich jedes Talent nur durch Betätigung und Training. Genie ist Fleiß und braucht Zeit. Um wirklich in einer Sache Spitze zu werden, braucht man ungefähr zehn Jahre oder ca. 10 000 Stunden hartes und intelligentes Training. Wenn du nach oben willst, musst du dich ständig in allen wichtigen Bereichen verbessern und jeden Tag dein Bestes geben. Ein weiteres Lebensmotto von mir ist ein Zitat von John Wooden: »Sei jeden Tag der Beste, der du sein kannst, um in Zukunft der Beste zu werden, der du werden kannst«. Das bedeutet für mich: Sei heute besser als gestern und morgen besser als heute usw. Um große Ziele zu erreichen, sind Durchhaltevermögen und Ausdauer vielleicht die wichtigsten Eigenschaften, die man braucht, denn man wird auf dem Weg zum Ziel immer wieder verlieren, hinfallen und auch mal scheitern. Einer meiner großen Vorbilder und Mentoren Dr. Robert Schuller meinte dazu: »Erfolg ist eine Frage des Durchhaltens und Misserfolg eine Folge von zu frühem Aufgeben.«

In diesem Sinne: »Gib immer alles, nur nie auf«.

10. MÄRZ

»Don't run too fast through life. You only have one.«

BO JACKSON

> Der einzige Profisportler in der Geschichte, der sowohl im Baseball als auch im American Football als All-Star ausgezeichnet wurde.

Viele Athleten entwickeln sich zu Profisportlern, indem sie ihre Athletik im Kindesalter durch mehrere Sportarten verbessern. Sie sind Generalisten, bevor sie zu Spezialisten werden. Beispielsweise galt Fußballer Wayne Rooney lange als großes Boxtalent. Der spätere Weltmeister Bastian Schweinsteiger musste sich irgendwann zwischen Fußball und Skifahren entscheiden – in beiden Sportarten war er überdurchschnittlich gut. Früher oder später müssen alle großen Sportler ihre Wahl treffen.

Doch es gibt Ausnahmen. Wenn jemand die Definition eines perfekten Athleten erfüllt, dann der 1,84 Meter große Bo Jackson. Der US-Amerikaner war professioneller Footballspieler in der National Football League (NFL). Die Saison geht dort üblicherweise über den Herbst, von August bis zum Ende des Jahres. Im Frühjahr und Sommer bereiten sich die Teams in Camps und mit einigen Testspielen auf die neue Saison vor. Zu langweilig für den herausragenden Athleten Bo Jackson. Während der spielfreien Footballzeit spielte er professionell Baseball in der Major League Baseball (MLB). Zwei Karrieren, die man normalerweise nicht auf höchstem Niveau kombinieren kann. Jackson jedoch war in beiden Welten so stark, dass er sowohl in der NFL als auch in der MLB ins All-Star-Team gewählt wurde. Geschwindigkeit gepaart mit Beweglichkeit und purer Kraft machten Jackson wahrlich einzigartig.

Etwas Vergleichbares gelang nicht einmal dem Basketball-Superstar Michael Jordan, der sich kurze Zeit auch als professioneller Baseballer versuchte. Als Running Back im Football und Außenfeldspieler und Schlagmann im Baseball muss Jackson enorm schnell sein. Abseits des Sports weiß er allerdings, wie wichtig Entschleunigung ist.

11. MÄRZ

»In the end, winning is sleeping better.«

JODIE FOSTER

> US-amerikanische Schauspielerin und Regisseurin. Wurde für ihre Arbeit bisher mit zwei Oscars, zwei Golden Globes und drei British Academy Film Awards ausgezeichnet.

Ob nach einer rauschenden Partynacht, einer Siegesfeier oder der Trauer nach dem verlorenen Finale – jeder Champion oder Nicht-Champion findet sich irgendwann in der stillen Ruhe des eigenen Betts wieder. Dort können wir uns noch einmal an das traumhafte Aufschlag-Ass zum Sieg erinnern, an das Überqueren der Ziellinie in der erträumten Bestzeit.

Doch was, wenn der letzte Aufschlag sein Ziel verfehlt hat? Statt tosendem Beifall des Publikums hast du nur das trockene »*out*« des Schiedsrichters gehört. In der Ruhe nach dem (Jubel)sturm ist es Zeit, ehrlich zu sein und sich die entscheidenden Fragen zu stellen. Habe ich mich in der Vorbereitung gequält und meinen inneren Schweinehund überwunden? Habe ich alles auf dem Feld gelassen? Habe ich meinen Gegner und die Offiziellen mit Fairness und Respekt behandelt?

Kannst du all diese Fragen mit »ja« beantworten, bist du ein wahrer Champion. Tief drinnen wissen du und dein Gewissen genau, was das bedeutet. Am Ende des Tages ist Siegen nämlich mehr als ein finaler Punktestand. Es bedeutet, das Richtige getan zu haben. Schließlich schläfst du dann auch wie ein wahrer Champion: ruhig, zufrieden und mit dem Wissen, dass du das Richtige getan hast.

12. MÄRZ

»I believe that people should take pride in what they do, even if it is scorned or misunderstood by the public at large.«

Tony Hawk

> War 9 Jahre alt, als er mit dem Skateboarding begann. Mit 12 Jahren konnte er seinen ersten großen Wettbewerb gewinnen, mit 14 Jahren wurde er Profi und mit 16 Jahren galt er als der beste Skateboarder der Welt. Mit seiner Tony Hawk Foundation finanziert er seit vielen Jahren Skateparks in strukturschwachen Gegenden.

Du spielst für dein Leben gerne Floorball, Padel oder Lacrosse? Du kannst dir nichts Schöneres vorstellen, als in deiner Freizeit zum Orientierungstauchen zu gehen, Unterwasserhockey zu spielen oder Modernen Fünfkampf zu betreiben? Willkommen im Club derjenigen, die sich nicht auf den breit ausgetretenen und bekannten Straßen der gängigen Sportarten bewegen, die sich trauen, neue Wege abseits des Mainstreams zu erkunden.

Skateboard-Legende Tony Hawk ist das beste Beispiel dafür, welche mitreißende Wirkung es haben kann, wenn du deine Sportart – egal wie ausgefallen, neu oder anders sie auch sein mag – mit Leidenschaft und großem Können ausübst. Wenn du niemals aufhörst, besser zu werden, und konsequent deinen eigenen Weg gehst, wirst du irgendwann selbst zum Botschafter und Multiplikator – in deinem Freundeskreis, in deiner Region oder vielleicht sogar international.

Es braucht Menschen wie dich, damit unsere Sportlandschaft bunter wird, statt zu einem grauen Einheitsbrei zu verkommen. Höre auf dein Herz und nicht auf die Masse, wenn es um die Auswahl deiner Sportart geht!

13. MÄRZ

»There is no glory in prevention.«

CHRISTIAN DROSTEN

> Diesen Spruch, der sinngemäß »Es gibt keinen Ruhm für die Prävention« oder »Risiken vermeiden, wird nicht honoriert« ausdrückt, verwendete der Wissenschaftler und Virologe zu Beginn der Corona-Krise in einem Podcast am heutigen Tag im Jahr 2020.

Kaum ein Sportler liebt die 15 bis 20 Minuten vor und nach dem Training, die der Verletzungsprävention und der aktiven Regeneration gewidmet werden sollten. Man will sofort auf den Platz und danach sofort nach Hause. Langfristiges vorausschauendes Handeln wie gesundheitliche Vorsorge oder Geldsparen finden viele jüngere Menschen genauso zäh und öde, wie die Aussicht, sich ein achtstündiges Schachspiel ansehen zu müssen.

Probleme von sich wegzuschieben, ist einfach, besonders wenn sie noch ganz klein und unterschwellig sind. An die ferne Zukunft zu denken, ist nicht sexy. Unser Alltag ist von Hedonismus geprägt. Wir wissen gar nicht wohin vor lauter *Carpe Diem*.

Dennoch ist es wichtig, heute an morgen zu denken. Denn sonst werden wir morgen an gestern denken: »Ach, hätte ich damals doch ...«

14. MÄRZ

Heute ist der internationale Stell-eine-Frage-Tag.

»Dem guten Frager ist schon halb geantwortet.«

FRIEDRICH NIETZSCHE

> Der deutsche Philosoph und Philologe gilt als einer der bedeutendsten Denker des 19. Jahrhunderts.

Die richtige Frage zur richtigen Zeit kann innere Berge versetzen, erhitzte Gemüter beruhigen, Verletzungen heilen und vieles mehr. Selbstreflexion bringt Klarheit und Erkenntnis. Versuche daher, Antworten auf die folgenden Fragen zu finden oder zumindest intensiv darüber nachzudenken:

- Mit welchen Personen verbringst du die meiste Zeit? Umgibst du dich mit Menschen, die ihr Leben positiv auf Ideale und Ziele ausrichten, mit denen auch du dich identifizieren kannst, gibt dir das enormen Rückenwind.
- Liegt das Problem innerhalb oder außerhalb deiner Kontrolle? Wir verbrauchen in der Regel viel zu viel Energie, Zeit und Nerven für Themen und Probleme, deren Lösungen nicht in unserer Macht liegen. Konzentriere dich auf das, was du tatsächlich beeinflussen kannst.
- Wie stellst du dir einen idealen Tag vor? Wie sollst du dich jemals nach deinem eigenen Kompass richten, zielgerichtete Entscheidungen treffen und Pläne schmieden, wenn du deinen eigenen Wunschzustand nicht kennst?
- Ist das wirklich wichtig? Weise Menschen sind sich ihrer eigenen Sterblichkeit bewusst, statt diesen Gedanken zu verdrängen. In diesem Bewusstsein kannst du die wichtigen Dinge des Lebens wieder genau erkennen. Viele andere Sorgen verlieren dagegen ihre Bedeutung.

15. MÄRZ

In Deutschland ist heute der Tag der Rückengesundheit.

»Kein Bürger hat ein Recht darauf, ein Amateur in der Frage der körperlichen Ertüchtigung zu sein. Welch eine Schande ist es, [...] zu wachsen und zu altern, ohne jemals die Schönheit und Stärke zu erblicken, zu welcher [der eigene] Körper in der Lage ist.«

SOKRATES

> Der griechische Philosoph und Gelehrte (469–399 v. Chr.) gilt mit seinen Lehren als Gedankenvater aller abendländischer Philosophie.

Über jahrelange Berufsausbildungen eignen wir uns Expertise in den verschiedensten Bereichen an. Vor ein paar Tausend Jahren hat uns das Wissen um die besten Jagdgründe oder Beerensammelplätze zu Experten gemacht. Heute sind es eher Tätigkeiten, die uns über einen monetären Ausgleich das Leben sichern, das wir uns wünschen.

Wir verbringen ein ganzes Leben damit, die berufliche Karriereleiter emporzuklettern. Irgendwann auf diesem Weg hören wir meist damit auf, unseren Körper auf ähnliche Weise zu entwickeln wie unser Fachwissen. Während wir uns die ersten 15 bis 20 Jahre auf natürliche, spielerische Weise körperlich weiterentwickeln, bleibt die Bewegung anschließend immer mehr auf der Strecke oder dem Bürostuhl. Dabei ist Sport nicht nur Leibesertüchtigung. Er belebt unseren Geist und zeigt uns unsere Grenzen.

Willst du wirklich durch dein Leben gehen, ohne herauszufinden, wozu du in der Lage bist? Du bist es deiner eigenen Natur, deinem tiefsten Wesen schuldig, dich durch den Sport selbst zu erfahren.

16. MÄRZ

»Act as if it were impossible to fail.«

Dorothea Brande

> War eine US-amerikanische Schriftstellerin und Journalistin. Mit ihren Büchern *Ab jetzt gelingt's* und *Schriftsteller werden* erlangte sie weltweite Bekanntheit.

Erinnere dich daran, als du das letzte Mal an einem Spielplatz vorbeigekommen bist. Hast du schon mal ein Kind gesehen, das erst einmal durch seine Stretching-Routine geht, bevor es beginnt, mit den anderen Kindern auf dem Spielplatz zu turnen? Wenn es dann tatsächlich mal hinfällt, steht es wieder auf, schüttelt sich und weiter geht's.

Sicherlich ist Verletzungsprävention für einen Sportler elementar wichtig. Doch die Angst vor Verletzungen darf dich nicht einschränken. Nicht anders ist es mit den Versagensängsten. Wie lernt man laufen? Die ersten 100 oder 200 Versuche sind hart. Du fällst ständig hin. Es klappt einfach nicht. Du kannst das Gleichgewicht nicht halten. Aber hast du dir bei all den Rückschlägen als Kind jemals gedacht: »Vielleicht ist das gar nichts für mich?«

Ist das, was wir als ältere Sportler als unmöglich ansehen, wirklich eine unüberwindbare Barriere? Oder eine Grenze, die nur in deinem Kopf existiert? Tatsächlich wagen wir von Dingen, die wir für unmöglich halten, nicht einmal zu träumen. Wir erklären Manches vorab für unmöglich, weil wir uns eingestehen müssten, dass wir etwas wirklich nicht können, wenn wir scheitern würden. Doch weißt du, wie du etwas auf jeden Fall nicht lernen wirst? Indem du es gar nicht versuchst.

17. MÄRZ

An diesem Tag im Jahr 1978 starb der hawaiianische Surfer und Rettungsschwimmer Eddie Aikau bei einer Rettungsaktion.

»Eddie would go.«

MEHRERE QUELLEN

> Dieses Zitat ist nicht auf eine eindeutige Quelle zurückzuführen.

Dies haben viele Menschen immer wieder im Gedenken an den bekannten Surfer Eddie Aikau gesagt. Der Hawaiianer war aber nicht nur ein erfolgreicher Wellenreiter. Als Rettungsschwimmer rettete er – hohen Wellen und widrigen Wetterbedingungen zum Trotz – innerhalb von zehn Jahren über fünfhundert Menschen das Leben. Sein Mut, seine Tapferkeit und seine Selbstlosigkeit machten ihn schon zu Lebzeiten weit über Hawaii hinaus zu einer legendären Figur.

Sein Leben endete tragisch, als er 1978 mit seinem Kanu versuchte, die Crew eines Forschungsschiffs zu retten und dabei selbst kenterte. Er wurde nie gefunden, trotz der bis dato größten Suchaktion in der Geschichte Hawaiis. Bereits kurz nach seinem Verschwinden verbreitete sich zunächst auf den hawaiianischen Inseln und kurze Zeit später auf der ganzen Welt der Ausruf »Eddie would go«. Dies war und ist eine Aufforderung, im eigenen Leben nicht den leichten, sondern den richtigen Weg zu wählen. Natürlich ist nicht jeder von uns wie Eddie Aikau zum heldenhaften Retter geboren. Dennoch kann man ihn sich als Sportler und Mensch zum inspirierenden Vorbild nehmen.

Lass dein Team in schwierigen Situationen nicht im Stich, drück dich nicht vor einem Wettkampf, suche nicht nach Ausreden, damit du nicht zu trainieren brauchst. Wenn du etwas wirklich willst, kann dich nichts aufhalten. »Eddie would go.«

18. MÄRZ

»You can motivate by fear, and you can motivate by reward. But both those methods are only temporary. The only lasting thing is self-motivation.«

HOMER RICE

> Ist ein ehemaliger American-Football-Spieler, -trainer und -manager. Am besten bekannt ist er durch seine Tätigkeit in der Sportabteilung des Georgia Institute of Technology von 1980 bis 1997.

Im Standardwerk der deutschen Rechtschreibung wird Motivation definiert als die »Gesamtheit der Beweggründe, Einflüsse, die eine Entscheidung, Handlung o. Ä. beeinflussen, zu einer Handlungsweise anregen«. Nun sind wir eher selten an dem theoretischen oder sprachlichen Hintergrund der Motivation interessiert. Vielmehr sind wir oft auf der Suche nach diesem Ansporn, der uns unserem Ziel näherbringt. Wir lesen tolle Zitate großartiger Sportler, schauen motivierende Videos an oder lassen uns von beeindruckenden persönlichen Geschichten inspirieren.

Doch finden wir dort wirklich diesen Antrieb zu Höchstleistungen? Sollten wir den Blick nicht lieber tief in unser Inneres werfen? Ganz nach den Worten des wahrscheinlich größten Boxers aller Zeiten, Muhammad Ali: »*Champions werden nicht in Fitnessstudios gemacht. Champions bestehen aus etwas, das sie tief in sich haben – einem Wunsch, einem Traum, einer Vision.*«

19. MÄRZ

»If you go around being afraid, you're never going to enjoy life. You have only one chance, so you've got to have fun.«

LINDSEY VONN

> Eine ehemalige US-Skirennläuferin, die 2007/08, 2008/09 und 2011/12 den Gesamtweltcup gewann. Dazu ist sie Olympiasiegerin, Weltmeisterin und konnte Siege in allen fünf Weltcupdisziplinen einfahren.

Angst lähmt. Angst hindert dich, Neues zu wagen. Um es in den Worten von Baseballspieler Lou Brock auszudrücken: *»Zeige mir einen Kerl, der Angst hat, schlecht auszusehen, und ich zeige dir einen Kerl, den du jedes Mal schlagen kannst.«* Natürlich reden wir bei Angst nicht von jenen Mechanismen, die uns vor Leichtsinn schützen. Doch *»was eine Sache besonders macht, ist nicht nur das, was du gewinnen kannst, sondern was du verlieren kannst«*, brachte es einst Tennislegende Andre Agassi auf den Punkt. Denn bedeutet Angst nicht, dass du etwas Wichtigem auf der Spur bist? Wenn du keine Angst hast, dann gehst du kein Risiko ein. Und wenn du kein Risiko eingehst, wie willst du dann irgendetwas verändern oder Neues erreichen?

20. MÄRZ

Heute ist der internationale Tag des Glücks.

»Den glücklichsten Tag meines Lebens hätte es ohne den unglücklichsten nicht gegeben.«

KIRSTEN BRUHN

> Sie ist eine der erfolgreichsten deutschen Athletinnen im paralympischen Sport. Die Schwimmerin gewann insgesamt elf Medaillen bei den Paralympics, wurde sechsmal Weltmeisterin und stellte über 60 Weltrekorde über verschiedene Strecken auf.

Jeder Athlet, der bei den Paralympics antritt, hat im Leben außerhalb des Sports schon mindestens eine große Niederlage hinter sich. Bei Kirsten Bruhn war es ein schlimmer Motorradunfall auf der griechischen Insel Kos, bei dem sie als Beifahrerin unfreiwillig in ihr neues Leben als Querschnittsgelähmte geschleudert wurde. Ihr schlimmster Tag führt sie an die dunkelsten Stellen der menschlichen Existenz. Im Dokumentarfilm *Gold – Du kannst mehr als du denkst* sagt sie dazu: »Zu wissen, du wirst jetzt dein Leben aus dem Sitzen bestreiten, das ist ein Moment, in dem man einfach nur die Augen schließen und nie wieder aufwachen möchte.«

Doch Kirsten Bruhn wachte auf, kämpfte sich in ihr neues Leben und schaffte es, auch durch den Sport, auf die andere, die helle Seite des Lebens zurück. Als Schwimmerin wird sie zu einer der erfolgreichsten deutschen Athletinnen aller Zeiten. Sie gewinnt dreimal Gold, viermal Silber und viermal Bronze bei den Paralympischen Spielen in Athen, Peking und London.

Unsere schlimmsten Tage lassen sich nicht aus der Erinnerung löschen. Sie werden Teil von uns, auch wenn wir sie am liebsten auf den Mond schießen möchten. Aber manchmal können sie eben auch der Startpunkt für wunderschöne Erlebnisse werden. Es ist sehr gut möglich, dass die besten Tage unseres Lebens noch vor uns liegen.

21. MÄRZ

»Believe in something. Even if it means sacrificing everything.«

COLIN KAEPERNICK

> Spielte als Quarterback sechs Jahre lang für die San Francisco 49ers in der NFL. Mittlerweile ist Kaepernick vor allem als politischer Aktivist bekannt. Die Worte entstammen dem Werbeslogan eines großen Sportartikelherstellers unter seinem Namen.

Bist du schon einmal von etwas so sehr überzeugt gewesen, dass du bereit warst, alles dafür aufs Spiel zu setzen? Wirklich alles? Der Football-Spieler Colin Kaepernick hat genau das getan. Er lebte den Traum vieler junger amerikanischer Männer. Er hatte sich als Profi und Stammspieler etabliert und als einer der bekanntesten Spieler der Liga. Er verdiente Millionen und war auf gutem Weg, einer der Größten seines Sports zu werden.

In der Saison 2016 entschied er sich jedoch, beim Erklingen der amerikanischen Nationalhymne zu knien, statt zu stehen – aus Protest gegen Diskriminierung, Polizeigewalt und systematische Unterdrückung der dunkelhäutigen Bevölkerung. Seither folgten viele Sportler seinem Beispiel. Er gilt als großes Vorbild in der *Black Lives Matter*-Bewegung. Doch ebenso viele Menschen verurteilten ihn als unpatriotisch. Mit seiner Tat spaltete er die National Football League (NFL) und das ganze Land. Nach der Saison 2016 lief Kaepernicks Vertrag aus. Von keinem der 32 NFL-Teams erhielt er bislang einen neuen Arbeitsplatz.

Mit mehr Menschen wie ihm wäre unsere Welt eine bessere. In Zeiten, in denen wir von vielen Anführern in Politik und Wirtschaft Egozentrik, Heuchelei und Unaufrichtigkeit vorgelebt bekommen, müssen wir den Colin Kaepernick in uns zum Leben erwecken. Als Sportler und Menschen können wir uns jeden Tag für eine gerechtere Welt einsetzen. Mutig und unerschrocken.

22. MÄRZ

Heute im Jahr 1937 ist Armin Hary geboren.

»Die meisten Kämpfer und Siegertypen kommen aus hungrigen Bevölkerungsschichten, nicht aus den satten.«

ARMIN HARY

> Der deutsche Leichtathlet ist der bislang einzige Europäer, der den 100-Meter-Weltrekord hielt.

Hunger. Kaum jemand in unserer westlichen Welt kennt dieses Gefühl noch aus eigener Erfahrung. Außer in den kurzen Momenten, wenn wir mal wieder ungeduldig in der Imbissbudenschlange warten. Ganz im Gegenteil, du hast wahrscheinlich das unglaubliche Privileg, dir um die Erfüllung deiner Grundbedürfnisse keine Sorgen machen zu müssen.

Etliche Beispiele der Sportgeschichte belegen jedoch, dass dieser Hunger oft die Grundlage für Spitzenleistungen war. Der Grund, auf dem der Keim des Erfolgs einen unvergleichlichen Nährboden findet. So auch für Armin Hary. Der Sohn eines Bergarbeiters lief 1958 100 Meter in 10,0 Sekunden, über eine Zehntelsekunde schneller als der bisherige Weltrekord. Auf einer Aschenbahn! Die Bahn wies jedoch einen Zentimeter zu viel Gefälle auf. Weltrekord annulliert. 1960 dann der nächste Hundertmeterlauf in 10,0 Sekunden. Erneut Weltrekord. Erneute Annullierung. Erst der eine halbe Stunde später angesetzte Wiederholungslauf brachte endlich den offiziellen Weltrekord. Später im Jahr folgten zwei olympische Goldmedaillen, 2011 die Aufnahme in die Hall of Fame des deutschen Sports.

Hary zeichnete seine Hartnäckigkeit aus. Die Haltung, ein Ziel unbeirrt zu verfolgen. Weil das Erreichen des Ziels alternativlos ist. Auch in Zeiten des Wohlstands solltest du versuchen, dir diese beharrliche Ausdauer zu bewahren. Sie ist ein stetiger Begleiter auf dem Weg zu kleinen und großen Taten.

23. MÄRZ

»I've missed more than 9000 shots in my career. I've lost almost 300 games. Twenty-six times I've been trusted to take the game-winning shot and missed. I've failed over and over and over again in my life. And that is why I succeed.«

MICHAEL JORDAN

> Wird von der amerikanischen Basketball-Liga NBA als bester Spieler aller Zeiten bezeichnet. Er gewann sechs Meisterschaften mit den Chicago Bulls und wurde fünfmal zum wertvollsten Spieler der Liga gewählt. Nicht zuletzt sein Name und seine Aura sorgten für die weltweite Popularität der NBA.

Jeder, der sich schon einmal ein bisschen mit dem Jahrhundertspieler mit der Rückennummer 23 beschäftigt hat, weiß eines nur zu gut: Michael Jordan hat jede Niederlage persönlich genommen. Wenige Sportler stecken es locker weg, zu verlieren. Jeden Basketballer schmerzt es, im entscheidenden Moment daneben zu werfen. Michael Jordan dagegen tat das nicht nur weh. Er hat es mit jeder einzelnen Zelle seines Körpers gehasst, weit über das durchschnittliche Maß der Enttäuschung eines Sportlers hinaus.

Alle Enttäuschungen, Rückschläge und Demütigungen hatten bei »Air Jordan« vor allem jedoch den Effekt, noch härter an sich zu arbeiten und seinen Teamkameraden noch mehr abzuverlangen. Das Ziel immer klar vor Augen, stärker und vor allem siegreich zurückzukommen.

Auch wenn du vom sportlichen Erfolg nicht so besessen bist wie Michael Jordan, kannst du dir durch dieses Zitat etwas für dein Sportlerleben ableiten. Langfristig kommt es darauf an, welchen Antrieb du aus ärgerlichen Fehlwürfen, niederschmetternden Niederlagen und verpassten Zielen gewinnst. Hadern oder mehr investieren? Du hast die Wahl.

24. MÄRZ

»Those who have never been to the edge and looked over will never understand that it is better to live one day as a lion than a lifetime as a sheep. The ones that been to the edge know that hard times don't last forever, but hard men [and women] do.«

ROYAL MARINES

> So lautet das Credo der Royal Marines, Marine-Infanterieeinheit des britischen Naval Services.

Harte Zeiten bedeuten Stress für uns. Stress wiederum ist nichts anderes als äußere Reize, die eine Reaktion bei uns hervorrufen. Er sorgt dafür, dass wir uns an die neuen Begebenheiten des Lebens anpassen und uns dadurch verbessern. *»Der Stress ist die Würze des Lebens«*, erkannte bereits Hans Selye, einer der bedeutendsten Experten in der wissenschaftlichen Erforschung von Stress. Genau wie unsere Muskeln braucht unser Charakter stets neue Reize, um sich weiterzuentwickeln. So weit die eine Seite der harten Zeiten, die uns zu harten Männern und Frauen werden lassen.

Doch sowohl Stressforscher Selye als auch die Ausbilder der Royal Marines wissen, dass in dieser Erfolgsgleichung eine weitere Komponente mindestens genauso entscheidend ist wie der Reiz. Die Zeit, sich an die neue Situation anzupassen, in anderen Worten: Entspannung. Kurzfristige Phasen der Aktivierung müssen wir durch Entspannung ausgleichen. Denn Dauerreize und -stress lassen selbst die härtesten Männer und Frauen zerbrechen.

25. MÄRZ

»There is still a beauty about simply doing the difficult thing that I will never be good at, for the pure pleasure of having engaged in the process.«

MIRNA VALERIO

> Die amerikanische Ausdauersportlerin setzt sich für Menschen ein, die nicht dem typischen Läufer-Stereotyp entsprechen.

Mirna Valerio läuft und läuft und läuft. Sie läuft kurze Distanzen, mittellange Strecken und Marathons. Sie absolviert sogar Ultramarathons. Was daran so besonders ist? Mirna Valerio ist stark übergewichtig. Sie läuft mit viel mehr als den berühmten paar Pfunden zu viel. Sie ist nicht schnell. Dennoch ist sie vielen Menschen meilenweit voraus. Sie packt ihr Leben entschlossen an. Sie inspiriert und infiziert Personen mit dem Lauf-Virus, die mit den gängigen Idealbildern von Läufern und Athleten nichts gemeinsam haben. Sie bleibt auf Kurs und lässt sich ihre Leidenschaft nicht durch die vielen boshaften und höhnischen Kommentare verderben, die entweder alles besser wissen oder sie gezielt verletzen wollen.

Mit ihrer Selbstliebe und ihrer Fröhlichkeit animiert sie Menschen dazu, einfach loszulaufen, statt sich vor lauter Scham immer tiefer zu vergraben. Mirna Valerio wird wahrscheinlich in ihrem Leben kein Rennen gewinnen. Manchmal ist aber dabei zu sein wirklich alles. Sportler zu sein, ist eine bewusste Entscheidung, die jeder von uns in jedem Moment treffen kann. Neben vielen weiteren Lektionen können wir genau das von Mirna Valerio lernen.

26. MÄRZ

»I took the shot.«

TERRY CREWS

> Amerikanischer Schauspieler und ehemaliger Footballspieler. Der fünffache Vater ist öffentlicher Aktivist für Frauenrechte und gegen sexuellen Missbrauch.

1997 gewann er den Super Bowl. Teammitglied einer hochtalentierten Basketballmannschaft, der zugetraut wurde, um die Meisterschaft mitzuspielen. Im entscheidenden Spiel in einer Vorausscheidung lag seine Mannschaft allerdings fünf Sekunden vor Schluss mit zwei Punkten im Rückstand. In dieser entscheidenden Schlussphase gelang Crews ein Ballgewinn. Statt jedoch zu einem Mitspieler zu passen, suchte er selbst den Abschluss und verwarf. Das Spiel war verloren, die Saison frühzeitig beendet und der Traum von der Meisterschaft zerplatzt.

Nach dem Spielende bekam Crews von seinem Trainer vor versammelter Mannschaft eine Standpauke. Seiner Meinung nach hätte er den Ball zum Star des Teams passen sollen, statt selbst zu werfen. Auch in den Tagen nach dem Spiel wurde er von Mitschülern, Lehrern und den Medien ständig an sein Versagen erinnert, kritisiert und persönlich für die Niederlage verantwortlich gemacht.

Als er einige Tage später allein und frustriert in seinem Zimmer saß, kam ihm der Gedanke: »*I took the shot*«. Statt nur an die negativen Konsequenzen seines Fehlwurfs zu denken, sah er ihn plötzlich aus einer anderen Perspektive. Mit seiner Entscheidung hatte er Verantwortung übernommen – für sein Team, aber auch sich selbst gegenüber. Dieser Satz befreite ihn aus seiner Gedankenspirale. Er wurde zum Leitthema seines ganzen Lebens. Auch du kannst eine Version von »I took the shot« für dein Sportlerleben adaptieren.

27. MÄRZ

»Let me tell you something you already know. The world ain't all sunshine and rainbows. It's a very mean and nasty place, and I don't care how tough you are, it will beat you to your knees and keep you there permanently if you let it. You, me, or nobody is gonna hit as hard as life. But it ain't about how hard you hit. It's about how hard you can get hit and keep moving forward; how much you can take and keep moving forward. That's how winning is done! Now, if you know what you're worth, then go out and get what you're worth. But you gotta be willing to take the hits, and not pointing fingers saying you ain't where you wanna be because of him, or her, or anybody. Cowards do that and that ain't you.«

AUS DEM FILM *ROCKY BALBOA*

> Der Film kam 2006 in die Kinos – Regisseur und Hauptdarsteller war Sylvester Stallone. *Rocky Balboa* ist die Fortführung der Rocky-Serie, in der es um das wechselhafte Leben eines Boxers geht.

Kann sein, dass du über die Rocky-Filme die cineastische Nase rümpfst, es gewagt hast, die Filme nie zu sehen, oder Boxen für eine grausame Sportart hältst, doch jeder Sportler, der weiterkommen will, braucht Nehmerqualitäten. Sie oder er muss sich nach Niederlagen wieder aufrappeln und weitermachen. Wir Athleten sind alle Kämpfer im Ring.

Unser Leben ist nicht immer fair und Sport bereitet uns auf die Widrigkeiten des Lebens vor. Es ist unsere eigene Verantwortung, für das zu kämpfen, was uns wichtig ist. Denn wenn nicht du selbst, wer sonst sollte es tun? Die Filmfigur Rocky ist kein eloquenter Philosoph. Seine Einstellung kann für einen Athleten allerdings Gold wert sein.

28. MÄRZ

»In the past, when 100 white men pursued a black man, we used to call it Ku-Klux-Klan. Today we call it Golf«.

MEHRERE QUELLEN

> Dieses Zitat kann keinem Urheber direkt zugeordnet werden. Unabhängig davon wird es oft in Zusammenhang mit einem der größten Golfer aller Zeiten erwähnt: Tiger Woods.

Sport hat die Kraft, die Welt besser zu machen. Regeln in Sportarten sind für alle gleich. Hautfarbe, sexuelle Orientierung und Geschlecht spielen keine Rolle. Jedenfalls dann, wenn wir nicht dazwischenfunken oder durch unsere eigenen Vorurteile, Ängste und rückständige Ansichten alles unnötig verkomplizieren.

In der Leichtathletik gewinnt, wer am höchsten springt, am schnellsten läuft oder am weitesten wirft. Im Teamsport gewinnt die Mannschaft, die in der vorgegebenen Spielzeit die meisten Punkte, Tore oder was auch immer erzielt. Im Golf muss der Ball mit möglichst wenigen Schlägen ins Loch. Unseren Spielgeräten und Bällen ist es egal, ob sie von weißen, schwarzen oder grün-weiß-gestreiften Sportlern geschlagen oder geworfen werden.

Tiger Woods ist einer der erfolgreichsten Golfer aller Zeiten. Er hat Schranken eingerissen, indem er lange Zeit einfach deutlich besser war und spektakulärer gespielt hat als alle anderen Spieler. Er begeistert Menschen auf allen Kontinenten für einen Sport, der früher nur einer kleinen, reichen und weißen Schicht zugänglich war. Sport gibt solchen Geschichten eine Bühne. Wir müssen uns nur alle an die Regeln halten.

29. MÄRZ

»Tennis is mostly mental. You win or lose a match before you even go out there.«

VENUS WILLIAMS

> Ist eine US-amerikanische Tennisspielerin und ehemalige Nummer Eins der Weltrangliste. Gemeinsam mit ihrer Schwester Serena prägte sie über die 2000er-Jahre eine neue Ära an kraftvollem und athletischem Tennisspiel.

Was haben Venus Williams und Henry Ford gemeinsam? Beide waren mit dem, was sie tun, immens erfolgreich. Aber darüber hinaus, augenscheinlich wenig. Sie ist die Siegerin zahlreicher Grand-Slams im Einzel und Doppel, die erste afro-amerikanische Nummer Eins der Tennis-Weltrangliste seit 1968. Er ist der Gründer einer der weltweit größten Automobilmarken. Revolutionärer Vordenker im Fertigungsbau. Leider auch bekennender Antisemit.

Für beide liegt ein gewisser Teil ihres Erfolgs in ihrem Wissen um die Kraft des positiven und um die Gefahr des negativen Denkens. Henry Ford wird das berühmte Zitat zugeschrieben: »*Whether you think you can or think you can't, you're right*«. Die Erfolge eines jeden Sportlers finden wir nicht auf den roten Rechtecken, den grauen Asphaltstrecken oder in den grünen Arenen dieser Erde. Zwar werden die wahren Schlachten des Sports genau dort geschlagen, doch gewonnen werden sie in den grauen Zellen unserer knapp 1300 Gramm schweren Schaltzentralen. Du hast die Kraft zu entscheiden, was es sein wird: Sieg oder Niederlage. Und wie jeden anderen Muskel in deinem Athletenkörper kannst du auch deinen mentalen Muskel durch Training auf Vordermann (oder -frau) bringen. Das Wissen um die Kraft deiner Gedanken ist der erste Schritt dorthin.

30. MÄRZ

»Ich bin nicht daran interessiert, den Status quo zu erhalten; ich will ihn stürzen.«

NICCOLÒ MACHIAVELLI

> Er war ein italienischer Philosoph, Gelehrter, und Politiker (1469–1527).

Machiavelli? Stammt nicht von ihm der berühmte Satz: *»Der Zweck heiligt die Mittel«*? Tatsächlich ist sein Name heute immer noch Inbegriff moralloser Machtpolitik, die das eigene Wohl maximieren soll. Seine Schriften – insbesondere *Il Principe* (»Der Fürst«) – sind auch heute noch bekannt, allerdings weitgehend mit negativen Konnotationen behaftet. Doch das ist nur die halbe Wahrheit und die fußt auf der Interpretation einzelner Werke aus unserer heutigen Sichtweise.

Betrachtet man Machiavellis Gesamtwerk, so war er vor allem revolutionärer Vordenker, mit seiner staatsphilosophischen Betrachtungsweise seiner Zeit voraus. Bei allen psychologischen und machtpolitischen Tricks, die der Florentiner als aktiver Politiker vor seiner Verbannung ins Exil an den Tag legte. Er tat alles nur zum Gemeinwohl seiner geliebten Heimat. Sein Werk veränderte das politische Denken der Welt.

Was hat all das nun mit dir als Athlet zu tun? Morallosigkeit und kalte Machtpolitik haben auf dem Sportplatz sicherlich nichts zu suchen. Doch das regelmäßige kritische Hinterfragen des gegenwärtigen Zustands kann dir helfen, ein besserer Sportler, Teamkamerad und Athlet zu werden.

31. MÄRZ

»Competitive sports are played mainly on a five-and-a-half-inch court, the space between your ears«.

BOBBY JONES

> War einer der bekanntesten und erfolgreichsten Golfer aller Zeiten. Jones gründete auch den Augusta National Golf Club und das dort jährliche ausgetragene Masters Tournament.

Die absoluten Ausnahmeathleten ausgenommen, gibt es weltweit in jeder bekannten Einzelsportart Tausende Sportler(-innen), die sich technisch, taktisch und körperlich (auf die Fitness bezogen) auf einem sehr ähnlichen Level befinden. Nichtsdestotrotz fallen die Ergebnisse in Training und Wettkampf sehr unterschiedlich aus. Sie sorgen für Trennlinien à la: Amateur oder Profi; kann nicht davon leben oder kann gut davon leben, unter Druck in Top-Form oder unter Druck außer Form.

Mache als Athlet nicht den Fehler, zu glauben, innere Stärke sei nicht trainierbar oder du könntest sie nicht verbessern. Du musst das Thema allerdings bewusst anpacken und darfst nicht passiv auf die Erleuchtung warten.

Mentales Training hat in den vergangenen Jahren zu Recht deutlich an Popularität und Anerkennung gewonnen. Nach wie vor ist es aber in der Sportwelt unterrepräsentiert, jedenfalls gemessen an seiner eigentlichen Bedeutung.

Bilde dich in diesem Bereich also genauso konstant weiter wie in allen anderen Facetten deines Sports. Baue mentales Training gezielt in deinen Alltag als Athlet ein. Lies Bücher, hol dir den Rat von Experten und schau dir die Routinen und Übungen der Stars ab. Die Ergebnisse werden für sich sprechen.

APRIL

1. APRIL

»Courage doesn't always roar. Sometimes courage is the little voice at the end of the day that says: I'll try again tomorrow.«

MARY ANNE RADMACHER

> Ist eine US-amerikanische Schriftstellerin und Künstlerin. Sie befasst sich in ihren Werken mit den Themen Philosophie, Poesie, Religion und Spiritualität.

Hoooyaa! Mal wieder ein Workout fantastisch absolviert! Du bist ans absolute Limit gegangen, hast alles aus dir herausgeholt. So kann der Tag starten. Durch deine To-do-Liste fliegst du nur so durch, jedes Problem löst du bravourös. Süße Snacks für zwischendurch lassen dich kalt. Quinoa-Bowl, Smoothie und Mate-Tee sind dein Brennstoff. Abends liest du noch ein wenig, verbringst Zeit mit deinen Liebsten oder rufst mal wieder bei den Familienmitgliedern an, die du schon lange sprechen wolltest. Der Tag lief so flüssig wie ein Messer durch warme Butter. Noch früh ins Bett, morgen geht es direkt so weiter. Nein, sogar noch besser!

Doch sind wir mal ehrlich. Wie oft haben wir wirklich solche Tage, an denen alles rund läuft? Einmal in der Woche? Vielleicht eher einmal im Monat. Meistens laufen unsere Tage nicht ganz so perfekt wie wir uns das wünschen. Doch das ist – wider allem Drang zur Selbstoptimierung und zum Perfektionismus – in Ordnung so.

Frei nach dem ehemaligen Fußballprofi Jürgen Wegmann (er spielte unter anderem für Borussia Dortmund, FC Bayern München und den MSV Duisburg) hat man manchmal »*kein Glück und dann kommt auch noch Pech dazu*«. Torwartlegende Oliver Kahn kennt das Gefühl anscheinend auch: »*Ja mei, so Phasen gibt's halt mal. Wenn's scheiße läuft, läuft's scheiße*«. Tage dieser Art gehören dazu. Morgen geht die Sonne trotzdem wieder auf.

2. APRIL

»Mach alles mit einem Verstand, der loslässt. Akzeptiere nicht einfach Lob, Gewinn oder irgendetwas anderes. Wenn du nur ein wenig loslässt, wirst du nur ein wenig inneren Frieden finden. Wenn du viel loslässt, wirst du viel inneren Frieden finden. Wenn du vollständig loslässt, wirst du vollkommenen Frieden finden«.

AJAHN CHAH

> An der Beerdigung des buddhistischen Mönchs und Gründers zweier großer Klöster in Thailand nahmen 1993 über eine Million Menschen teil, darunter auch die thailändische Königsfamilie.

Manchmal ist weniger mehr. Das ist kontraintuitiv, denn in der Sportwelt ist der Gedanke »mehr ist mehr« deutlich populärer. Dann heißt es in etwa so: Kein Rhythmus? Du musst mehr dein Spiel spielen. Die Partie gleitet dir gerade aus den Händen? Du musst mehr kämpfen. Die letzten Resultate sind schlecht? Du musst mehr trainieren. Mehr zu versuchen, gibt das Gefühl, sich aktiv gegen die Niederlage zu wehren, das Formtief zu überwinden und das Schicksal in die eigenen Hände zu nehmen. Weniger ist mehr? Vielleicht in anderen Lebensbereichen, aber im Sport? Dabei lohnt es sich besonders für Athleten, sich mit dem Konzept des bewussten Loslassens auseinanderzusetzen. Und dann geschieht Folgendes: Aus Müssen wird Können. Aus Anspannung wird Entspannung. Man sieht den Wald, wo vorher nur Bäume waren. Wenn du subtrahierst statt addierst, könnte der Gewinn für dich als Athlet größer sein, als du dir vorstellen kannst.

3. APRIL

*Heute im Jahr 1978 erhielt Woody Allen für seinen Film
Der Stadtneurotiker seine ersten zwei Oscars.*

»80 percent of success is just showing up.«

WOODY ALLEN

> Seit über sechs Jahrzehnten US-amerikanischer Autor, Regisseur, Schriftsteller und Komödiant.

Das soll das große Erfolgsgeheimnis dieser Welt sein? Auftauchen? Einfach Erscheinen? Kaum vorstellbar. Denn schließlich hat man sein Match nicht schon zu 80 Prozent gewonnen, nur weil man auf den Platz geht. Vielleicht bedeutet Erscheinen aber zunächst einfach: Anfangen. Wir alle kennen die Tage, an denen wir nichts lieber wollen, als nach Hause zu gehen und zu entspannen. Einfach mal nichts tun. Alle Viere von sich strecken.

Irgendwo im Hinterkopf nagt da jedoch noch der Gedanke an den Lauf, den du noch machen wolltest. Das Work-out, das du gestern schon ausgelassen hast. Doch du bist müde. Müsstest extra noch mal nach Hause, um deine Trainingskleidung zu holen. Und dann noch die Fahrt ins Fitnessstudio, wo dann wieder nur diese anstrengenden Übungen warten. »Mache ich lieber morgen, ausgeruht und frisch. Hat eh nicht so viel Sinn, wenn ich schon müde starte.« So zumindest die Ausrede gestern.

Das Schwierigste ist wohl tatsächlich das Erscheinen. Bist du dann mitten im Work-out rauschen glücksbringende Dopamine mit so gewaltiger Power durch deinen Körper, dass du gar nicht mehr aufhören kannst. Hatten wir nicht alle schon diese Tage, an denen wir uns zum Sport geschleift haben und dann war es plötzlich eines der besten Trainings überhaupt? Komisch, wie das läuft. Vielleicht liegt der Schlüssel zum Erfolg tatsächlich darin, einfach aufzutauchen und anzufangen?

4. APRIL

»Don't be afraid to ask questions. Don't be afraid to ask for help when you need it. I do that every day. Asking for help isn't a sign of weakness, it's a sign of strength. It shows you have the courage to admit when you don't know something, and to learn something new.«

BARACK OBAMA

> Der 44. Präsident der Vereinigten Staaten von Amerika war der erste Präsident seines Landes mit afro-amerikanischen Wurzeln. 2009 wurde er für seine Bemühungen für die Zusammenarbeit der Völker mit dem Friedensnobelpreis ausgezeichnet.

Von jedem Menschen kannst du etwas lernen, sei es Fachwissen zu einem bestimmten Thema oder etwas aus seinem individuellen Erfahrungsschatz. Wir alle haben ein tiefes Bedürfnis nach authentischer Kommunikation, nach Verbundenheit mit unseren Mitmenschen. Wir wünschen uns Gespräche, wie wir sie vor Urzeiten gemeinsam am Lagerfeuer geführt hätten. All deine Fragen und Unsicherheiten in der Hoffnung auf Hilfe und Antwort in digitale Suchfenster einzugeben, ist bestenfalls eine Ergänzung, aber kein Ersatz für eine echte Unterhaltung.

Gute Fragen zu stellen, ist eine hohe Kunst, die Sportler zu beherrschen versuchen sollten. Gut ist dabei jede Frage, deren Antwort dir weiterhelfen kann. Die du ehrlich, neugierig, authentisch und ohne *Coolness*-Filter an einen anderen Menschen richtest. Gute Athleten kennen viele Antworten. Großartige Champions haben immer wieder neue Fragen.

5. APRIL

»Tennis taught me so many lessons in life. One of the things it taught me is that every ball that comes to me I have to make a decision. I have to accept responsibility for the consequences every time I hit a ball.«

BILLIE JEAN KING

> Die ehemalige US-amerikanische Tennisspielerin gewann 39 *Grand Slam*-Titel. Sie gründete die Women's Tennis Association (WTA). Schon zu Zeiten ihrer aktiven Karriere war sie eine Advokatin für Gleichberechtigung in und außerhalb des Sports. Seit ihrem *Coming-out* 1981 als erste öffentlich lebende, homosexuelle Sportlerin ist sie Vorbild der LGBTQ-Gemeinschaft.

Billie Jean King war eine herausragende Tennisspielerin. Sie lernte durch ihren Sport, dass der Weg zum Erfolg nur dann möglich ist, wenn man Verantwortung für das eigene Leben übernimmt. Obwohl sie im Tennis fast alles gewann, klingen ihre Worte im Kontext ihres Privatlebens eher tragisch. Zunächst war sie mit einem Mann verheiratet, realisierte aber schon früh, dass sie sich eher zu Frauen hingezogen fühlte. Sie schaffte es zwar, ihre Homosexualität öffentlich zu machen, sich zu *outen*, allerdings erst nach knapp zehn Jahren Doppelleben und Heimlichtuerei. Fünf weitere Jahre blieb sie mit ihrem Mann liiert. Erst Ende der 1980er-Jahre, lange nach ihrem Karriereende als aktive Spielerin, schaffte sie es schließlich, ihre Homosexualität ohne Einschränkungen auszuleben.

Billie Jean King sah sich lange gezwungen, ihre Liebe zum gleichen Geschlecht zu verheimlichen, weil es die Tenniskultur der damaligen Zeit nicht zuließ. Sie wusste, dass Ehrlichkeit in Bezug auf ihre sexuelle Orientierung ihre sportliche Karriere höchstwahrscheinlich beendet hätte. So musste sie über viele Jahre nicht nur ihre Liebe geheim halten, sondern sich selbst in einer Beziehung zu einem Mann verstecken. Kings Worte sollen uns heute daran erinnern, dass wir selbst Verantwortung übernehmen müssen, um erfolgreich zu werden, glücklich zu sein und Veränderung zu bewirken.

6. APRIL

Am heutigen Tag ist seit 2015 Welttischtennistag.

»Ab und zu muss man sie gewinnen lassen, um noch ein Visum zu bekommen.«

TIMO BOLL

> Er ist seit vielen Jahren einer besten Tischtennisspieler der Welt und war mehrfach auf Platz Eins der Weltrangliste. In China – dem Tischtennisland Nummer Eins – ist Boll einer der bekanntesten Deutschen und Europäer.

Tischtennisstar Timo Boll gelingt in Deutschland spielerisch, was für ihn in China unmöglich ist: in normalem Tempo zu Fuß von A nach B zu gehen. Zu bekannt, zu beliebt, zu sehr Superstar ist Boll in China. Durch seine Erfolge hat er geschafft, wovon viele deutsche Unternehmen nur träumen können: im bevölkerungsreichsten Land der Welt den Durchbruch zu schaffen und Bekanntheit zu erlangen.

Tischtennis ist in China die Sportart Nummer Eins. Über 60 Millionen Chinesen spielen organisiert in Mannschaften. Zum Vergleich: In Deutschland gibt es über 550 000 Tischtennisspieler. Dass es Timo Boll seit vielen Jahren immer wieder gelingt, die chinesische Mauer von grandiosen Spielern zu durchbrechen, ist ein kleines Sportwunder.

Sein Zitat verrät uns außerdem, dass die wenigen Niederlagen gegen die chinesischen Schnibbelkünstler eine konkrete Ursache haben. Sich die Einreise in das weltweit wichtigste Tischtennisland verwehren zu lassen, steht für Boll nicht zur Debatte.

7. APRIL

Heute ist Weltgesundheitstag.

»One day of practice is like one day of clean living. It doesn't do you any good.«

ABE LEMONS

Ein ehemaliger US-amerikanischer Basketballspieler und Coach.

Statt des ausgewählten Zitats hätten wir auch ganz einfach *de nihilo quoniam fieri nihil posse videmus* schreiben können, dann hättest du auch gewusst, was Sache ist. Wie äh? Kein Lateiner? Ok, wir auch nicht. Das Zitat geht auf den römischen Dichter und Philosoph Lukrez (Titus Lucretius Carus) zurück und ergibt auf Deutsch den seltsamen Satz: »*Wir können deutlich sehen, dass es nichts gibt, das aus dem Nichts gemacht wird*«. Klingt seltsam, ist aber »nur« der linguistische Opa des bekannten Ausspruchs »von nichts kommt nichts.«

Ob dir nun Coach Lemons, Coach Lukrez oder dein früherer Lehrer mehr zusagt – entscheidend ist die Botschaft. Und die lautet: Du kannst keinen sensationellen Output als Gegenleistung für geringen Input erwarten.

Wenn du mit deiner Ranglistenposition oder deinen Turnierresultaten am Wochenende unzufrieden bist, reicht deine eine Gruppenstunde pro Woche vielleicht einfach nicht aus. Kein Geld für mehr Trainerstunden? Dann arbeite an deiner Fitness, spiele mit Freunden oder trainiere deinen mentalen Muskel. Wenn du ein erfolgreicherer Athlet werden willst, wirst du einen Weg finden.

8. APRIL

Heute ist der Tag der Erstbesteigung des Mount Everest ohne künstlichen Sauerstoff.

»Je weniger ein Mensch vom Erfolg abhängt, desto unwahrscheinlicher ist sein Sturz.«

REINHOLD MESSNER

> Ist ein ehemaliger Extrembergsteiger aus Südtirol, Abenteurer und bis 2017 fünf Jahre lang Abgeordneter im Europäischen Parlament.

Bei einem Blick in die Gedankenwelt von Topathleten darf der Extrembergsteiger Reinhold Messner natürlich nicht fehlen. Zu beeindruckend sind seine Leistungen. So schaffte er am heutigen Tag 1978 zusammen mit Peter Habeler als erster Mensch die 8848 Meter auf den Gipfel des Mount Everest ohne Flaschensauerstoff. In solchen Höhen stehen dem menschlichen Körper nur noch 32 Prozent des Sauerstoffgehalts auf Meereshöhe zur Verfügung.

In späteren Jahren erklomm Messner auch alle anderen Achttausender dieser Erde ohne künstlichen Sauerstoff und nur mit minimalistischer Ausrüstung. Natürlich war er auch hier immer wieder der Erste. Unzählige weitere Erfolge, Grenzerfahrungen und Alleingänge machten ihn zu einer der bedeutendsten und einflussreichsten Figuren des Bergsteigens. Seine Abenteuer und Errungenschaften sind berühmt.

Sein Lebenslauf lässt vermuten, Rekorde und Einträge in die Geschichtsbücher seien sein Antrieb gewesen. Doch seine Worte und seine Haltung zum Extrembergsteigen als psychische und physische Selbsterfahrung offenbaren eine andere Perspektive. Messners Fokus lag immer auf der Sache. Ihn motivierte die Erfahrung am Berg und die Lust an der Verschiebung eigener Grenzen. Seine Erfolge und seine Berühmtheit waren nie sein primäres Ziel, sondern nur ein Nebeneffekt seiner persönlichen Erfahrungen.

9. APRIL

»Wenn du laufen willst, lauf eine Meile. Wenn du ein neues Leben kennenlernen willst, dann lauf Marathon.«

EMIL ZÁTOPEK

> Der tschechische Leichtathlet gewann als Langstreckenläufer vier olympische Goldmedaillen.

Erst in der Herausforderung lernst du dich wirklich selbst kennen. Erst wenn es schwer wird, kannst du herausfinden, aus welchem Holz du geschnitzt bist. In unserer modernen Zivilisation mit unserem Komfort aus Kaffeevollautomaten und Rolltreppen stellt Sport eine Alternative dar, um künstliche Strapazen zu erschaffen und zu überwinden. Und wahrscheinlich ist dies auch der einzige Weg, uns auf das wahre Leben vorzubereiten. Indem du im Sport spielerisch lernst, schier unmöglich geglaubte Herausforderungen zu überwinden, bereitest du dich auf das wahre Leben vor. Du wächst mit deinen Herausforderungen. Das Selbstvertrauen, das wir beim Überwinden eines Hindernisses gewinnen, hilft, sich den Hindernissen des wahren Lebens zu stellen.

10. APRIL

An diesem Tag im Jahr 1896 fand der Marathon der ersten Olympischen Spiele in Athen statt.

»Unsere Botschaft ist Teamwork. Ohne Teamwork könnte ich kein Champion sein. Wenn wir zusammenarbeiten, können wir in Harmonie leben und diese Welt besser machen, als wir sie vorgefunden haben.«

Henry Wanyoike

> Der blinde Langstreckenläufer und paralympische Athlet aus Kenia ist trotz seiner Beeinträchtigung einer der schnellsten Läufer der Welt. Auf sein Konto gehen zahlreiche Erfolge auf 5000 und 10 000 Metern sowie im Halbmarathon und Marathon.

Langstreckenläufer sind Einzelkämpfer. Im entscheidenden Moment sind sie auf sich allein gestellt. Dass es auch anders geht, beweist der Kenianer Henry Wanyoike. Er ist einer der schnellsten Langstreckenläufer der Welt und auch sonst ein Ausnahmeathlet in der Welt der Leichtathletik. Er ist beim Laufen nie allein. Ein Guide muss immer an seiner Seite sein, neben ihm laufen. Denn seit dem 1. Mai 1995 – kurz vor seinem 21. Geburtstag – erblindete Henry. Ein Schlaganfall ist die Ursache für die dauerhafte Dunkelheit in seinem Leben.

Das Laufen wurde für ihn zum psychologischen Rettungsanker. Bald tauchten ungewöhnliche Probleme auf. Henry Wanyoike ist einfach zu schnell für die meisten Begleitläufer. Zwar kann er die Strecke vor sich nicht sehen, ist aber vielseitiger und schneller als die meisten anderen Läufer. Henry nahm erfolgreich an Rennen über 1500, 5000 und 10 000 Metern teil. Er läuft Halbmarathons und Marathons. Seine Marathon-Bestzeit von 2:31:31 – aufgestellt beim Hamburg-Marathon 2005 – ist noch immer Weltrekord für einen blinden Läufer. Henry Wanyoike zeigt uns, dass wir als Athleten in Wahrheit durch nichts zu stoppen sind.

11. APRIL

»Wenn du mutig genug bist, Lebewohl zu sagen, wird das Leben dich mit einem neuen Hallo belohnen.«

PAULO COELHO

> Coelho ist ein brasilianischer Dichter und Schriftsteller. Sein bekanntestes Werk, der Roman *Der Alchimist*, war ein riesiger internationaler Erfolg und langjähriger Bestseller.

Die Zeit als Leistungs- oder Hochleistungssportler ist begrenzt. Zu groß ist der Tribut, den der eigene Körper für ständiges Training und Wettkampf zu zollen hat. Schauspieler, Musiker und Künstler können sehr viel länger ihrer Profession nachgehen und erreichen oft erst mit fortgeschrittenem Alter ihren schöpferischen Höhepunkt. Für Sportler dagegen ist vergleichsweise früh Schluss. Selbst wenn es optimal läuft, steht man – Ausnahmeathleten wie Roger Federer oder Dirk Nowitzki und Sportarten wie Golfen, Segeln, Reiten, Curling oder Schießen ausgenommen – mit spätestens Mitte 30 vor dem Abschied.

Dabei hängt es entscheidend von deiner Einstellung ab, ob für dich das Ende deiner ersten Karriere als guter Sportler eher Fluch oder Segen bedeutet. Auf der einen Seite kannst du es grausam finden, dass dein Leben keine klare Struktur mehr hat, du dir keine neuen (sportlichen) Ziele setzen kannst oder mit den Privilegien eines Top-Sportlers auch deine bisherige Identität verloren gegangen ist. Auf der anderen Seite kannst du es auch großartig finden, dass du selbst eine völlig neue Struktur für deinen Alltag wählen, dich neuen Aufgaben widmen kannst und wieder Anfänger sein darfst. Ob du es als Geschenk oder Fluch betrachtest, noch mal ganz neu anzufangen, hängt von dir und deiner inneren Einstellung ab. Die Chancen stehen gut, dass du belohnt wirst, wenn du dein altes Leben gehen lässt und dein neues Leben annimmst.

12. APRIL

An diesem Tag im Jahr 65 n. Chr. wurde Seneca zur Selbsttötung durch seinen ehemaligen Schüler, Kaiser Nero, gezwungen.

»Ich wundere mich oft, wenn ich sehe, dass man andere bittet, uns ihre Zeit zu widmen, und dass die darum Ersuchten sich so überaus gefällig erweisen. Beide lassen sich bestimmen durch die Rücksicht auf das, was die Bitte um Zeit veranlasste, keiner von beiden durch die Rücksicht auf die Zeit selbst: Man bittet um sie, als wäre sie nichts; man gewährt sie, als wäre sie nichts.«

SENECA

> War ein römischer Philosoph, Dramatiker und Naturforscher. Zusammen mit Marcus Aurelius und Epiktet gilt er als der wichtigste Vertreter der stoischen Philosophie.

Jeder Moment, den wir auf diesem Planet erleben dürfen, ist kostbar. Er kommt niemals wieder. Und dennoch gehen wir zu oft mit Zeit um, als sei sie eine unerschöpfliche Ressource. Als ob wir sie einfach ersetzen könnten wie ein altes gegen ein neues Paar Sportschuhe. In unserer Gesellschaft gewinnt Geld meist das Spiel gegen die Zeit. Dabei kannst du jederzeit mehr Geld verdienen, aber niemals verlorene Stunden, Tage und Wochen zurückgewinnen. Oft wird vergessen, dass Geld nur ein Tauschmittel ist, welches bizarrerweise unter anderem dafür verwendet wird, sich Freizeit zu erkaufen.

Frage als Athlet immer nach Henne und Ei. Deine Zeit sollte das kostbarste Gut überhaupt sein und nicht das, was als Erstes über Bord geht, wenn andere Dinge heller glitzern.

13. APRIL

»Diese mentale Stärke habe ich mir durch einen jahrelangen Prozess angeeignet. Der Kopf ist vergleichbar mit einem Muskel, der immer neue Herausforderungen auf hohem Niveau benötigt, der konditioniert werden muss. Beim Ironman gehen all meine Konkurrenten mit einem austrainierten Körper an den Start. Deswegen brauche ich zusätzlich einen ausgeruhten und starken Kopf, er kann über den Sieg in einem Wettkampf entscheiden.«

JAN FRODENO

> So antwortete der Triathlet auf die Frage, ob sein Kopf seine größte Stärke sei. Frodeno ist mehrfacher *Ironman-Hawaii-Sieger* sowie Gewinner der olympischen Goldmedaille 2008. Durch seine Erfolge ist er bekannt als einer der größten Athleten im Triathlon.

Die Leistungsdichte im Spitzensport wird immer enger. Zeiten, die vor wenigen Jahrzehnten noch nahe des Weltrekords lagen, werden mittlerweile von Nachwuchsläufern erwartet. Stetige Forschung hat Trainingsmethoden perfektioniert. Durch ein wenig Recherche stehen sie jedem jederzeit offen. Der stählerne Körper, maximal austrainiert, mit dem Top-Athleten wie Jan Frodeno an den Start gehen, ist also bei Weitem kein Geheimnis mehr.

Den feinen Unterschied macht, was sich in dem kleinen Bereich zwischen den Ohren abspielt. Dort wird über Sieg und Niederlage entschieden, noch lange bevor der Startschuss fällt. Die gute Nachricht: Auch die mentalen Muskeln kannst du stählen. Und das solltest du sogar. Mindestens genauso sehr wie deinen Körper. Je größer die Konkurrenz, desto mehr macht das, was sich in unseren grauen Zellen abspielt, den Unterschied.

GASTBEITRAG

14. APRIL

»Wo Talent aufhört, fängt der Fleiß an.«

MARIA HÖFL-RIESCH

> Dieser Text ist ein Gastbeitrag von Maria Höfl-Riesch, einer der stärksten Skifahrerinnen des alpinen Weltcups ihrer Zeit. Ihre größten Erfolge feierte sie mit zwei olympischen Goldmedaillen in Vancouver 2010 sowie mit einmal Gold und einmal Silber bei den Olympischen Spielen 2014 in Sotschi. Die Allrounderin trug in vier von fünf alpinen Disziplinen Siege davon und gewann in der Saison 2010/11 zudem den Gesamtweltcup.

Ich bin in Garmisch-Partenkirchen geboren und aufgewachsen. Bereits im Alter von zwei Jahren haben mich meine Eltern zum Skifahren gebracht. Sie kannten einen sehr guten Skilehrer, der mir diesen Sport beibringen sollte. Schon am Ende meiner ersten Saison auf den kleinen Brettern war ich in der Lage, die steile Kandahar-Weltcupabfahrt zu bewältigen. Obwohl ich mich an diese Zeit nur noch verschwommen erinnern kann, war schon früh klar: Skifahren begeistert und fasziniert mich.

Mit etwa fünf Jahren absolvierte ich die ersten richtigen Skikurse in der Gruppe der ortsansässigen Skischule. Jeden Tag war ich immer die Erste und die Letzte am Berg, egal bei welchem Wetter – einfach, weil es mir so unfassbar viel Spaß machte. Nach und nach entwickelte ich den Traum, irgendwann bei einem richtig großen Skirennen mitzufahren. Denn ich hatte offensichtlich ordentlich Talent mitbekommen.

Auf dem Weg zum Profi, mit circa 14 Jahren, merkte ich allerdings, dass noch einiges mehr dazugehört, als bloß gut und gerne skizufahren. Ich musste anstrengende Konditionspläne abarbeiten und stundenlang im Kraftraum schuften, was mir damals nicht so viel Freude bereitete. Daher war ich in diesen Bereichen nicht die Fleißigste und habe die ein oder andere Einheit auch mal ausfallen lassen. Denn meine Bega-

bung brachte mich zunächst doch recht weit. In dieser Zeit konnte ich schon viele Medaillen bei Junioren-Weltmeisterschaften gewinnen und durfte im Jahr 2001 – mit gerade mal 16 Jahren – mein erstes Weltcuprennen bestreiten, ausgerechnet auf der heimischen Kandahar. Bereits drei Jahre später fuhr ich meinen ersten Weltcupsieg ein und war mittlerweile in allen Disziplinen in der Weltspitze angekommen. Soweit also zum »Talent« ...

In den beiden darauffolgenden Weltcupsaisons fand mein rasanter Aufstieg erst einmal ein jähes Ende. Innerhalb von elf Monaten riss ich mir erst das rechte und dann das linke Kreuzband. Es war keineswegs sicher, ob ich jemals wieder Skirennen fahren können würde. Eines wusste ich jedoch sofort: Ohne hartes Training, Konsequenz und Durchhaltevermögen hätte ich keine Chance auf ein Comeback.

Das führte zu einer anderen inneren Einstellung und dazu, dass ich ein gnadenloses Fitnessprogramm durchzog. Die Angst, vielleicht nie wieder Skifahren zu können, sorgte für die richtige Motivation und das tägliche Überwinden des inneren Schweinehunds. Es war eine harte und prägende Zeit, die mich stark gemacht hat. Im Nachhinein wurden alle meine Mühen belohnt und ich konnte in den folgenden Jahren noch viele tolle Erfolge feiern. Damals habe ich erkannt: »Wo Talent aufhört, fängt der Fleiß an.«

15. APRIL

»Ich hatte nie das Ziel, eine olympische Athletin zu werden. Alles was ich machen wollte war, meine eigenen Rekorde zu brechen. Ich habe nie versucht, jemand anderes zu besiegen.«

Pilavullakandi Thekkeparambil Usha

> Trotz ihrer Herkunft aus sehr ärmlichen Verhältnissen ohne Zugang zu hochwertigen Trainingsgeländen gewann die Sprinterin P.T. Usha, die *Queen of Indian Track and Field,* unter anderem vier Asienmeisterschaften.

Wie leicht ist es, den Blick für das Wesentliche zu verlieren? Die wahre Kunst besteht darin, bei den eigenen Bemühungen den Fokus auf das Innere zu richten. So ließ sich auch Basketball-Superstar Michael Jordan nicht vom Vergleich mit anderen ablenken: »*I'm not competing with somebody else. I'm competing with what I'm capable of.*«

Du wirst kein Glück und keine Zufriedenheit dabei empfinden, wenn du deinen eigenen Fortschritt, deinen eigenen Körper oder gar dein eigenes Leben mit dem eines oder einer anderen vergleichst. Und deinen Zielen wirst du damit erst recht nicht näherkommen. Vergleiche rauben dir die Freude am Entwicklungsprozess und daran, was du bisher schon erreicht hast. Es gibt über acht Milliarden Menschen auf dieser Welt. Wie wahrscheinlich ist es, dass du niemanden findest, der besser, schöner, stärker, schlauer oder schneller ist als du?

Du fragst dich gerade, wie du dich mit dir selbst vergleichen kannst, wenn du vielleicht noch gar nicht weißt, wer du bist oder wer du gerade sein möchtest? Dann beginne vielleicht mit der Person, die du auf keinen Fall sein möchtest. Suche nicht nach Vorbildern, sondern nach Menschen, denen du auf keinen Fall ähnlich sein möchtest. Nutze diese Herangehensweise, um deine eigenen Standards zu setzen. So wirst du herausfinden, wer du bist.

TRAININGSPROGRAMM FRÜHLING

»Wenn du alles gibst, kannst du dir nichts vorwerfen.«

Dirk Nowitzki, ehemaliger deutscher Basketballspieler

Challenge für deinen Geist: die Ideenmaschine

Auf gute Ideen zu kommen, kann man trainieren wie einen Muskel. Nimm dir jeden Tag ein Blatt Papier und schreibe fünf Ideen auf. Diese können, müssen aber natürlich nichts mit deinem Leben als Athlet zu tun haben. Ob verwegen, ausgefallen oder klein und banal – mit jedem Tag wird dein Ideenmuskel größer. Mehr zu diesem Ansatz erfährst du, wenn du im Internet nach James Altucher und »Idea Machine« suchst.

Challenge für deine Interaktion: Erster

Diese Herausforderung ist vom Tageseintrag am 1. März zum Zitat von Model und Beachvolleyballerin Gabrielle Reece abgeleitet. Es geht darum, deinen Mitmenschen ganz bewusst zuvorzukommen. Sei Erste oder Erster beim Grüßen, Lächeln oder Bedanken. Ein kleiner Unterschied, der in der Kommunikation mit deinen Mitmenschen viel bewegen kann.

Challenge für deinen Körper: Grenzüberschreitung

Bei dieser Herausforderung geht es darum, deine körperliche Leistungsgrenze gezielt zu überschreiten – einmal oder vielleicht sogar mehrmals in einem Monat. Wenn deine Joggingrunde normalerweise 30 Minuten dauert, laufe 90 Minuten so schnell wie du kannst. Statt 50 Liegestütz machst du 500 an einem Tag. Wenn du nach 18 Löchern Golf k.o. bist, gehst du gleich noch mal 18 Löcher. Wir sind alle zu viel mehr in der Lage, als wir denken. Grenzüberschreitungen geben dir Selbstvertrauen und machen dich stärker.

16. APRIL

»It ain't over until the fat lady sings.«

ENGLISCHES SPRICHWORT

> Dieses englische Sprichwort hat seinen Ursprung darin, dass Schlussakte in traditionellen Opern von Frauen mit opulentem Körperbau gesungen wurden.

Es ist nicht vorbei bis die dicke Dame singt«, ist ein englisches Sprichwort in Anlehnung an traditionell übergewichtige Sopranistinnen aus der Oper. Dabei ist die Annahme, Opernsängerinnen müssten für eine besonders volle Stimme dick sein, ein Mythos. Rein physiologisch hat ein volles Körpervolumen keinerlei Einfluss auf die Stimmenbildung im Kehlkopf. In traditionellen Opern sind die Sopranistinnen doch tatsächlich eher fülliger Natur.

Das Sprichwort erinnert uns Sportler und Lebensathleten daran, dass wir niemals einen noch laufenden Wettbewerb vorschnell abschreiben oder uns unserer Sache zu sicher sein sollten. Wir kennen wahrscheinlich alle genügend Beispiele dafür, dass scheinbar Aussichtsloses passiert ist:
– Der eigentlich schon feststehende Absteiger, der sich in letzter Sekunde rettet.
– Das Last-Minute-Comeback, mit dem keiner mehr gerechnet hat.
– Der Sportler mit der hohen Startnummer, der auf Platz Eins fährt, als der Führende schon siegesgewiss Interviews gibt.

Totgesagte leben länger. Es ist erst vorbei, wenn der Schiedsrichter tatsächlich gepfiffen hat oder eben, wenn du eine dicke Frau singen hörst.

17. APRIL

»Ich renne nicht vor einer Herausforderung davon, weil ich Angst habe. Stattdessen renne ich auf sie zu, weil der einzige Weg, die Angst zu überwinden, darin besteht, sie unter deinen Füßen zu zertreten.«

NADIA COMĂNECI

> Die rumänische Kunstturnerin räumte bei den Olympischen Spielen 1976 und 1980 fünfmal Gold, dreimal Silber und einmal Bronze ab. Wie kaum eine andere ihrer Zunft prägte sie das Kunstturnen und sorgte für eine bis dahin ungekannte Popularität der Sportart. Als erste Turnerin überhaupt schaffte sie mit 10,0 Punkten mehrmals eine perfekte Bewertung ihrer Kür.

Es ist ein Irrglaube, dass die Superstars der Sportwelt immun gegen Angst sind. Alle, auch überragende Athleten, verspüren dieses bedrohliche Gefühl, haben Selbstzweifel. Je höher der Einsatz, je größer der mögliche Verlust, desto eher spüren auch die routiniertesten Sportler solche Emotionen.

Was aber die ganz Großen von denjenigen unterscheidet, die letztendlich unter ferner liefen verbucht werden, ist ihre Reaktion auf Angst und ihr Umgang mit ihr. Statt sich vor ihrer Angst zu verstecken oder sich gar von ihr lähmen zu lassen, schaffen es wahre Champions, sich ihrer Angst zu stellen. Und nicht nur das. Sie wählen bewusst den Pfad, der ihnen Sorgen bereitet. Denn sie wissen, dass es der einzige Weg ist, der Angst aktiv und bewusst zu begegnen, um sie tatsächlich und langfristig zu überwinden. Sie wissen, dass sich auf der anderen Seite ihrer Sorgen und Ängste das befindet, was sie erstreben. Der Weg durch das Hindernis – und scheint es noch so unüberwindbar – hindurch ist für wahre Champions alternativlos.

18. APRIL

»I've never known a man worth his salt who in the long run, deep down in his heart, didn't appreciate the grind, the discipline.«

VINCE LOMBARDI

> War ein US-amerikanischer American-Football-Coach. Mit den Green Bay Packers gewann er innerhalb von sieben Jahren fünf nationale Meisterschaften. Mittlerweile ist er Teil der American Football Hall of Fame. Außerdem ist die jährliche Super-Bowl-Trophäe, die er selbst zweimal gewann, nach ihm benannt.

Erfolgreiche Hobbyathleten und Leistungssportler haben eines gemeinsam. Sie schaffen es, kurzfristig auf kleinere Belohnungen zu verzichten, um stattdessen in der Zukunft eine größere Belohnung zu erhalten. Das ist Teil ihres Trainings, vielleicht sogar ihrer Identität. Der wahre Champion liebt nicht nur das Gefühl, zu gewinnen. Nein, er genießt die harte Arbeit tatsächlich. Den Schweiß. Das frühe Aufstehen. Das »Mehr-als-nötig-Tun«. Er liebt den Prozess vielleicht sogar mehr als das, was am Ende des Prozesses auf ihn wartet. Das ist die leibhaftige Definition eines echten Athleten.

19. APRIL

An diesem Tag im Jahr 1897 fand der erste Boston Marathon statt.

»When I go to the Boston Marathon now, I have wet shoulders – women fall into my arms crying. They're weeping for joy because running has changed their lives. They feel they can do anything.«

KATHRINE VIRGINIA SWITZER

> Ist eine in Deutschland geborene und in den USA aufgewachsene Marathonläuferin, Buchautorin und TV-Kommentatorin.

Kathrine Switzer hat Sportgeschichte geschrieben. 1967 war sie die erste Frau, die als offiziell registrierte Läuferin am Boston Marathon teilnahm. Allerdings war Frauen dies zu dieser Zeit noch verboten und sie hatte einen Trick angewendet und sich mit K.V. Switzer für das Rennen angemeldet. Und so verlief ihre Teilnahme nicht ohne Komplikationen. Während des Rennens versuchte der damalige Rennleiter wiederholt, sie gewaltsam aus dem Marathon zu nehmen. So schlug er ihren Trainer und Mitläufer zu Boden, als der versuchte, Switzer zu schützen. Trotz aller Hindernisse schaffte sie es schließlich, das Rennen in 4 Stunden und 20 Minuten zu beenden

Seit Ende des 19. Jahrhunderts waren führende Mediziner überzeugt, dass längere Laufdistanzen eine so große Belastung für den weiblichen Körper darstellen, dass ihr Uterus herausfallen könnte. Die Vorstellung, dass Frauen aus gesundheitlichen oder sonstigen Gründen nicht bei Laufveranstaltungen teilnehmen dürfen, erscheint aus heutiger Sicht antiquiert, absurd und lächerlich.

Als Athleten können wir uns Kathrine Virginia Switzer zum Vorbild nehmen und uns fragen, in welchen Bereichen des Sports heute Pionierarbeit angebracht wäre.

20. APRIL

»The water doesn't know how old you are. I don't think you should let your age stop anything you want to do. Don't put an age limit on your dreams.«

DARA TORRES

> Als Aushängeschild des US-Schwimmsports nahm sie innerhalb von 24 Jahren an fünf Olympischen Spielen teil und gewann zwölf Medaillen. Dieses Zitat stammt aus ihrem Buch *Age Is Just a Number: Achieve Your Dreams at Any Stage in Your Life*.

Es gibt wahrscheinlich wenige Sportler, die ihre eigenen Worte so sehr verkörpern wie Dara Torres. Mit 14 Jahren gelang ihr der erste Weltrekord. Mit 17 nahm sie zum ersten Mal bei Olympischen Spielen teil und gewann Gold. Es folgten zwei weitere Olympische Spiele, wieder von Medaillen gekrönt. Mit 25 dann der Abschied aus dem Leistungssport. Sie hatte schließlich schon alles gewonnen.

Sieben Jahre danach begann sie im Sommer 1999 wieder mit ernsthaftem Schwimmtraining. Mit dem großen Ziel Olympia 2000. Und wie sie das erreichte! Als älteste Athletin des amerikanischen Teams schwamm sie zweimal Gold und dreimal Bronze. Doch damit nicht genug. 2008, mit 41 Jahren und nach der Geburt ihres ersten Kinds, schaffte sie ihr zweites Comeback bei Olympia. Wieder drei Medaillen. Nach fünf olympischen Sommerspielen verpasste Dara Torres die Qualifikation für London 2012 nur denkbar knapp.

Sie lieferte den Beweis, dass Alter nur eine untergeordnete Rolle spielt. Vielmehr zählen Träume und der Wille, sie zu verfolgen. Wie sieht es mit deinen Träumen und Zielen aus? Bist du tatsächlich zu alt? Oder ist das nur deine Entschuldigung vor dir selbst, damit du es gar nicht erst zu versuchen brauchst?

21. APRIL

Heute im Jahr 2014 gewann Meb Keflezighi als erster Amerikaner seit 1983 den Boston Marathon.

»One way the marathon is different from other races is that its lessons often have parallels in the rest of life. [...] Taking the long view, putting in the unglamorous daily work, finding joy in the process, saving something for the inevitable challenges–these traits have helped me be a better husband, father, brother and friend.«

MEB KEFLEZIGHI

> Ist ein US-amerikanischer Langstreckenläufer eritreischer Herkunft. Zu seinen größten Erfolgen zählt der Gewinn der olympischen Silbermedaille in Athen 2004 sowie der Gewinn des Boston Marathon 2014.

Geduld. Was für ein seltenes Gut in Zeiten von Sofortlieferung am gleichen Tag und sofortiger (Wissens)Befriedigung auf Suchmaschinen-Knopfdruck. Für jedes Problem und jede Fragestellung muss sofort eine Lösung her.

Die Tugend, die das altertümliche Wort »Langmut« beschreibt, ist der Mut, langfristig zu denken. Und die Hoffnung, diese Langfristigkeit zu ertragen. Unser moderner Alltag hat uns jedoch in vielen Bereich diese Ausdauer verlernen lassen. Wir müssen regelrecht darum kämpfen, uns diese Fähigkeit zu bewahren. Und doch lohnt sich dieser Kampf. Denn nichts ist so schön wie der Erfolg nach einer entbehrungsreichen Zeit. *»Je schwerer der Kampf, desto ehrenvoller der Triumph. Was wir zu mühelos erhalten, sehen wir als zu gering an: Erst der hohe Preis gibt jedem Ding seinen Wert«.* Das wusste bereits der US-Gründervater Thomas Paine, und zwar über 350 Jahre vor Meb Keflezighis Triumph beim Boston Marathon.

22. APRIL

»You do something all day long, don't you? Everyone does. If you get up at seven o'clock and go to bed at eleven, you have put in sixteen good hours [...]. If [you] took the time in question and applied it in one direction, to one object, [you] would succeed [...]. Success is the product of the severest kind of mental and physical application.«

MEHRERE QUELLEN

> Dieses Zitat kann nicht zweifelsfrei einem Ursprung zugeordnet werden. Es wird jedoch mit Thomas A. Edison in Verbindung gebracht. Das Zeitalter der Elektrizität steht mit keinem Namen so sehr in Verbindung wie mit dem des US-amerikanischen Erfinders und Unternehmers Edison. Zu Lebzeiten wurden auf seine Erfindungen unglaubliche 1093 Patente angemeldet.

Ob Profi- oder Hobbysportler, jeden Tag gibt es für uns alle mehr Ablenkungspotenziale. Sowohl in unserem Training als auch im Alltag besteht die Gefahr, sich im Detail zu verlieren. Bevor wir es merken, stolpern wir wieder durch den großen Wald der Pläne und suchen nach Halt. Doch wie bekommen wir Struktur in die Zerstreuung unseres Lebens? Für den Vater (wohlgemerkt nicht Erfinder) der Glühbirne lautet die Antwort: klarer Fokus gepaart mit simplen Gewohnheiten.

23. APRIL

»Some injuries heal more quickly if you keep moving.«

NICK VUJICIC

> Der international bekannte Motivationsredner kam mit einer seltenen Fehlbildung zur Welt, dem sogenannten Tetra-Amelie-Syndrom.

Du hast den letzten Wettkampf wegen einer Verletzung abgebrochen? Seitdem bist du außer Gefecht und haderst mit deinem Pech, deinem Schicksal und der Ungerechtigkeit im Allgemeinen. Warum ausgerechnet ich? Beim Versuch dir diese Frage zu beantworten, fährst du nicht zum ersten Mal gegen eine innere Wand.

Vielleicht hilft ein radikales Gedankenexperiment, dich aus deiner mentalen Endlosschleife zu befreien. Schließ die Augen und stell dir einige Minuten möglichst bildhaft vor, wie es wäre, keine Arme und keine Beine zu haben. Überlege dir konkret, wie dein Leben und Alltag aussehen würde. Familie und Kinder, eine erfüllende Arbeit, ein abwechslungsreiches und aufregendes Leben? Unter diesen Bedingungen unvorstellbar?

Nicht für Nick Vujicic. Der Australier hat zwar wegen einer Fehlbildung von Geburt an weder Arme noch Beine, dafür aber eine Familie mit vier Kindern und sportliche Hobbys (darunter Schwimmen, Surfen und Golf). Mit seiner Arbeit und seinen Vorträgen inspiriert er Menschen auf der ganzen Welt.

Wie fühlt er sich jetzt an, dein Bänderriss, dein Ermüdungsbruch oder dein Tennisarm? Schon ein bisschen besser? Dein subjektives Leiden kann durch einen objektiven Vergleich mit den Schicksalen anderer Menschen gelindert werden. Nick Vujicic hätte jedes Recht der Welt gehabt, sich auf ewig zu bemitleiden. Aber er hat einen anderen Weg gewählt.

24. APRIL

»The world is full of people who want to play it safe, people who have tremendous potential but never use it. Somewhere deep inside them, they know that they could do more in life, be more, and have more – if only they were willing to take a few risks.«

GEORGE FOREMAN

> Der ehemalige Profiboxer war zwischen 1969 und 1997 eine feste Größe im Schwergewichtskampf und wurde anschließend ein erfolgreicher Geschäftsmann.

Wenn es mal wieder zu schwierigen Zeiten in unserem Sport oder unserem Leben kommt, ziehen wir uns gerne an einen ganz besonderen Ort zurück: in die Komfortzone. Es ist ein schöner Ort. Es ist ruhig. Gemütlich. Alles hat seine Ordnung. Dort finden wir Sicherheit, Stabilität, Halt. Dort fühlen wir uns wohl. Dort kennen wir uns aus. Ein Ort, an dem wir uns geborgen fühlen, wenn alles um uns herum turbulent ist oder uns nervös macht. Doch gleichzeitig ist die Komfortzone auch ein gefährlicher Ort. Halten wir uns zu lange dort auf, bedeutet das: Wir wollen uns unseren Ängsten nicht stellen.

Weißt du, was sich hinter unserer Angst versteckt? Auf der anderen Seite der Komfortzone? Das volle Potenzial unseres Lebens. Dich hält nicht zurück, wer du glaubst zu sein, sondern wer du glaubst, nicht zu sein. Das herauszufinden, beginnt mit dem Schritt aus der Komfortzone heraus.

25. APRIL

»Ich strebe nicht danach, groß wahrgenommen zu werden. Ich lebe gern zurückgezogen und mache mein Ding. [...] Wenn es von außen wahrgenommen wird, freue ich mich. Wenn nicht, bin ich auch nicht zu Tode betrübt.«

Anne Haug

> Deutsche Triathletin, Vize-Weltmeisterin, Mannschaftsweltmeisterin, Olympionikin sowie Siegerin des Ironman Hawaii 2019. Mit diesem Zitat beantwortet sie die Frage, ob sie sich ihrer Erfolge entsprechend gewürdigt fühlt.

Triathleten stehen in Deutschland selten im Rampenlicht. Und das obwohl sie seit Jahren die Weltspitze beherrschen. So wie Anne Haug, die 2019 als erste deutsche Triathletin die brutale Triathlon-Weltmeisterschaft auf Hawaii für sich entscheiden konnte. Dabei sind zu absolvieren: 3,862 Kilometer Schwimmen, 180,246 Kilometer Radfahren und 42,195 Kilometer Laufen. Ihr Sieg katapultierte Anne Haug für einige Zeit ins mediale Rampenlicht. Auch wenn das gar nicht das eigentliche Ziel der Oberfränkin war. Ihre Worte stellen wieder einmal unter Beweis: Leidenschaft, Liebe und Herzblut für die Sache bringen große Athleten an ihr Ziel. Nicht das Ziel selbst.

26. APRIL

An diesem Tag im Jahr 121 n. Chr. wurde Marcus Aurelius in Rom geboren.

»Du hast die Macht über deinen Geist – nicht über Geschehnisse im Außen. Erkenne das und du wirst Stärke finden.«

MARCUS AURELIUS

> Als römischer Kaiser war er seinerzeit der mächtigste Mann der Welt und einer der wichtigsten Vertreter der stoischen Philosophie. Seine Selbstbetrachtungen geben Einblick in seine Gedankenwelt und sind ein Standardwerk der stoischen Philosophie.

Alles ist anders als du es dir für deinen großen Tag vorgestellt hast. Das Wetter ist schlecht. Die Organisation ist chaotisch. Die Bedingungen sind nicht für alle Athleten gleich und für dich natürlich besonders mies. Und jetzt spürst du zu allem Überfluss auch noch einen stechenden Schmerz in deinem rechten Fuß. »Ausgerechnet heute läuft alles gegen mich.« Vielleicht kommt dir dieses Selbstgespräch bekannt vor.

Die Lösung liegt nicht darin, sich bessere Rahmenbedingungen zu wünschen. Deine Einstellung ist entscheidend. An den äußeren Umständen wirst du in deinem Leben niemals etwas ändern können. Du hast aber immer die Deutungshoheit darüber, wie du externe Ereignisse bewertest. Den meisten Athleten, den meisten Menschen fällt aber genau das unendlich schwer. Veränderst du deine Wahrnehmung auf Dinge, die du ohnehin nicht ändern kannst, verbessert sich deine Laune bereits kurzfristig, und mittelfristig werden auch deine sportlichen Ergebnisse besser.

Regen, Wind, Hitze? Das Wetter ist für alle gleich und hat daher keinen Einfluss auf das Resultat. Chaotische Organisation? Ich stehe jetzt auf dem Platz. Nur darum geht es. Was vorher und nachher passiert, ist jetzt nicht wichtig. Tatsächlich ungleiche Bedingungen? Dann ist ein Sieg doch umso wertvoller. Schmerzen im Fuß? Ein toller Härtetest. Nimm auch diese Herausforderung an!

27. APRIL

»I love the quote ›In the Olympics all bodies look the same, in the Paralympics all bodies look different‹ from Ellie Cole. I love it because I have always believed that life isn't about what you don't have. It's what you do with the gifts you are given.«

TATYANA MCFADDEN

> Die aus Russland stammende, US-amerikanische Rollstuhlsportlerin konnte sowohl bei den Paralympischen Sommer- als auch bei den Winterspielen insgesamt 17 Medaillen gewinnen.

Niederlagen haben viele Gesichter – keine gleicht der anderen. Manche sind niederschmetternd, manche motivierend und wiederum andere kann man sich auch viele Jahre danach nicht verzeihen. Zudem gibt es Niederlagen, die gar nichts mit dem Sport an sich zu tun haben, jedenfalls nicht direkt. Sie stehen im Zusammenhang mit Regeln oder Entscheidungen die am »grünen Tisch« gefällt werden.

In diese Kategorie fällt die Geschichte der jungen Tatyana McFadden, bevor sie eine der erfolgreichsten Athletinnen der Paralympics wurde. Die in Russland geborene und von einem US-amerikanischen Paar adoptierte Ausdauersportlerin durfte bei den Wettbewerben ihrer High School zunächst nicht zusammen mit den nichtbehinderten Altersgenossen starten. Stattdessen musste sie die Strecke ganz allein in einer Art abgesperrten Zone zurücklegen.

Diese Erniedrigung führte zu einem Rechtsstreit mit der regionalen Schulbehörde, den die Familie McFadden schließlich gewann. Fortan durfte Tatyana mit allen anderen auf die Strecke. Manchmal wirst du auch durch das Nichtakzeptieren einer Niederlage zum Sieger.

28. APRIL

»Prinzipiell haben wir Athleten in der Gesellschaft eine Vorbildfunktion. Dazu gehört, eine Meinung zu haben und diese klar zu äußern.«

MALAIKA MIHAMBO

> Die deutsche Weitspringerin und Sprinterin wurde 2019 Weltmeisterin im Weitsprung und zu Deutschlands Sportlerin des Jahres gekürt.

Sport findet nicht im luftleeren Raum statt. Sport ist eingebettet in die Gesellschaft und in das tägliche Leben mit all seinen Facetten und manchmal auch Ungerechtigkeiten. Sportler, die im Rampenlicht stehen, sind nicht verpflichtet, zu jedem aktuellen Thema eine Stellungnahme abzugeben. Genau wie alle anderen Menschen haben sie das Recht und die Freiheit, ihre Meinung für sich zu behalten oder einfach keine Meinung zu einem Thema zu haben.

Genauso steht es ihnen aber auch frei, ihre Bekanntheit dafür zu nutzen, auf bestehende Missstände hinzuweisen, für Mitmenschen in Not einzustehen oder lautstark die Einhaltung von Menschenrechten zu fordern. Sich hinter dem Manager oder hinter nichtssagenden Botschaften in den sozialen Medien zu verstecken, wenn Bauch und Herz dazu auffordern, die eigene Stimme zu erheben, ist langfristig keine gute Strategie. Gerade weil sie einen Beitrag zur Veränderung leisten können.

Bekannte Sportler sind – ob sie es wollen oder nicht – Vorbilder. Sie geben nicht nur Kindern und Jugendlichen Orientierung, sondern auch viele Erwachsene eifern ihnen nach, wollen in ihre Fußstapfen treten. Sich in einer Arena vor vielen Zuschauern gegen die Konkurrenz durchzusetzen, erfordert Mut. Für menschliche Werte einzustehen ebenso.

29. APRIL

»Jeder denkt darüber nach, wie er die Welt verändern kann, aber niemand denkt daran, sich selbst zu verändern.«

Leo Tolstoi

> Der weltbekannte russische Autor prägte Anfang der 1900er-Jahre die literarische Geschichte wie kaum ein anderer.

Lew Nikolajewitsch Graf Tolstoi, kurz Leo Tolstoi, war Autor vieler ruhmreicher Werke. Seine Worte aus diesem Zitat stimmen mit einer der zentralen Botschaften Mahatma Gandhis überein: »*Sei du selbst die Veränderung, die du dir für diese Welt wünschst.*« Dabei ist das nur eine Paraphrasierung, Gandhis eigentliches Zitat ist etwas ausführlicher:

> »Wir spiegeln nur die Welt. Alle in der Außenwelt vorhandenen Tendenzen sind in der Welt unseres Körpers zu finden.«

Weiter führt er aus:

> »Wenn wir uns ändern könnten, würden sich auch die Tendenzen in der Welt ändern. Wenn ein Mensch seine eigene Natur ändert, ändert sich auch die Haltung der Welt ihm gegenüber.«

Diese Worte ermahnen uns nicht nur dazu, mit gutem Beispiel voranzugehen. Dahinter steckt die Idee, dass wir die Welt um uns herum nur als Spiegelbild dessen wahrnehmen, was in uns selbst vorgeht. Wirklich verändern können wir etwas, wenn wir den Blick nach innen richten und anschließend handeln, statt nur zu wünschen und zu visualisieren.

Überaus ehrenhaft sind all die Vorhaben, Großes in der Welt zu bewirken. Etwas für die Nachwelt zu hinterlassen, auf das wir stolz sein können. Eine bessere Welt für all diejenigen zu schaffen, die nach uns kommen. Doch all diese Vorhaben starten nur durch uns. Grundlage ist die innere Transformation.

30. APRIL

»Consider the postage stamp, son. It secures success through its ability to stick to one thing till it gets there.«

Mehrere Quellen

> Das heutige Zitat lässt sich nicht zweifelsfrei einem Ursprung zuordnen. Es geht jedoch am ehesten auf Henrey Wheeler Shaw alias Josh Billings zurück, einen US-amerikanischen Schriftsteller, der von 1818–1885 lebte.

Das Leben einer Briefmarke ist einfach. Sie hat einen Job und erfüllt ihn. Eine Briefmarke überlegt sich nicht, ob sie heute mal lieber eine Stunde länger im Bett liegen bleibt oder abends noch ein Bierchen mehr trinkt. Sie ist einfach da und erfüllt ihre Funktion.

Ok, die Vorstellung, dass in einer Briefmarke Leben steckt, ist etwas absurd. Und doch können wir etwas von ihr lernen. Einfach mal so lange an einer Sache dranbleiben, bist du dein Ziel erreicht hast. Mit der richtigen Frankierung und Adresse werden wir dort ankommen, wo wir sein sollen.

MAI

I. MAI

»Ich habe keine Idole. Ich bin Fan von Arbeit, Einsatz und Kompetenz.«

AYRTON SENNA

> Ein brasilianischer Rennfahrer mit beeindruckender Bilanz: 161 Rennen in der Formel 1, 41 Siege, 65 Pole Positions, 80-mal auf dem Podium, drei Meisterschaften. 1994 starb Senna an den Folgen eines Unfalls auf der legendären Strecke in Imola.

Früher oder später zeigen auch die größten Idole eine Schwäche. Das ist gut so. Ganz gleich ob Niederlagen, privater Skandal oder Verletzungen. All das lässt anscheinend übermenschliche Athleten doch menschlich werden.

Niemand von uns ist perfekt. Deshalb sollten wir uns auch nicht exakt an den individuellen Geschichten großer Persönlichkeiten orientieren. Vielmehr profitieren wir von den Tugenden großartiger Sportler. Wir nehmen sie als Inspiration für unser eigenes Handeln. Die Eleganz Roger Federers. Die Kraft Rafael Nadals. Die spielerische Freude Lionel Messis. Die Hingabe und Disziplin Cristiano Ronaldos.

Darüber hinaus gibt es auch zeitlose Beispiele beeindruckender Tugenden, die wir als erstrebenswert ansehen können: Weisheit, Gerechtigkeit, Mut, Selbstbeherrschung, Scharfsinn, Urteilskraft.

2. MAI

Am heutigen Tag 1998 wurde Otto Rehagel mit dem Aufsteiger 1. FC Kaiserslautern Deutscher Fußballmeister. Eine Sensation!

»Die Wahrheit liegt auf dem Platz.«

OTTO REHAGEL

> Etliche nationale und internationale Titel machten ihn zu einem der erfolgreichsten Fußballtrainer der 1980er- und 1990er-Jahre. Legendenstatus erreichte Otto Rehagel durch den Sieg bei der Europameisterschaft 2004 mit dem krassen Außenseiter Griechenland sowie der Deutschen Meisterschaft 1998 mit dem 1. FC Kaiserslautern, direkt nach dem geglückten Aufstieg in die Bundesliga.

Als Otto Rehagel diese Worte 2012 auf einer Pressekonferenz sprach, tat er das in Anlehnung an den Fußballspieler und Trainerkollegen Alfred Peißler: *»Grau is' im Leben alle Theorie – aber entscheidend is' auf'm Platz.«* Ob aus dem Mund von König Otto oder der Trainerlegende von Borussia Dortmund, die Botschaft ist so eindeutig wie universell. Die Trainingsplanung am Reißbrett ist unverzichtbar. Die Gedanken um eine bestimmte Taktik sind es ebenso. Dazu kommen noch viel sonstiges Gerede und Rummel rund um den großen Wettkampf und noch mal mindestens genauso viel nach Abpfiff. Es wird seziert und auseinandergenommen wie sonst nur das Filetstück beim Metzger.

Doch was zählt wirklich? Wo passiert das Entscheidende? Dort, wo die großen Emotionen des Sports sich wiederfinden. Dort, wo es Zeit ist, seinen Worten Taten folgen zu lassen. Auf dem Platz. Im Wettkampf. Geben wir also dort alles.

3. MAI

»Du musst immer danach streben, der Beste zu sein, aber Du darfst niemals glauben, dass Du es bist.«

JUAN MANUEL FANGIO

> Sein erstes Rennen in der Formel 1 fuhr der argentinische Autorennfahrer Fangio mit 39 Jahren. Er startete zwar spät, doch das hinderte ihn nicht daran, unglaubliche 47 Prozent seiner Rennen und darunter fünf Weltmeistertitel zu gewinnen.

Sicherlich, ein gesundes Selbstvertrauen und der Glaube an die eigenen Fähigkeiten zeichnet die meisten Spitzensportler aus. Und auch diejenigen, die es noch werden möchten. Ein bisschen Muhammad Ali oder Zlatan Ibrahimović sollte in jedem von uns Sportlern stecken. Der unerschütterliche Glaube an sich hat im Mindset von Athleten seine Berechtigung. Doch lehnen sich die Worte von Juan Manuel Fangio auch an folgenden Gedanken des Philosophen Sokrates an: *»Wer glaubt, etwas zu sein, hat aufgehört, etwas zu werden.«*

Demut und Bescheidenheit zählen zu den angenehmsten Eigenschaften der menschlichen Natur. Sie zeugen von Intelligenz und Reflexion, und auch von Dankbarkeit. Auf dem Weg zum sportlichen Erfolg sind diese Eigenschaften unerlässlich. Hochmut kommt bekanntermaßen vor dem Fall. Wie vermeidest du einen etwaigen Fall am besten? Vielleicht, indem du gar nicht erst hochmütig wirst.

4. MAI

»You're the average of the five people you spend the most time with.«

JIM ROHN

> Ein ehemaliger US-amerikanischer Unternehmer, Autor und Motivationsguru. Seine Arbeit beeinflusste viele andere bekannte Motivationstrainer und Coaches wie Tony Robbins, Brian Tracy oder Jack Canfield.

Ob das tatsächlich stimmt oder es auch vier oder sechs Personen sein können, ist nicht wichtig. Kein Mensch wird jemals in der Lage sein, das nachzuprüfen. Bei diesem Zitat geht es nicht um wissenschaftliche Präzision. Viel entscheidender ist die Idee dahinter: Dein direktes Umfeld hat einen entscheidenden Einfluss auf deinen Erfolg.

Was mindestens so wichtig ist: Auch dein Glück ist von den Menschen abhängig, mit denen du die meiste Zeit verbringst. Es ist daher eine gute Idee, dich regelmäßig zu fragen, ob die Freunde, mit denen du viel zusammen bist, dir eher Energie rauben oder bringen. Ob sie dich motivieren und dabei unterstützen, das Beste aus dir selbst hervorzuholen, oder dich eher herunterziehen.

Deine Zeit ist zu kostbar für negativen Einfluss. Eine Neuordnung deines Umfelds kann das entscheidende Puzzleteilchen darstellen, dass du lange woanders gesucht hast.

5. MAI

Europäischer Protesttag zur Inklusion von Menschen mit Behinderungen.

»Inklusion ist für mich ein Zustand, in dem der Begriff überflüssig geworden ist, in dem Grenzen aufgehoben werden, indem man die Individuen mit ihren Möglichkeiten und Grenzen sieht.«

Verfasser unbekannt

> Diese Worte können keinem konkreten Zitatgeber zugeordnet werden.

Die lateinischen Wurzeln des Worts *Inklusion* sind im Verb *includere* enthalten, das »einlassen« oder »einschließen« bedeutet. Jemanden, der schon in die Gesellschaft integriert ist, muss man nicht mehr extra eingliedern. Die Inklusion (»Eingliederung«) ist aber nur eine wichtige Etappe auf dem Weg zum finalen Triumph über Ausgrenzung, Ignoranz und Ungleichbehandlung von bestimmten Menschen oder ganzen Menschengruppen. Nichtsdestotrotz – diesen Meilenstein zu erreichen ist ähnlich schwierig, wie für einen Hobbyradfahrer Tour de France-Bergetappen wie den Col du Tourmalet oder den Mont Ventoux zu bewältigen.

Die große Stärke des Sports ist es, Grenzen zu überwinden. Die Vision ist, in einer Welt zu leben, in der es keine Grenzen mehr gibt. Eine Welt, in der Inklusion nicht mehr nötig ist. Dazu können wir ohne Ausnahme alle beitragen. Auf dem steilen Weg über die Berge können wir Sportler allerdings mutig und entschlossen vorausfahren.

6. MAI

An diesem Tag im Jahr 1954 lief Roger Bannister als erster Mensch eine Meile unter vier Minuten.

»Experten sind Leute, die 99 Liebesstellungen kennen – aber kein einziges Mädchen.«

DIETER HALLERVORDEN

> Ist ein deutscher Schauspieler, Kabarettist, Komödiant und Sänger. Nach einigen erfolglosen Bewerbungen zu Beginn seiner Schauspielkarriere gründete er 1960 eine eigene Kabarettbühne (*Die Wühlmäuse*), deren Direktor er noch heute ist.

Eine gute Planung gehört zu jedem sportlichen Vorhaben. Jeder Stadtlauf bedarf eines adäquaten Trainingskonzepts, jede Saison einer gut ausgetüftelten Vorbereitung. Bei all den unerschöpflichen Ressourcen zur (Trainings)planung verliert man sich jedoch leicht im Detail.

Überlass dies all den Gelehrten, Studierten und Wissenschaftlern – den Experten der Theorie. Erinnere dich daran: Experten und Sportwissenschaftler waren einst der Meinung, es sei für den menschlichen Körper unmöglich, eine Meile unter vier Minuten zu laufen. Bis Sir Roger Bannister genau dies am 6. Mai 1954 gelang.

Sei selbst kein Theoretiker. Sei Praktiker. Nur so lernst du dazu und wirst letztendlich sogar durch Fehler besser. Du würdest schließlich auch nicht auf die Idee kommen, Abhandlungen über die zehnte Liebestheorie zu studieren. Probieren geht über Studieren – im Alltag wie im Sport. Außerdem macht es auch mehr Spaß.

GASTBEITRAG

7. MAI

»Alles, was ich schließlich am sichersten über Moral und menschliche Verpflichtung weiß, verdanke ich dem Sport.«

Albert Camus,
französischer Schriftsteller und Philosoph

> Der folgende Text ist ein Gastbeitrag von Jonas Hummels. Der ehemalige Fußballspieler der SpVgg Unterhaching und des FC Bayern München ist heute Sportkommentator. Gemeinsam mit seinem Bruder Mats betreibt er den Sportpodcast *Alleine ist schwer*.

*E*s mag merkwürdig erscheinen, dass mir ein Zitat des Literaturnobelpreisträgers Albert Camus am besten in Erinnerung geblieben ist. Es kommt mir als Erstes in den Sinn, wenn ich an ein Zitat aus dem Sport denke. Der Satz von Camus stammt aus einem Essay aus dem Jahr 1953 mit dem Titel »Was ich dem Sport verdanke« und war aus einer Anfrage der France Football aus dem Jahr 1957 entstanden. Ihm fiel in der Kürze nichts ein, also sandte er der Zeitung einen alten Beitrag zu.

Das bemerkenswerte an dem Essay ist, dass die Wörter »Sieg« oder »gewinnen« keine Verwendung finden. Camus spielte in einer algerischen Jugendmannschaft, sprach von einem »behaarten Freund«, den er irgendwann aus den Augen verlor, von Tritten der Gegner, Schrammen an Schienbeinen, sprich von einer Tortur, die er aber dennoch liebte.

Nachdem ich zwölf Jahre in der Jugend des FC Bayern und anschließend zehn Jahre bei der SpVgg Unterhaching gespielt hatte, dachte ich lange, der Kern des Spiels, des Sports generell, sei, zu gewinnen. Schließlich träumte ich davon, stellte mir vor fast jedem Spiel vor, wie ich das entscheidende Tor erziele oder selbiges verhindern kann, um am Ende als Sieger den Platz zu verlassen. Auf der anderen Seite kann ich mich lebhaft an Tage erinnern, an denen ich im Training versagte, Spiele verlor und zerknirscht auf der Couch oder im Bett mein Dasein fristete.

GASTBEITRAG

Mit ein paar Jahren Abstand, Schrammen aus insgesamt acht Knieoperationen und schließlich dem verletzungsbedingten Karriereende mit 26 Jahren, komme ich dennoch zu einem ähnlichen Ergebnis wie Camus 1953. Obwohl ich nächtelang, in Bedauern und Frust, über die verpassten Chancen, ausgelassenen Reisen, Partys und am Ende natürlich eine erfolgreiche Karriere als Fußballer nachgedacht habe, bin ich überglücklich und dankbar für alles, was der Sport mir ermöglichte.

Meine Erinnerungen an 1:5-Niederlagen in Chemnitz, ewige Busreisen nach Osnabrück, Münster und Co., Jugendturniere in Italien oder Trainingslager in Österreich sind so lebhaft wie der erfolgreiche Ligaverbleib am letzten Spieltag der dritten Liga. Der Mensch, der ich heute bin und in Zukunft sein werde, fußt auf dem, was mir der Sport gab: Orientierung, Fairness, Moral, Leid, Zuversicht, Geduld, Antrieb, Ehrgeiz ..., aber vor allem den Spaß am Sport und die Verbindung zu allen Teilen der Gesellschaft. Ich habe mit ItalienerInnen, KroatInnen, AngolanerInnen, Christen, Moslems, Introvertierten, Extrovertierten – sprich, mit verschiedensten Teilen der Gesellschaft zusammen gespielt, gefeiert und gelitten. Der Sport hat uns geeint.

Gewinnen bedeutet für mich demnach nicht, als Sieger vom Platz zu gehen, als Erster über die Ziellinie zu laufen oder den Beckenrand als Erster abzuklatschen. Jede Minute, die man mit Freunden oder Unbekannten auf Sportplätzen, in Parks oder auf Straßen dieser Welt damit verbringt, gemeinsam nach Regeln zu spielen und einer Leidenschaft nachzugehen, sorgt für Gewinner auf jeder Seite. Der Sport hat mich zu dem gemacht, der ich bin, und wird mich zu dem machen, der ich in Zukunft sein werde. Ich werde jeden Tag glücklicher darüber, dass ich diese Möglichkeiten hatte, völlig unabhängig vom Resultat.

8. MAI

An diesem Tag im Jahr 1945 endete der Zweite Weltkrieg in Europa.

»Never give in. Never give in. Never, never, never, never – in nothing, great or small, large or petty – never give in, except to convictions of honour and good sense. Never yield to force. Never yield to the apparently overwhelming might of the enemy.«

SIR WINSTON CHURCHILL

> War als britischer Staatsmann (Premierminister des Vereinigten Königreichs von 1940 bis 1945 und von 1951 bis 1955), Offizier der britischen Armee und Schriftsteller (Nobelpreis für Literatur 1953) eine der prägendsten Persönlichkeiten des 20. Jahrhunderts.

Die Wahrscheinlichkeit ist hoch, dass Winston Churchill mit den »großen Dingen« Krieg und mit der »überwältigen Macht des Feindes« Nazideutschland gemeint hat. Sport ist kein Krieg und der Gegner auf der anderen Seite ist (hoffentlich) weder dein Feind noch ein Nazi. Sport im Allgemeinen und dein Wettkampf im Speziellen sind dennoch nichts Belangloses für dich. Ganz im Gegenteil!

Du hast einen Auftrag. Als Athlet musst du kämpfen bis zum Umfallen. Oder mindestens bis zum Schlusspfiff. Nicht aufzugeben, ist eine Lebenseinstellung. Es ist nicht etwas, was du ab und zu aus der Sporttasche holen kannst, wenn dir gerade danach ist. Mache alles zu 100 Prozent oder lass es direkt bleiben.

Wie im Zitat beschrieben, ist es jedoch wichtig, nicht eigensinnig, sondern mit Blick auf das große Ganze zu agieren. Manchmal kann es heldenhafter sein, ein Spiel zu pausieren, statt unter verschwiegenen Schmerzen anzutreten. Als Resultat muss deine Mannschaft vielleicht danach zehnmal hintereinander ohne dich antreten. Kämpfe ehrenhaft wie ein Löwe, ohne Tricks, aber mit gesundem Menschenverstand! So lautet die abgewandelte Botschaft von Sir Winston Churchill für Athleten.

9. MAI

»The first principle is that you must not fool yourself – and you are the easiest one to fool.«

RICHARD FEYNMAN

> Der US-Amerikaner ist einer der bedeutendsten Physiker des 20. Jahrhunderts und Nobelpreisträger für seine Forschung über die Quantenelektrodynamik. Bekannt war Feynman auch dafür, komplexe Themen leicht verständlich erklären zu können.

Aus. Vorbei. Schlusspfiff. Die Anspannung lässt langsam nach. Aus dem Tunnel kommend, nimmst du deine Umgebung jetzt wieder wahr. Dein Kopf – gerade eben noch konzentrierte, stumme Kommandozentrale auf dem Weg zum sportlichen Ziel – ist jetzt wieder bereit für Kommunikation und Kontakt zur Außenwelt. Dein Sieg ist die logische Konsequenz der Arbeit der vergangenen Wochen? Deine Niederlage ist eigentlich nur auf das Unvermögen der Schiedsrichter zurückzuführen? Du kannst dir keine Fehler vorwerfen? Vielleicht. Vielleicht ist dies aber auch nur eine passende Geschichte, die dir gerade ganz gut in die Karten spielt – im Kontakt mit dir selbst, deinem Umfeld, der Presse oder deinen Fans.

Du trägst den Schlüssel zur ehrlichen Bewertung des Geschehens in dir selbst. Du kennst die Wahrheit, hast aber auch das Einmaleins des Selbstbetrugs im Repertoire. Für welchen Weg entscheidest du dich? Ehrlicher Athlet oder Schauspieler?

10. MAI

»Success is where preparation and opportunity meet.«

Robert William Unser

> Der ehemalige US-amerikanische Motorsportrennfahrer gewann das prestigeträchtige 500-Meilen-Rennen Indy 500 in Indianapolis dreimal in drei verschiedenen Jahrzehnten.

Schreibst du den Erfolg anderer Sportler manchmal ihren herausragenden Genen oder ihren glücklichen Lebensfügungen zu? Der Erfolg ist ihnen in den Schoß gefallen? Du selbst hast nie so ein Glück? Sind all das nicht nur Ausreden, damit du dich besser fühlst, wenn du andere mit dem siehst, was du gerne selbst (erreicht) hättest?

Wenn wir ehrlich sind, wissen wir, Erfolg ist kein Glück. Und schon gar kein Zufall. Sicherlich, Glück und Zufall sind hilfreich. Entscheidend ist die Fähigkeit, Möglichkeiten zu erkennen und zu nutzen, wenn sie sich dir präsentieren. Wie erarbeiten wir uns diese Fähigkeit? Durch tägliche Arbeit an der Basis. Endlose Wiederholungen deiner grundsätzlichen Fähigkeiten. Um dann, wenn sich das kleine Fenster einer günstigen Gelegenheit öffnet, keinen Zweifel daran zu lassen, dass nun du an der Reihe bist. Mach deine Hausaufgaben!

11. MAI

»There's no substitute for hard work. If you work hard and prepare yourself, you might get beat, but you'll never lose.«

NANCY LIEBERMAN

> Eine ehemalige US-amerikanische Profi-Basketballspielerin und Trainerin in der WNBA (Women's National Basketball Association) sowie Ikone des amerikanischen Frauen-Basketball.

Als Sportler sind wir es gewohnt, uns zu vergleichen. Es geht immer darum besser, stärker, schneller, fitter zu sein. Dabei findest du deine härteste Konkurrenz nicht in anderen Menschen. Deine härteste Konkurrenz bist du selbst. Durch deine Prokrastination, dein narzisstisches Ego, ungesunde Ernährung oder die Vernachlässigung der Pflege deines Verstands sowie negative Gedanken von gestern, mit denen du dich umgibst, untergräbst du deine Leistungsfähigkeit und mögliche Erfolge.

Ob du nun eine Trophäe erhältst, weil du bei einer besonderen physischen Herausforderung dein Ziel erreicht hast, oder nicht, ist am Ende zweitrangig. Viel wichtiger ist, dass du dich mit dir selbst misst – mit deinem Ich von gestern, von voriger Woche oder von vor einem Jahr. Sieg und Niederlage im Wettkampf hin oder her. Lebst du im Vergleich dazu heute gesünder, fitter, besser oder stärker, bist du auf dem Weg, ein wahrer Champion zu werden.

12. MAI

»Happiness is transitory – purpose, meaning and significance is enduring. It is who you are. In the very end, what is going to be important to you? And what is not?«

TOM OSBORNE

> Der US-amerikanische College-Football-Coach und Politiker trainierte fast 30 Jahre die Nebraska Cornhuskers, gewann drei nationale Meisterschaften und wurde 1999 in die College Football Hall of Fame aufgenommen.

Gefühle sind vergänglich. An einem einzigen Tag können wir von höchstem Glück bis zur tiefsten Enttäuschung alles durchlaufen. Als Athleten – egal ob aktiv oder als Zuschauer von Sportveranstaltungen – kennen wir das nur zu gut. Wir alle jagen die glücksbringenden Dopamine, die wir auch durch Ausübung unserer Lieblingssportart ausschütten. Wir dürfen aber nicht vergessen, dass diese Glücksgefühle vorübergehend sind. Um nicht wie im Hamsterrad dem nächsten Kick hinterherzueilen, sollten wir uns auf das besinnen, was langfristig innere Ruhe und Zufriedenheit bringt: Sinnhaftigkeit, Bestimmung und Belang im eigenen Handeln.

13. MAI

An diesem Tag im Jahr 1909 startete der erste Giro d'Italia.

»Es war nicht die einfachste Route, aber ich spürte meine Stärke, meine Grenzen, meine Liebe. Ich erlaubte mir nicht, ein Gefangener der Meinungen oder Erwartungen anderer zu werden. Das war mein Leben! Und weißt du, in meinen Träumen fahre ich weiter, in meinen Träumen sind meine Beine jung und der Wind tanzt mit mir und singt: Alfonsina, Alfonsina.«

ALFONSINA STRADA

> Die italienische Radrennfahrerin war die einzige Frau, die eine der drei Rundfahrten (Tour de France, Giro d'Italia und Vuelta) für Männer mitfuhr und auch beenden konnte.

Alfonsina Strada wuchs mit vielen Geschwistern in einer armen Bauernfamilie in der norditalienischen Provinz Modena auf und erhielt ihr erstes eigenes Fahrrad im Tausch gegen ein Huhn. Gegen den Willen ihrer Eltern nahm sie schon früh an zahlreichen Rennen teil und siegte oft, zunächst gegen Mädchen und Jungen, später meist nur noch gegen Männer. Ihre vielen Erfolge brachten ihr den Spitznamen *il diavola in gonnella* ein, der ›Teufel im Rock‹.

Im Jahr 1924 startete Alfonsina Strada schließlich beim größten Rennen in Italien überhaupt, dem Giro d'Italia. Um bei der berühmten Rundfahrt starten zu können, gab sie sich zunächst als Mann aus. Auf der achten Etappe musste sie ihren kaputten Lenker durch einen Besenstiel ersetzen. Zwei Etappen später wollte sie – mittlerweile als Alfonsina Strada erkannt und als weibliche Teilnehmerin geduldet – kurz vor der Zielankunft aufgeben, wurde aber von ihren begeisterten Landsleuten über die Ziellinie getragen. Am Ende beendete sie die Rundfahrt, als nur eine von 37 anderen Fahrern. Sie schrieb Fahrrad- und Sportgeschichte und war Vorreiterin für die Rechte von Leistungssportlerinnen auf der ganzen Welt.

14. MAI

»The only one who can tell you ›you can't win‹ is you and you don't have to listen.«

JESSICA ENNIS-HILL

> Die britische Leichtathletin gewann im Mehrkampf bei Olympischen Spielen, Welt- und Europameisterschaften unglaubliche achtmal Gold, dreimal Silber und zweimal Bronze.

In unserer Gedankenwelt haben wir die Möglichkeit, unzählige alternative Realitäten und Geschichten zu erschaffen. Wunderbare, schöne und ausgefallene Storys. Doch Vorsicht! Genauso hat unser Verstand die Macht, uns Dinge einzureden, die gar nicht wahr sind. All diese kleinen Geschichten, die du dir immer wieder erzählst, warum du etwas nicht kannst. Warum du nichts wert bist. Warum du nicht das Beste im Leben verdient hast. Alles nur Kreationen deines Geistes.

Dieses leistungsstarke Werkzeug kann aber auch genau das Gegenteil bewirken. Auf die gleiche Weise, wie du all den negativen Gründen Glauben schenken kannst, hast du die Möglichkeit, die Stimme in deinem Kopf für deine Zwecke zu nutzen. Sie zu zwingen, überzeugt zu sein, dass du es wirklich schaffen kannst. Nur du bestimmst, welche Stimme zum Einsatz kommt. Wähle also weise!

15. MAI

»You can't win them all – but you can try.«

MILDRED ELLA »BABE« DIDRIKSON ZAHARIAS

> War eine der vielseitigsten und erfolgreichsten Athletinnen der Sportgeschichte. So konnte sie unter anderem als Leichtathletin zwei olympische Goldmedaillen und als Golferin 10 Major Championships gewinnen. Zu ihrem Spitznamen »Babe« (nach dem bekannten Baseballer Babe Ruth) kam sie angeblich, weil sie in einem Baseball-Spiel als Kind fünf Homeruns schaffte.

Spezialisierung auf eine Sportart oder von allem ein bisschen? Das hängt vom Ziel ab, hört man die Antwort förmlich im Geiste. Spezialisierung ist zwingend notwendig, wenn du in einer Sportart richtig vorankommen möchtest. Als Allrounder steht eher der Spaß im Vordergrund, viele neue Themen auszuprobieren. Du bist hobbymäßig unterwegs, hast aber nicht das Bedürfnis, in einer Sportart richtig weit zu kommen. Alles so weit richtig?

Diesen Aussagen würden wohl die meisten Menschen zustimmen. Schaut man sich allerdings den Lebenslauf unserer Zitatgeberin »Babe« Didrikson Zaharias an, kann man auch zu einem völlig anderen Fazit gelangen. Der Amerikanerin gelangen Höchstleistungen in der Leichtathletik, im Basketball, im Baseball und im Golf. Ganz nebenbei war sie auch noch eine überdurchschnittlich gute Taucherin, Eisschnellläuferin, Reiterin, Billiardspielerin und Bowlerin. Selbst ihre beiden olympischen Goldmedaillen in der Leichtathletik gewann sie in Disziplinen, die kaum unterschiedlicher sein könnten: Speerwurf und Hürdensprint.

Du kannst es dir natürlich einfach machen und sie in die Kategorie »Wunderkind« einordnen. Eine bessere Strategie wäre es, zu überlegen, was du dir von ihr abschauen kannst. Neben ihrer Offenheit und Bereitschaft zum lebenslangen Lernen war es vor allem der Spaß daran, Sportarten zu decodieren. Sie fand heraus, wie man durch eine intelligente Herangehensweise möglichst effizient an die Spitze kommt.

Sportarten bestehen nicht nur aus Unterschieden. Sie haben viele Gemeinsamkeiten. Auf der Metaebene, einer übergeordneten Sichtweise, bei der ein Sachverhalt wie ein Objekt von oben betrachtet wird, können dir bestimmte Fähigkeiten und Talente, die dich in einer Sportart auszeichnen, auch in anderen Sportarten einen sofortigen Vorteil verschaffen. Diese Experimente können sich auch positiv auf deine Kernsportart auswirken. Du erkennst Zusammenhänge, wo vorher keine waren. Zudem macht das Ausprobieren eine ganze Menge Spaß und bringt Abwechslung. Allrounder oder Spezialist? Beides. Es lebe die Vielfalt.

16. MAI

An diesem Tag im Jahr 1975 erreichte Junko Tabei als erste Frau den Gipfel des Mount Everest.

»Ich kann nicht verstehen, warum Männer so viel Aufhebens um den Mount Everest machen – es ist nur ein Berg.«

JUNKO TABEI

> Die japanische Bergsteigerin, Autorin und Umweltschützerin war die erste Frau auf dem Gipfel des Mount Everest. Als erste Frau bestieg sie zudem die Seven Summits, die höchsten Berge aller Kontinente.

Junko Tabei hebt sich wohltuend ab von all dem Lärm und dem verzweifelten Kampf um Aufmerksamkeit in unserer heutigen Zeit. Im sportlichen Umfeld werden die Rekordversuche immer verrückter und in den sozialen Medien ist mittlerweile jeder sein eigener PR-Chef. Egal ob Mann oder Frau, Athlet oder Sportmuffel: Alles wird dokumentiert, geteilt, gepostet. Zumindest all das, was das eigene Bild nach außen ein bisschen heller scheinen lässt. Normale, ungeschönte und unbearbeitete Abbilder der Realität schaffen es meist nicht durch den Perfektionsfilter.

Männern (Ausnahmen bestätigen die Regel) sind Rekorde wahrscheinlich immer noch wichtiger als Frauen. Allerdings ist das gar nicht der entscheidende Punkt des Zitats von Junko Tabei. Etwas allein um der Sache willen zu tun, scheint irgendwie aus der Mode zu sein. Also ohne schon mittendrin an die Vermarktung danach zu denken. *»Es ist nur ein Berg«*, – vielleicht würde es uns ganz gut tun, uns nicht ständig so wichtig fühlen zu müssen. Junko Tabei war keine Bergsteigerin, mit dem Ziel sich gut vermarkten zu können. Sie war Bergsteigerin aus Leidenschaft.

17. MAI

Heute ist der internationale Tag gegen Homo-, Bi-, Inter- und Transphobie.

»Der moderne Fußball ist kein Lebensraum für Gestrige und Leute mit angestaubten Vorurteilen. Das macht Mut für die Jungen, die jetzt vor dem Schritt in den Profisport stehen.«

THOMAS HITZLSPERGER

> Der ehemalige deutsche Fußballprofi und Nationalspieler äußerte sich 2014 öffentlich zu seiner Homosexualität.

Ich habe in der Liga noch nie einen homosexuellen Spieler gesehen. Es gibt aber welche, auch wenn ich es mir nicht vorstellen kann«, sagte dagegen Rudi Assauer.

Beide Aussagen sind in etwa so weit voneinander entfernt wie die beiden Torhüter in einem Fußballspiel. Natürlich muss man die Aussage von Assauer im historischen Kontext sehen – gleichbedeutend mit »so dachten damals eben viele«. Heutzutage würde wahrscheinlich kein hochrangiger Fußballmanager mehr öffentlich ein solches Statement von sich geben. Der Fußball hat sich nicht nur technisch und taktisch weiterentwickelt, sondern auch in der Haltung seiner Protagonisten zu gesellschaftlich relevanten Themen. Wahr ist wohl auch, dass es noch ein langer Weg ist, bis man die Aussage von Hitzlsperger nicht mehr nur als erstrebenswertes Ziel ansieht, sondern als Realität auf den deutschen Fußballplätzen erlebt. Thomas Hitzlsperger sagte in einem anderen Statement selbst: *»Homosexualität wird im Fußball schlicht ignoriert.«*

Wie so oft liegt die Wahrheit eher in der Mitte. Es liegt an uns allen, in welche Richtung wir uns hinsichtlich unseres Umgangs mit Homosexualität bewegen. Toleranz, Weltoffenheit und Respekt bekommt man nicht geschenkt. Sie müssen täglich aktiv und passiv praktiziert werden, damit Diskriminierung, Intoleranz und Geringschätzung anderer Lebensentwürfe irgendwann der Vergangenheit angehören.

18. MAI

»Wer kämpft, kann verlieren. Wer nicht kämpft, hat schon verloren.«

Bertolt Brecht

> Die Werke des berühmten deutschen Lyrikers, Dramatikers und Theaterintendanten, darunter *Mutter Courage und ihre Kinder*, *Die Dreigroschenoper* und *Der gute Mensch von Sezuan*, werden bis zum heutigen Tag weltweit aufgeführt.
>
> Anmerkung der Autoren: Bei diesem Zitat gehen die Meinungen auseinander, ob Brecht der Urheber ist.

Diese beiden Sportfloskeln sind so alt und abgedroschen, dass wahrscheinlich jedes zweite Phrasenschwein aus Stolz die Aufnahme verweigern würde:
- Jedes Spiel/Match muss erstmal gespielt werden.
- Die Wahrheit liegt auf dem Platz.

Doch der berühmte Satz von Bertolt Brecht – der Phrasendrescherei ziemlich unverdächtig – geht in die gleiche Richtung. Die entscheidende Botschaft: Selbst als krasser Außenseiter hast du immer eine Chance. Wenn du an einem Wettkampf teilnimmst, kannst du auch erfolgreich sein – Wahrscheinlichkeit hin, Expertenmeinung her. Niederlage ist nicht gleich Niederlage, schwarz oder weiß. Was auf dem Papier keinen Unterschied macht, werten die Sportgötter trotzdem kritisch aus und vermerken es in deiner Sportlerakte. Hast du wirklich bis zum Schluss gekämpft und an deine Chance geglaubt? Dein letztes Hemd zu geben – hoppla, wieder eine Phrase – sollte dein erstes Ziel sein.

Es ist nicht entscheidend, ob du an Karma oder eine höhere Instanz glaubst. Du weißt selbst, ob du deinem Anspruch gerecht geworden bist oder nur einen Athleten mit guter Einstellung imitiert hast. Denk daran: Jemand, der nicht aufgibt, ist nicht so einfach zu besiegen.

19. MAI

»Meine Grundeinstellung lässt sich mit einem Sprichwort zusammenfassen, das wir auf Norwegisch verwenden: Eile langsam. Erreiche dein Ziel, aber sei geduldig.«

GRETE WAITZ

> Die ehemalige norwegische Läuferin lief als erste Frau einen Marathon unter zweieinhalb Stunden. Zwischen 1978 und 1988 gewann sie neunmal den New York City Marathon. Das sind bis dato die meisten Siege bei diesem prestigeträchtigen Ausdauerrennen überhaupt.

Das tägliche (Hamster)rad dreht sich Jahr um Jahr schneller. Wir lernen mit immer neuen Produktivitätstechniken noch mehr in unsere täglichen 24 Stunden zu packen. Um noch rasanter an unser Ziel zu kommen. Und dann? Gleich das nächste Ziel. Denn wer rastet, der rostet. Und was rostet wird bald zu Schrott.

Doch stimmt das wirklich? In Wirklichkeit brauchen wir in unserem hektischen Alltag mehr angemessene Balance zwischen Dringlichkeit und Sorgfalt. Bei einem Torabschluss, einem Tennisaufschlag oder gar bei ganz alltäglichen Dingen passieren Fehler dann, wenn wir überhastet zu Werke gehen. Unsere beste Arbeit erledigen wir, unsere größten Erfolge erreichen wir stattdessen im vielzitierten *Flow*. In diesem Zustand gehen wir voll und ganz in unserer Aufgabe auf und verlieren jegliches Zeitgefühl. Die Devise für heute lautet: *festina lente* – das ist Latein und bedeutet »Eile langsam«!

20. MAI

An diesem Tag im Jahr 2019 starb Niki Lauda.

»Ich kann nicht sagen, was ein Freund ist. Ich weiß nur eins: Oben hat man viele, in der Mitte wenige und unten – keine.«

NIKI LAUDA

> Der österreichische Formel-1-Pilot und Unternehmer wurde dreimal Weltmeister und gilt als einer der besten Rennfahrer aller Zeiten.

Solltest du tatsächlich bereits ein erfolgreicher Spitzensportler sein, fragst du dich vielleicht manchmal, wo plötzlich all die vielen netten Menschen herkommen. Seitdem ich x, y oder z erreicht habe, verhalten sie sich ganz anders. Deine Resonanz in den sozialen Medien explodiert, die frühere Ignoranz deiner Mitmenschen dir gegenüber ist auffälliger Freundlichkeit gewichen und Erwachsene bitten dich mit leuchtenden Augen auf der Straße um ein Autogramm. In diesem neuen Umfeld ist es leicht, die Orientierung – mitunter sogar die Bodenhaftung – zu verlieren.

Wenn du nach jahrelanger harter Arbeit plötzlich prominent und in aller Munde bist, braucht es Freunde und Familienmitglieder, die schon in deinem Leben waren, als dich im Bus zum Training noch niemand erkannt hat. Es lohnt sich, wenn du dich, gerade in der Phase schnell wachsender Popularität, an diese Menschen wendest. Du kannst eine Art Frühwarnsystem installieren, um rechtzeitig informiert zu werden, wenn du Gefahr läufst, ein abgehobenes Arschloch zu werden. Wenn du in der eigenen Wichtigkeit zu ertrinken drohst.

Denn, so schnell wie neue »Freunde« hinzugekommen sind, so schnell sind sie auch wieder weg, wenn du mit Krisen oder Niederlagen umgehen musst. Und Niki Laudas Zitat ist dabei nicht ganz korrekt. Auch unten hast du Freunde. Sie sind die, auf die es wirklich ankommt.

21. MAI

Welttag der kulturellen Vielfalt der UNESCO.

»Being different is awesome! All of those who are different are more interesting than those who are clamoring for acceptance because they follow the path.«

TONY HAWK

> Als Kind hatte der spätere Superstar psychische Probleme, es wurde Unterforderung gepaart mit großem Aggressionspotenzial diagnostiziert. Seine Eltern schenkten ihm darauf ein Skateboard. Mit 16 Jahren galt er als bester Skateboarder der Welt. Später schaffte er als erster Mensch überhaupt eine zweieinhalbfache Drehung in der Halfpipe.

Scrollen wir heute durch soziale Medien oder blättern durch die Zeitschriften dieser Welt, sehen wir selten Neues. Im Gegenteil, bei genauerer Betrachtung stellen wir fest, dass sich alle doch irgendwie ähnlich sind. Und gleichzeitig bekommen wir durch die Häufigkeit dieser Ähnlichkeit vorgegaukelt, dass auch wir so sein sollten.

Auch in unserer analogen Umgebung sieht es nicht anders aus: Job, Karriere, Baum, Haus. Die Blaupause für das perfekte Leben scheint für viele Menschen festzustehen. Der Schlüssel zum Glück liegt auch für uns bereit. Wir müssen ihn uns nur holen.

Zu mehr Glück scheint dieses Lebensmodell jedoch nicht zu führen. Die Anzahl an depressiven Menschen steigt, besonders in den reichen Industrienationen. Den Stress und Druck unserer Leistungsgesellschaft bekommen wir so zu spüren, dass der Burn-out im Lebenslauf mittlerweile keine Ausnahme mehr ist.

Es gibt keinen Standardweg zum Glück. Du musst deinen eigenen Weg finden. Verfolge das, was dich besonders macht. Sei du. Alle anderen gibt es schon.

22. MAI

An diesem Tag kam im Jahr 1887 in den USA Jim Thorpe zur Welt.

»He that is good for making excuses is seldom good for anything else.«

BENJAMIN FRANKLIN

> War ein US-amerikanischer Schriftsteller, Naturwissenschaftler und ist am besten bekannt als einer der Gründervater der Vereinigten Staaten von Amerika. Seine politische Karriere und damit einhergehender sozialer Aufstieg wurden seinerzeit als Musterbeispiel für Erfolg aus eigenem Willen und Disziplin angesehen. Franklins Portrait ziert noch heute die 100-US-Dollar-Banknote.

Jim Thorpe war ein US-amerikanischer Leichtathlet indianischer Abstammung sowie professioneller American-Football- und Baseball-Spieler. Bei den Olympischen Spielen 1912 trat er an, um die USA als Leichtathlet zu repräsentieren. Seine Vielseitigkeit macht ihn zu einem der weltweit bedeutendsten Athleten seiner Zeit. Als Sportler war er für den damals neu geschaffenen Zehnkampf prädestiniert.

Doch kurz vor dem Wettkampf wurden seine Schuhe gestohlen. Er musste in Ersatzschuhen antreten. Sponsorenverträge gab es damals noch nicht. Seine beiden Schuhe passten nicht zueinander. Einen kramte er aus einem Mülleimer; der andere war so groß, dass er einen zweiten Socken tragen musste. Doch diese Hindernisse waren nicht groß genug, um Jim Thorpe vom Gewinn zweier olympischer Goldmedaillen abzuhalten.

Die Umstände unseres Lebens sind nicht immer fair. Manchmal werden wir ungerecht behandelt. Und dann haben wir auch noch Pech. Was zählt, ist deine Reaktion. Steckst du den Kopf in den Sand oder flüchtest du dich in Ausreden? Oder findest du einen Weg, alles abzuschütteln und deinem Ziel trotz aller Widrigkeiten näherzukommen?

23. MAI

»Don't cling to a mistake just because you spent a lot of time making it.«

AUBREY DE GREY

> Der britische Wissenschaftler und Forscher beschäftigt sich mit Grundlagenforschung für die Entwicklung von Therapien zur Bekämpfung des Alterns.

Ist das nicht ein Widerspruch zu all dem, was wir bisher in unserem Leben zu Durchhaltevermögen und Beharrlichkeit gelernt haben? Nicht im Geringsten! Erinnern wir uns an ein berühmtes Zitat, welches Wahnsinn so definierte: »*immer das Gleiche zu tun und auf andere Ergebnisse zu hoffen.*«

Ist der eingeschlagene Pfad der Richtige, dann sind Ausdauer und Beständigkeit die korrekten Tugenden. Doch echte Champions hinterfragen immer wieder, ob sie überhaupt in die richtige Richtung gehen. Die gleiche Frage mit jeweils drei unterschiedlichen Betonungen kann dabei helfen. WILL ich das? Will ICH das? Will ich DAS? Die Antworten auf diese Fragen zu finden, erfordert innere Aufgeräumtheit und Mut. Genauso wie die Bereitschaft etwas loszulassen, das dich schon lange belastet.

24. MAI

An diesem Tag wurde Suzanne Lenglen 1899 in Paris geboren.

»Ein wenig Wein wird dich genau richtig stärken. Man kann nicht immer alles ernst nehmen. Es muss auch etwas Prickeln geben.«

SUZANNE LENGLEN

> Die Französin war einer der größten Tennisstars des frühen 20. Jahrhunderts. Lenglen war die bis dahin jüngste *Grand Slam*-Gewinnerin und gleichermaßen bekannt für ihr elegantes Spiel und ihre exzentrische Persönlichkeit.

Zu ihrer Zeit war Suzanne Lenglen ein internationaler Superstar, heutzutage vielleicht vergleichbar mit der Bekanntheit von Serena Williams. Sie gewann insgesamt acht *Grand Slam*-Titel und 179 Tennismatches hintereinander. Von 1921 bis 1926 war sie kontinuierlich die Nummer Eins der Weltrangliste und der erste weibliche Tennisprofi überhaupt.

Ihr Zitat deutet an, dass es – trotz aller Professionalität – für einen Leistungssportler wichtig ist, auch mal lockerzulassen. Man kann nicht immer alles exakt so machen, wie es im Handbuch für Bilderbuchathleten steht. Hin und wieder ist es wichtig, komplett abzuschalten. Immer auf Vollspannung zu laufen und Geist und Körper nie eine Pause zu gönnen, erhöht die Gefahr für einen Burn-out.

Vielleicht denkst du gerade: »Damals ging das vielleicht noch: Wein trinken und Sportprofi sein. Heute kann man sich das nicht mehr leisten. Rauchende Spitzenathleten gibt es schließlich auch nicht mehr. Der Sport hat sich in den vergangenen Jahrzehnten einfach zu sehr professionalisiert«.

Stimmt alles. Zur Wahrheit gehört jedoch auch, dass viele der heutigen Profi-, Amateur- und Freizeitsportler mit ihrer Einstellung zu ihrem Sport(Beruf) auf ihrer Suche nach maximaler Leistung und optimalen Ergebnissen über das Ziel hinausschießen. Wenn dich ein gutes Glas Wein vor einem wichtigen Wettkampf entspannt, kann das wertvoller sein als jedes stille Wasser. Zum Wohl, Suzanne!

25. MAI

»Der Sport hat die Kraft, die Welt zu verändern. Er hat die Kraft zu inspirieren, er hat die Kraft Menschen auf eine Weise zu vereinen, wie sonst kaum etwas. Er spricht zu jungen Menschen in einer Sprache, die nur sie verstehen. Sport kann Hoffnung schaffen, wo einst nur Verzweiflung herrschte. Er ist mächtiger als alle Regierungen, wenn es darum geht Rassentrennung zu überwinden. Er lacht angesichts aller Arten von Diskriminierung.«

NELSON MANDELA

> War ein politischer Führer, Aktivist und Revolutionär sowie von 1994 bis 1999 der erste schwarze Präsident Südafrikas. Zuvor war er aufgrund seines aktiven Widerstands gegen die Apartheid von 1963 bis 1990 27 Jahre als politischer Gefangener inhaftiert.

Wie Nelson Mandela in seiner Rede während der ersten Vergabe des Laureus World Sports Awards am heutigen Tag im Jahr 2000 feststellte, hat Sport die Macht, Grenzen, Diskriminierung und Ausgrenzung zu überwinden. Auch wir Athleten sollten uns dieser Macht bewusst sein.

Sport bedeutet nicht nur körperliche Ertüchtigung und persönliche Entwicklung. Wir alle können uns fragen: Wo können wir heute einen Unterschied machen? Wie inspirieren wir andere dazu, Grenzen in den Köpfen niederzureißen, Vorurteile abzubauen?

26. MAI

Heute im Jahr 1999 besiegte Manchester United in dramatischer Weise den FC Bayern München im Finale der UEFA Champions League.

»You got to lose to know how to win.«

STEVEN TYLER

> Ausschnitt aus dem Song *Dream On* der Rockband Aerosmith aus dem Jahr 1973. Text und Gesang: Steven Tyler.

Aerosmith zählt mit bis dato über 150 Millionen verkauften Tonträgern zu einer der erfolgreichsten Bands der Musikgeschichte. Der Song *Dream On* gibt uns Athleten die passende Inspiration für den Umgang mit Niederlagen. Heute wird er im Kontext der UEFA Champions League, der »Königsklasse« des europäischen Spitzenfußballs beleuchtet: Es ist der größte Wettbewerb auf Vereinsebene. Es ist die Krone, nach der die besten Fußballmannschaften Europas streben. Um sie zu gewinnen, bedarf es der besten Fußballer des Kontinents.

Allerdings benötigt man wohl auch Erfahrung im Verlieren, wie uns die Beispiele von zwei sehr bekannten Vereinen zeigen. Im Finale des Jahres 1999 sah der FC Bayern München lange wie der sichere Sieger aus. Seit der vierten Minute führten sie mit 1:0. In der Nachspielzeit dann der doppelte Genickschlag: Durch zwei Tore in zwei Minuten riss Manchester United den Henkelpott noch aus den Händen des FC Bayern. Nach dieser bitteren Erfahrung 1999 gelang den Münchnern 2001 jedoch der Sieg im Champions-League-Finale gegen den FC Valencia.

Ähnlich hart war der erneute Aufstieg auf den europäischen Fußballolymp über ein Jahrzehnt später. Bevor der FC Bayern 2013 erneut den Pokal in die Höhe recken konnte, mussten ein verlorenes Finale 2010 gegen Inter Mailand und 2012 eine dramatische Finalniederlage im eigenen Stadion gegen den FC Chelsea verdaut werden.

Sogar noch dramatischer verlief der Weg an Europas Spitze für den AC Mailand. Im Champions-League-Finale 2005 führte der Club um legendäre Spieler wie Paolo Maldini, Andrea Pirlo und Weltfußballer Kaká zur Halbzeit bereits mit 3:0. Trotz dieses Vorsprungs verlor die Mannschaft am Schluss im Elfmeterschießen gegen den FC Liverpool. Die Niederlage war so traumatisch, dass Starspieler Andrea Pirlo anschließend ernsthaft überlegte, seine Karriere zu beenden. Zwei Jahre später konnte sich der AC Mailand schließlich den Titel sichern – mit Andrea Pirlo.

Diese Beispiele illustrieren, was Rocklegende Steven Tyler schon drei Jahrzehnte zuvor besang. Manchmal müssen wir tiefe Täler durchschreiten und bittere Niederlagen verdauen, bevor wir gewinnen.

27. MAI

Heute ist der Welttag des Purzelbaums.

»Do you know what my favorite part of the game is? The opportunity to play.«

MIKE SINGLETARY

> Der American Football-Spieler verhalf als Linebacker und Teil der dominantesten Verteidigung der NFL-Geschichte den Chicago Bears in den 1980er-Jahren zum Sieg des Superbowls.

Höher. Besser. Stärker. Schneller. Weiter. Genau diese Gier nach *mehr* stachelt uns dazu an, über uns hinauszuwachsen. Gleichzeitig vernebelt das zu oft den Blick auf die Schönheit, Einfachheit und Leichtigkeit des Sports, vielleicht sogar des Lebens.

Denn worum geht es am Ende wirklich? Trophäen? Die verstauben irgendwann im Regal. Rekorde? Sie werden früher oder später wieder gebrochen. Was bleibt, sind die Erinnerungen. Die Momente, in denen wir total darin aufgehen, was wir tun. Schwerelos im *Flow* sind, ohne die Anstrengung zu spüren.

Als Linebacker (Verteidigungsposition im Football) ging es für Mike Singletary hauptsächlich darum, stärker und besser als sein Gegenüber zu sein – als Zerstörer der gegnerischen Pläne. Und dennoch war es seine natürliche Freude, einfach zu spielen, die es ihm ermöglichte, über viele Jahre Höchstleistungen auf dem Feld zu bringen.

Nicht umsonst hat das deutsche Wort »Spiel« seinen Ursprung im Althochdeutschen *spil* für »Tanzbewegung«. Kindern, die im Park hinter einem Ball herlaufen, geht es um den Spaß im Moment, nicht um höher, weiter, besser. Schaffen wir es, uns diese kindliche Freude zu bewahren, steht uns eine lange und vor allem glückliche Sportkarriere bevor, an die wir uns gerne zurückerinnern werden.

28. MAI

»To have any doubt in your body is the biggest weakness an athlete can have.«

Shawn Johnson

> Die ehemalige US-amerikanische Kunstturnerin gewann bei den Olympischen Sommerspielen 2008 Gold am Schwebebalken sowie Silber im Einzel und mit der Mannschaft am Boden.

Wieder und wieder stellen wir fest, dass die großartigen Sportlerinnen und Sportler in diesem Buch ihre Erfolge nicht den endlosen Stunden im Kraftraum, dem vielen Techniktraining auf dem Platz oder den einsamen Runden auf der Tartanbahn zuschreiben. Vielmehr scheinen alle Champions eines gemein zu haben: mentale Stärke. Zwar ist sie nicht so einfach zu lokalisieren wie die für Sportler wie Shawn Johnson so wichtige Rumpfmuskulatur. Doch ein stetes Fördern und Fordern der mentalen Stärke ist mindestens ebenso bedeutsam für Höchstleistungen jeglicher Art.

Ob Hobbyathlet oder Leistungssportler – arbeitest du genauso hart an deinen mentalen Defiziten wie an deinen physischen? Vertrauen wir Shawn Johnson und den zahlreichen weiteren Champions in diesem Buch, kannst du es dir nicht leisten, auf mentales Training zu verzichten.

29. MAI

»Natürlich gibt es immer mal Situationen, in denen dich das alles nervt. Ich bin auch keine Maschine und habe mal schwache Momente. Aber alles in allem sage ich: Aus ganz viel Mist ist ganz viel Gutes entstanden.«

KRISTINA VOGEL

> Mit dem Zitat oben antwortete sie auf die Frage, ob sie manchmal mit dem Schicksal hadere. Kristina Vogel ist eine ehemalige deutsche Bahnradsportlerin. Mit elf Weltmeistertiteln, 21 nationalen Titeln und drei Olympiamedaillen ist sie die erfolgreichste Bahnradsportlerin überhaupt.

Die sehr erfolgreiche Karriere der Bahnradfahrerin Kristina Vogel hätte eigentlich noch viel länger andauern sollen. Bei einer Kollision im Training im Juni 2018 zog sie sich mit 27 Jahren eine schwere Verletzung der Wirbelsäule zu. Nach vier Wochen Koma und Intensivstation sitzt sie seitdem querschnittgelähmt im Rollstuhl. Seit 2019 setzt sich Vogel als Kommunalpolitikerin im Erfurter Stadtrat insbesondere für Inklusion ein. Sie weist aktiv auf Missstände in der Gesellschaft im Umgang mit Menschen mit Behinderung hin.

Mit diesem schweren Unfall schlug das Schicksal bei ihr nicht das erste Mal zu. Bei einem Unfall mit einem Zivilfahrzeug der Thüringer Polizei im Straßentraining hatte sie schon 2009 schwere Verletzungen erlitten. Sie verlor mehrere Zähne, ihr Gesicht war von Glasscherben zerschnitten. Brustwirbel und Handwurzelknochen waren gebrochen. Dennoch weigerte sich das Land Thüringen lange, das geforderte Schmerzensgeld zu zahlen. Erst nach einem Gerichtsprozess gelangte Kristina Vogel 2014 zu ihrem Recht, obwohl sie längst als Olympiasiegerin ihr Land repräsentierte.

Vogels Geschichte zeigt eindrucksvoll, dass sich das Leben von einer Sekunde auf die andere komplett verändern kann. Aufgeben ist aber auch nach den schlimmsten Schicksalsschlägen keine Option. Das Leben geht weiter.

30. MAI

»Strength does not come from winning. Your struggles develop your strengths. When you go through hardships and decide not to surrender, that is strength.«

Arnold Schwarzenegger

> Der austro-amerikanische Bodybuilder, Schauspieler, Geschäftsmann und ehemalige Politiker war von 2003 bis 2011 Gouverneur des US-Bundesstaats Kalifornien.

Schon früh in unserer Sportlerkarriere lernen wir, mit dem Prinzip der Superkompensation zu arbeiten. Zumindest lernen wir, es zu nutzen. Auch wenn wir vielleicht gar nicht erkennen, dass ein System dahintersteht. Superkompensation bezeichnet eine Anpassungsreaktion des Organismus, der nach dem Training während der Ruhephase dafür sorgt, dass die beanspruchte Muskulatur eine höhere Leistungsfähigkeit herstellt. Vereinfacht ausgedrückt: Muskeln brauchen Stress, um zu wachsen.

In unserem Leben ist es nicht anders. Wirklich bedeutendes Wachstum erreichen wir nur durch große Herausforderungen und Beanspruchungen. Dabei durchlaufen wir psychologisch die gleichen Phasen wie unser Muskel physisch. Nach einer Belastung fallen wir vielleicht erstmal in ein Loch, sind niedergeschlagen. Doch indem wir die richtigen Lehren daraus ziehen, schaffen wir es, zu superkompensieren und erreichen ein neues Niveau der Leistungsfähigkeit, das weit über das Ausgangsniveau hinausgeht. Niederlagen, Verluste, Misserfolge oder Fehler sind also nicht das Ende der Welt. Sie sind lediglich Chancen für unseren Geist, zu wachsen.

31. MAI

»Und dann, als ich mich konzentrierte, um mich auf den Aufschlag vorzubereiten, mischte sich der Schiedsrichter ein. ›Time violation: Warning, Mr. Nadal‹. Ich hatte anscheinend zu viel Zeit zwischen den Punkten verbracht und die vorgeschriebene Grenze von 20 Sekunden überschritten – eine Regel, die nur selten tatsächlich durchgesetzt wird.«

Rafael Nadal

> Der spanische Tennisspieler konnte bisher fünfmal (2008, 2010, 2013, 2017 und 2019) die Saison als Weltranglistenerster abschließen. Das Zitat stammt aus seinem Buch *Rafa – Mein Weg an die Spitze*.

Die Regel, von der Nadal hier spricht, führt bei jedem weiteren Verstoß zu einem Punktabzug. Er wusste also: Würde er sich zu sehr von dieser Unterbrechung ablenken lassen, so verlor er das kostbarste Gut im Aufschlagsspiel eines jeden Tennisspielers – seine Konzentration. Nadal gelang es jedoch, den Einwurf des Schiedsrichters beiseite zu schieben, und er gewann den nächsten Punkt mit einem grandiosen und für ihn ungewöhnlichen Schlag.

Die große Kunst der wahren Champions – im Sport oder im echten Leben – besteht darin, einen Fehler auf sich beruhen zu lassen. Es bringt nichts zu hadern. Gedanken daran, was passiert ist, können und dürfen deine nächsten Schritte nicht beeinflussen. Konzentriere dich stattdessen auf den aktuellen Moment. Lass dich nicht von äußeren oder inneren Umständen ablenken.

JUNI

1. JUNI

»I'd rather regret the risks that didn't work out than the chances I didn't take at all.«

Simone Biles

> Die US-amerikanische Turnerin gewann über 30 Medaillen bei Olympia und Weltmeisterschaften. Sie zählt zu den großartigsten der Geschichte.

Manchmal macht es den Anschein, als seien die großen Athleten dieser Welt ständig mit denselben Themen beschäftigt: Dranbleiben, nicht aufgeben, an dich selbst glauben. Klar, die Sieger schreiben die Geschichte. Der folgende Gedanke bringt es auf den Punkt: »Erinnerst du dich an den Kerl, der aufgegeben hat? ... Sonst auch niemand.« Du kannst entscheiden, ob du die kleine oder große Geschichte selbst schreibst oder lieber über jemanden liest, der genau das getan hat.

2. JUNI

Heute ist italienischer Nationalfeiertag.

»Mailand oder Madrid – Hauptsache Italien!«

ANDREAS MÖLLER

> Der ehemalige deutsche Fußballprofi wurde mit der Nationalmannschaft Europa- und Weltmeister. Als Vereinsspieler gewann er die Champions League, den UEFA Cup und wurde mehrfacher Deutscher Meister und Pokalsieger.
> Anmerkung der Autoren: Möller selbst bestreitet, dass dieser Satz von ihm stammt.

Dieses Zitat steht stellvertretend für etliche andere denkwürdige Sprüche von Fußballern, die mittlerweile ganze Webseiten füllen und im ganzen Land gerne zur allgemeinen Belustigung zitiert werden.

Die Finanzprobleme von Boris Becker, die Englischkenntnisse von Lothar Matthäus oder die Abstürze von Diego Maradona: Dem Freizeitsportler von heute mangelt es nicht an Quellen und Gelegenheiten, über Stars und Sternchen des Sports erhaben die Nase zu rümpfen oder zu lachen. Dass er selbst aufgrund mangelnder Habenseite auf dem Bankkonto den protzigen Sportwagen nur geleast hat, niemals im Leben so perfekt Italienisch sprechen wird wie Lothar Matthäus und jedes Wochenende nach dem Sport viel zu tief ins Glas schaut: geschenkt.

Lachen über Denkwürdiges ist erlaubt, Schadenfreude oder Erhabenheit dagegen ist unangebracht. Oder glaubst du im Ernst, dass dir als Star in Tausenden Interviews nie ein peinlicher Lapsus passieren würde?

3. JUNI

An diesem Tag im Jahr 2017 erkletterte der Free-Solo-Kletterer Alex Honnold den Felsen El Capitan im kalifornischen Yosemite-Nationalpark.

»I've done a lot of thinking about fear. For me the crucial question is not how to climb without fear – that's impossible – but how to deal with it when it creeps into your nerve endings.«

Alex Honnold

> Der US-amerikanische Bergsteiger ist für seine *Free-Solo*-Aufstiege bekannt, die er allein und ohne technische Hilfs- und Sicherungsmittel bewältigt. Seine Besteigung des Felsvorsprungs El Capitan gilt als eine der größten sportlichen Leistungen aller Zeiten.

Von einem Moment auf den anderen an den Fingerkuppen schwitzen. Genau das passiert vielen Menschen, wenn sie zum ersten Mal die Oscar-prämierte Dokumentation *Free Solo* und Alex Honnold an der steilen Wand des Felsens El Capitan im Yosemite-Nationalpark sehen. Alex Honnold ist nicht verrückt. Jede seiner Klettertouren ist bis ins letzte Detail geplant. Jede Bewegung hat er genau einstudiert, jeden Handgriff tausendfach geübt.

Als Ottonormal-Sportler begibt man sich bei der Ausübung der eigenen Sportart natürlich nicht in Lebensgefahr. Allerdings sind Angst und ihre kleine miese Schwester Nervosität alte Bekannte und ständige Begleiter für Athleten.

Die bewusste Strategie und die minutiöse Vorbereitung kannst du dir von Alex Honnold abschauen. Was sind deine Mechanismen, um mit Angst und Nervosität umzugehen? Beschäftige dich rechtzeitig mit diesen Themen, damit du nicht überfordert bist, wenn es hart auf hart kommt.

GASTBEITRAG

4. JUNI

»Take care of your body. It's the only place you have to live.«

JIM ROHN,
US-AMERIKANISCHER UNTERNEHMER UND AUTOR

> Der erste Samstag im Juni ist in Deutschland der Tag der Organspende. In diesem Kontext liest du heute einen Gastbeitrag von Elmar Sprink. Er ist der erste Mensch, der mit einem transplantierten Herzen den legendären Ironman (3,8 km Schwimmen, 180 km Radfahren, 42,2 km Laufen) auf Hawaii absolvierte. Er ist der Autor des Buchs *Herzrasen 2.0 – mit Spenderherz zum Ironman*.

Gesund sein ist das größte Glück! Das stellen die meisten Menschen leider erst fest, wenn der Körper nicht mehr so mitspielt, wie man es gewohnt ist. Bei mir war das im Juni 2010 der Fall, als sich mit einem plötzlichen Herzstillstand auf dem Sofa mein Leben drastisch veränderte. Zwei Jahre später und nach langen Krankenhausaufenthalten bekam ich ein Spenderherz. Nach fast sieben Monaten liegend im Krankenhausbett musste ich alles von Grund auf wieder lernen. Sitzen. Stehen. Gehen. Oft habe ich mich gefragt, ob ich mich nicht gut um meinen Körper gesorgt habe. Aber ich habe mich gut um ihn gesorgt und tue es auch jetzt wieder. Dank meines Spenderherzens habe ich mittlerweile an über 130 Ausdauerevents teilgenommen. Darunter sechsmal am Ironman, 14-mal am Ironman 70.3 sowie am Cape & Swiss Epic, Bike Transalp und am Transalpine Run. In meinem Fall gab es schlichtweg nie eine Ursache für meine Erkrankung. In den meisten Fällen gibt es jedoch eine. Allzu oft wird sich eben nicht gut um den eigenen Körper gesorgt. Und das, obwohl er so einzigartig ist.

5. JUNI

»If you have a body, you are an athlete.«

BILL BOWERMAN

> War ein erfolgreicher US-amerikanischer Leichtathletiktrainer und Co-Gründer von Nike Inc.

Samstagnachmittag, irgendwo in Deutschland: Schön bequem hast du es auf deiner Couch. Im Fernseher läuft seit zwei Stunden die Live-Sportübertragung. Die Pizza war gut. Ein neues Bier aus dem Kühlschrank wäre noch eine gute Idee – passend zu den Chips und den Erdnüssen, die vor dir auf dem Tisch stehen. Du hast zwar gar keine Lust aufzustehen, aber Telekinese funktioniert leider nur in *Science-Fiction*-Filmen. Also, auf geht's. Auf dem Weg zu deinem Ziel stolperst du über deine alten Laufschuhe, die in der Diele langsam Staub ansetzen. Du hältst kurz inne. Theoretisch würdest du gerne mal wieder laufen. Etwas fitter zu werden, würde nicht schaden. Vielleicht könntest du dann wieder länger beim Hallenkick mitspielen, statt nach fünf Minuten mit Seitenstechen den Schlaumeier von außen zu geben. Aber zuerst etwas abnehmen, denkst du dir. Mit dem Bierbauch macht das doch keinen Spaß. Wenn das geschafft ist, kann ich mich irgendwann selbst wieder Freizeitsportler nennen, ohne rot zu werden.

FALSCH. Du kannst sofort Sportler sein. Wenn du deine Laufschuhe anziehst und nach draußen gehst, bist du ein Läufer. Wenn du ins Hallenbad gehst und losschwimmst, bist du ein Schwimmer. Wenn du in der Werbepause vor dem Fernseher 20 Liegestütze machst, bist du Sportler. Du hast sogar bereits einen Waschbrettbauch. Es liegt eben nur ein Haufen Wäsche drauf. Deine Aktionen definieren deine Identität. Rede nicht von morgen, handle heute!

6. JUNI

An diesem Tag im Jahr 1946 wurden die Boston Celtics gegründet.

»Ein Mensch mit Ubuntu ist offen und für andere verfügbar, stärkt anderen den Rücken, fühlt sich nicht bedroht, wenn andere etwas besonders gut können. Dieser Mensch hat ein gesundes Selbstbewusstsein, das auf dem Gefühl beruht, zu einem größeren Ganzen zu gehören.«

Desmond Tutu

> Der südafrikanische, anglikanische Priester und Menschenrechtler wurde im Jahr 1984 für seinen Beitrag zur Aussöhnung und Vereinigung Südafrikas mit dem Friedensnobelpreis ausgezeichnet.

Im Jahr 2008 gewann Basketball-Coach Doc Rivers mit seiner Mannschaft, dem legendären NBA-Team Boston Celtics, die erste Meisterschaft nach 22 langen, titellosen Jahren. Der Titelgewinn war – trotz starker Einzelspieler und eines besseren Kaders – vor allem aufgrund der schlechten Vorsaison eine kleine Sensation.

Den überraschenden Erfolg der Celtics im darauffolgenden Jahr führt Rivers im Rückblick vor allem auf den außergewöhnlichen Teamgeist zurück. Das afrikanische Prinzip *UBUNTU* – eine damalige Kollegin hatte ihm nach einer Besprechung geraten, mehr zu dem Wort und seiner Bedeutung zu recherchieren – wurde zu einem regelrechten Mantra für jeden einzelnen Spieler und Betreuer. Ubuntu steht für eine bestimmte Geisteshaltung beziehungsweise Philosophie, nach der jeder einzelne Spieler erst durch die Mitspieler zu seiner wahren Leistung und Größe finden kann.

ENTWICKLUNG

7. JUNI

»Aber eines weiß ich jetzt: Man lernt die Menschen erst gut kennen, wenn man einmal richtigen Streit mit ihnen gehabt hat. Erst dann kann man ihren Charakter beurteilen!«

ANNE FRANK

> Ein Mädchen aus Deutschland, das wegen der nationalsozialistischen Judenverfolgung in die Niederlande auswanderte. In ihrem dortigen Versteck entstanden ihre weltberühmten Tagebuchaufzeichnungen. Kurz vor Kriegsende wurde sie von den Nationalsozialisten ermordet.

Einen starken Charakter bekommt man weder vererbt oder geschenkt noch kann man ihn kaufen. Er entsteht durch mutige, faire und vor allem menschliche Taten. Wahre Größe beweist, wer unter schwierigen Rahmenbedingungen den richtigen und nicht den leichten Weg wählt. Jemand wie das tapfere Mädchen Anne Frank.

Ein Athlet bekommt in einem Sportlerleben genug Gelegenheiten, wahre Größe zu zeigen. Eine kleine Wurzel kann, bei entsprechender Pflege, über die Jahre zu einem großen starken Baum werden. Gerechtigkeit und Fairness gegenüber Teamkameraden und Kontrahenten im Training und Wettkampf zu zeigen, ist ein guter Anfang. Eigene Leistungsgrenzen und die Überlegenheit des Gegners aufrichtig anzuerkennen, ist die nächste Ebene. Sich nach einem glorreichen Sieg oder einer niederschmetternden Niederlage richtig zu verhalten, ohne verbal nachzutreten, fadenscheinige Ausreden zu suchen oder sich selbst zu zerfleischen, ist ein weiteres Puzzleteilchen, das zu wahrer Größe führt. Und dieser Weg ist nie zu Ende. Bei der Charakterentwicklung lässt sich keine Ziellinie überschreiten.

8. JUNI

Heute ist der Welttag der Ozeane.

»When you're humble, you're teachable.«

KELLY SLATER

> Gilt als der größte Surfer aller Zeiten. Er gewann insgesamt elfmal die Weltmeisterschaft und schaffte es, gleichzeitig sowohl der jüngste und der älteste Weltmeister seiner Sportart zu sein.

Es gibt wahrscheinlich keinen besseren Ort, Demut zu lernen, als das Meer. Die Unvorhersehbarkeit des Ozeans, die erdrückende Kraft der Wellen und die starke Strömung: All das sind die ständigen Begleiter im Leben von Wellenreitern wie Surf-Legende Kelly Slater.

Doch für Athleten mit Weitblick braucht es keine Urkräfte der Natur, um zu verstehen, dass man mit Bescheidenheit schneller weiterkommt und auf lange Sicht viel erfolgreicher wird als mit Überheblichkeit und Besserwisserei. Sie wissen, dass man von nahezu jeder Begegnung mit anderen Menschen lernen kann. Das schließt ausdrücklich nicht nur den aktuellen Trainer und das engste Umfeld ein. Manchmal kommen Inspiration und Weisheit von Menschen, die sich mit ganz anderen Problemen und Themen auseinandersetzen. Als Sportler muss man lernen, diesen Menschen mit offenen Augen und Ohren zu begegnen.

Der intelligente Sportler weiß, dass er auf der ewigen Suche nach der Perfektion des eigenen Handwerks auf Wegbegleiter angewiesen ist. Von ihren Erfahrungen und Ratschlägen profitiert man aber nur dann, wenn man sich trotz aller Erfolge nicht zu wichtig nimmt. Selbst für eine Surf-Legende wie Kelly Slater ist Bescheidenheit, Offenheit und Neugier daher keine Zier, sondern elementare Grundvoraussetzung, um zu wachsen und lebenslang zu lernen.

9. JUNI

»Am Ende der WM werdet ihr vor dem Spiegel stehen und euch fragen: War es ein gutes Turnier? Habe ich alles gegeben? Ihr könnt auf diese Frage alle anlügen. Eure Trainer. Die Medien. Eure Frauen. Aber nicht euch selbst. Nur ihr werdet es wissen.«

Oliver Bierhoff

> Das Zitat stammt aus seiner Ansprache als Team-Manager der deutschen Fußballnationalmannschaft vor dem Auftakt der Heim-WM 2006.

Mit einem 4:2 zwischen Deutschland und Costa Rica, dem torreichsten Eröffnungsspiel in der Geschichte der Fußballweltmeisterschaften, begann die WM am 9. Juni 2006. Kurz zuvor fand Oliver Bierhoff die richtigen Worte, die die deutsche Fußballnationalmannschaft durch das Turnier bis ins Halbfinale führen sollten.

Es ist einfach, große Pläne zu schmieden. Es ist einfach, von heroischen Taten zu träumen. Sein Umfeld dafür zu begeistern. Seinen Worten Taten folgen zu lassen, ist dann der schwere Teil. Klar, wir können später immer Wege finden, um zu rechtfertigen, warum das gewünschte Resultat vielleicht nicht eingetreten ist. Doch tief in unserem Inneren wissen wir, ob diese Rechtfertigungen wahr sind oder ob wir der Welt etwas vormachen. Und wie erreichen wir diese tiefe Gewissheit? Mit Ehrlichkeit. Indem wir täglich Stück für Stück so an unseren Zielen arbeiten, dass wir am Ende der Person im Spiegel mit absoluter Aufrichtigkeit sagen können: Ja, ich habe alles gegeben!

10. JUNI

»Ein Radrennfahrer muss seinen Hintern besser pflegen als sein Gesicht.«

RUDI ALTIG

> Der Rennradweltmeister, sowohl auf der Bahn als auch auf der Straße, wurde 1966 zum Sportler des Jahres gekürt. Im Jahr 1992 bekam er das Bundesverdienstkreuz.

Professionelle Radfahrer können kurzzeitig mit ihrer Kraft Tausende Watt Leistung auf ihren Rädern erzeugen. Manchmal erreichen sie eine Leistung von sieben Pferdestärken. Es bedarf viel Training, um aus unseren Körpern solche Hochleistungsmaschinen werden zu lassen. Die anschließende Pflege ist mindestens ebenso wichtig.

Ob du die Königsetappe der Tour de France als Ziel vor Augen hast oder den städtischen Halbmarathon angehen möchtest: Top-Leistungen verlangen einen gesunden Lebensstil.

Trainingsbücher und -protokolle gibt es sehr viele. Die erforderlichen physiologischen Prozesse sind über viele Kapitel beschrieben. Die Regenerationsmaßnahmen oder die Bedeutung von gutem Schlaf werden dagegen oft nur auf wenigen Seiten dargestellt. Das aktive Nichtstun oder die Erholung wird in unserer Leistungsgesellschaft nicht wirklich als Hinarbeiten auf ein Ziel anerkannt. Lieber noch mehr hartes Training und noch mehr Belastung in die Woche packen, nach dem trügerischen Motto, viel müsse auch viel helfen.

Doch bedenke: Das größte Ziel im Training ist es, ein möglichst hohes Maß an Anpassungsprozessen im Körper zu initiieren, um schließlich besser zu werden. Um nicht maximal müde zu werden oder eine gewisse Anzahl an Kalorien zu verbrennen. Zu diesen Anpassungsprozessen gehören adäquate Regenerationsphasen ebenso wie die Belastung im Training. Frage dich also: Regeneriere ich mich genauso intensiv, wie ich trainiere?

11. JUNI

An diesem Tag kam im Jahr 1913 Vince Lombardi zur Welt.

»Watch your actions, they become your habits. Watch your habits, they become your character.«

VINCE LOMBARDI

> Der US-amerikanische Football-Trainer der Green Bay Packers wird von vielen Experten als der beste Trainer überhaupt angesehen. Von 1954 bis 1969 war er Trainer in der amerikanischen Profiliga, gewann dabei fünf nationale Meisterschaften.
> Das heutige Zitat hat viele Ursprünge und ist dem legendären Football-Coach nicht einwandfrei zuzuordnen.

Wir sind das, was wir immer wieder tun. Verbringen wir jeden Tag eine Stunde mit Netflix, statt die Zeit zur aktiven Regeneration zu nutzen, ernten wir das Resultat dieser Stunde. Egal wie sehr du ein toller Athlet sein willst, du musst etwas dafür tun.

Aus der Mathematik wissen wir, dass Gleichungen immer aufgehen. Jedenfalls dann, wenn wir die richtigen Variablen einsetzen. Keine Sorge, du musst nun nicht die Mitternachtsformel aufsagen. Doch es schadet nicht, wenn du dir ab und zu deine eigene Erfolgsformel genauer anschaust. Welches Ergebnis strebst du an? Welche unbekannten Größen gibt es auf dem Weg, die du vielleicht übersehen hast?

Ein paar weitere Worte aus Vince Lombardis großartiger Rede *What it takes to be number one* sollen an dieser Stelle das heutige Zitat unterstreichen: *»Gewinnen ist keine Sache, die man irgendwann mal macht. Es ist eine Sache, die du die ganze Zeit machst. Du gewinnst nicht ab und zu; Du machst nicht ab und zu die richtigen Dinge; du machst sie die ganze Zeit richtig. Gewinnen ist eine Gewohnheit. Leider gilt das gleiche für die Niederlage.«*

12. JUNI

An diesem Tag im Jahr 2011 gewann Dirk Nowitzki mit den Dallas Mavericks die NBA-Meisterschaft.

»Ich kann relativ gut einen Ball in ein Körbchen reinschmeißen.«

DIRK NOWITZKI

> Der Deutsche ist einer der besten Basketballspieler aller Zeiten. Er war von 1998 bis 2019 für die Dallas Mavericks in der NBA aktiv, gewann 2011 die Meisterschaft und ist mit über 31 000 Punkten der beste Scorer der NBA-Geschichte, der nicht in den USA geboren wurde.

Das Spiel ist aus. Du hast gewonnen, deinen Gegnern wieder mal gezeigt, dass sie dir nicht das Wasser reichen können. Als Lohn für deine Leistungen bekommst du viel Aufmerksamkeit, Geld und Statussymbole. Jeder will plötzlich dein Freund sein, ein kleines Stück von deinem Star-Kuchen abhaben.

In einem bestimmten Bereich an der Spitze angekommen zu sein, fühlt sich verdammt gut an, oder? Ja! Es macht dich aber nicht zu einem besseren oder wichtigeren Menschen. Wahre Champions wissen, dass ihr Sport nur ein winzig kleiner Teilbereich des Lebens ist, für den sie einfach überdurchschnittlich talentiert sind. Sie wissen, dass sie niemals so gut und besonders sind, wie viele sie darstellen, aber auch niemals so schlecht und unbedeutend, wie manch andere sie beschreiben. Vielmehr sind sie erfolgreiche Spezialisten – nicht mehr, nicht weniger.

Trotz dramatischem Sportvokabular wie »Schicksalsspiel«, »entscheidende Schlacht« oder »Showdown«, trotz medialem Dauerfeuerwerk – am Ende ist es Sport: Es geht nicht um Leben oder Tod. Die wahren Dramen des Lebens spielen sich außerhalb vom Basketball-Court, Fußballplatz oder der Schwimmhalle ab. Wahre Champions nehmen sich nicht ganz so wichtig.

13. JUNI

»Der Geist ist alles. Muskeln sind ein Stück Gummi. Alles was ich bin, bin ich wegen meines Geistes.«

Paavo Nurmi

> Der finnische Langstreckenläufer gilt bis heute als renntaktisches Genie und wird immer noch als einer der bedeutendsten Athleten überhaupt betrachtet.

Paavo Nurmi kam am 13. Juni des Jahres 1897 zur Welt. Etwa 20 Jahre später wurde er zum »fliegenden Finnen«. Zwischen 1900 und 1928 stellte er 22 offizielle Weltrekorde in verschiedenen Distanzen auf und blieb in 121 Rennen in Folge ungeschlagen. Dazu gehörten auch seine Goldläufe über 1500 und 5000 Meter bei den Olympischen Spielen 1924 in Paris. Ein wahrlich unglaublicher Doppelschlag, der erst 80 Jahre später von Hicham El Guerrouj in Athen wiederholt werden konnte. Der Unterschied: El Guerruoj hatte zwischen beiden Läufen fünf Tage Pause, Nurmi nur etwa eine knappe Stunde.

Im Jahr 1925 – trainingswissenschaftlich betrachtet prähistorische Vorzeit – lief Nurmi in einem Zeitraum von fünf Monaten erstaunliche 48 Mittel- und Langstreckenrennen, ohne auch nur ein einziges nicht zu gewinnen. Paavo Nurmi schaffte all das ohne Kältekammern, Kompressionskleidung und andere ausgeklügelte Regenerationsprotokolle. Den Weg zu seinen Erfolgen schreibt Nurmi selbst seinem eisernen Willen und seinem scharfen Verstand zu.

14. JUNI

»Es gibt zwei Arten sein Leben zu leben: Entweder so, als wäre nichts ein Wunder, oder so, als wäre alles eines.«

ALBERT EINSTEIN

> Gilt als weltweit bekanntester Wissenschaftler der Neuzeit und ist für viele der Inbegriff eines Genies.

Als Sportler sind wir von Natur aus ehrgeizig. Nie ganz zufrieden zu sein, zeichnet uns aus, bringt uns nach oben. »Weiter! Immer weiter!«, brüllt unser innerer Oliver Kahn. Es geht darum besser zu werden. Stillstand ist Rückschritt.

Während diese Einstellung uns in unserem (Sportler)Leben gewiss viel Gutes bringt, dürfen wir nicht vergessen, wie gut wir es im Hier und Jetzt bereits haben. Denken wir zu sehr an morgen, daran wie wir eine noch bessere Version von uns selbst formen, verpassen wir es, die vielen Dinge wertzuschätzen, für die wir heute schon dankbar sein können. Genau daran erinnert Albert Einstein uns mit seinem Statement. Finde die Schönheit des Lebens in all den vielen kleinen (und meist kostenlosen) Dingen um dich herum.

15. JUNI

»One does not accumulate but eliminate. It is not daily increase but daily decrease. The height of cultivation always runs to simplicity.«

BRUCE LEE

> Wurde als Bruce Jun Fan Lee 1940 in San Francisco geboren, als seine Eltern mit der chinesischen Oper auf Tournee waren. Er wuchs in Hong Kong auf, wo er mit 13 Jahren mit dem Kampfsport begann. Mit 18 Jahren ging er nach Seattle, in die USA.

In der Einfachheit liegt nicht nur Schönheit. In der Einfachheit liegt auch Erfolg. Ein Bildhauer macht eine Skulptur nicht durch Addition wertvoller und einmaliger, sondern durch Reduktion. Auch Athleten sind aufgefordert zu überlegen, was sie technisch, taktisch oder motorisch abziehen können. Fragt euch also:
- Warum zwei Schritte, wenn einer reicht?
- Warum eine komplizierte Taktik, wenn der Gegner eine klare Schwäche zeigt?
- Warum die Ausholbewegung größer machen, wenn hierdurch Ungenauigkeiten wahrscheinlicher werden?

Das Ziel ist es, ökonomischer zu laufen, effizienter zu spielen und schnörkellos zu schlagen. Die vielen tausend Energie-, Kraft- und Zeiteinsparungen können langfristig den Unterschied zwischen einer langen oder kurzen Sportlerkarriere machen.

Was kannst du in deinem Sport vereinfachen? Eine Antwort auf diese Frage zu finden, kann nicht nur mentaler und physischer Überlastung vorbeugen, sondern auch größere Erfolge bringen.

16. JUNI

An diesem Tag im Jahr 1967 wurde Jürgen Klopp geboren.

»Sie fragen mich, wie motiviert die Spieler sind? Ich kann nur eine Aussage dazu treffen, wie motiviert ich bin. Und wenn man meine Motivation in Flaschen abfüllt, kommt man in den Knast, wenn man sie verkauft.«

JÜRGEN KLOPP

> Ist einer der erfolgreichsten Fußballtrainer der vergangenen Jahre. Nach dem Gewinn der Deutschen Meisterschaft mit Borussia Dortmund gelang es ihm als Trainer des FC Liverpool, sowohl die englische Meisterschaft als auch die Champions League zu gewinnen.

Motivation, Spaß und Leidenschaft sind wichtig für Athleten. Das stimmt im Individualsport genauso wie im Mannschaftssport. So weit, so gut. So weit sind das aber erst einmal nur Worte ohne Inhalt. Der Fußballtrainer Jürgen Klopp füllt diese Worte seit vielen Jahren mit Leben. Das ist die Basis seines Erfolgs. Mit seiner positiven Energie, seiner unbändigen Lust, die tägliche Arbeit anzupacken, steckt er alle um sich herum an. Spieler, Betreuer und Fans.

Jürgen Klopp vermittelt in jedem Spiel und Training den Eindruck, im jeweiligen Moment an keinem anderen Ort der Welt lieber zu sein. Diese Leidenschaft versetzt Berge und überträgt sich auf seine Mannschaften. Titel, Pokale und Meisterschaften sind die logische Konsequenz, wenn zu diesem inneren Feuer dann noch das entsprechende Fachwissen kommt.

Problematisch wird es, wenn die Spieler motivierter sind als der Trainer. Wenn die Spieler – wie es bei Jürgen Klopp der Fall ist – dagegen darum kämpfen müssen, in Sachen Motivation und Leidenschaft mit ihrem Coach mitzuhalten, sind die Weichen auf Erfolg gestellt.

17. JUNI

Heute im Jahr 2010 gewann Phil Jackson mit den Los Angeles Lakers seine elfte NBA-Meisterschaft als Trainer.

»The way you do anything is the way you do everything.«

BUDDHISTISCHES SPRICHWORT

> Der US-amerikanische Basketballtrainer Phil Jackson zitiert dieses ursprünglich buddhistische Sprichwort in seinem herausragenden Buch *Eleven Rings*, um seine Coaching- und Lebensphilosophie zu untermalen.

Du spielst so wie du trainierst. Ist dein Training nachlässig und ohne Intensität, wo sollen dann plötzlich im entscheidenden Wettkampf der Fokus und die Power herkommen? Schon Michael Owen – Europas Fußballer des Jahres 2001 und einstiger »Wunderknabe« des englischen Fußballs – wusste: *»Wenn du in deinem Training immer nur 90 Prozent gibst, dann wirst du auch wenn es darauf ankommt nur 90 Prozent geben.«*

Über unseren Sport hinaus zählt das gleiche Mantra. Als erwachsene Menschen werden wir nicht mehr von unseren Eltern auf Schritt und Tritt begleitet. Wir müssen uns selbst auf frischer Tat ertappen, wenn wir uns mal wieder nicht richtig verhalten. Wenn wir anfangen, im Match nachlässig zu werden. Wie du im Kleinen in deinem Alltag agierst, entscheidet auch, wie du die großen Situationen im Leben bewältigst. Die Art und Weise, ob wir uns zum Essen Zeit nehmen, wie pünktlich wir auch zu unwichtigen Treffen erscheinen, welche Fristen wir einhalten – all das hat einen Einfluss auf unsere Leistung, wenn es im Wettkampf darauf ankommt. Sobald du den Prozess verstanden hast, wie du »irgendetwas« tust, hast du den Schlüssel für die großen Fortschritte in deinem Leben in der Hand.

18. JUNI

»It isn't the mountains ahead that wear you out, it's the pebble in your shoe.«

MUHAMMAD ALI

> War einer der erfolgreichsten Boxer (Spitzname »The Greatest«) und einer der einflussreichsten Sportler aller Zeiten. Auch abseits des Rings trat der US-Amerikaner öffentlich in Erscheinung, unter anderem als Gegner des Vietnamkriegs, Unterstützer der Gleichberechtigung von Afroamerikanern sowie der Nation of Islam.

Stell dir vor, du bist auf einer Wanderung. Plötzlich bemerkst du einen Kieselstein in deinem Schuh. Einmal draufgetreten, stört er kurz, hat aber keinen weiteren großen Einfluss auf deinen Gang. Doch nach dem tausendsten Schritt entwickelt sich dieses kleine, nervige Steinchen zu einem echten Problem. Er tut mittlerweile richtig weh. Wenn du jetzt nicht sofort etwas dagegen tust, wird der brennende Schmerz so schlimm werden, dass du nicht mehr weiterlaufen kannst und deine Reise abbrechen musst. Ein erfahrener Wanderer dagegen hält sofort kurz an und entfernt das kleine Steinchen. Er lässt gar nicht erst zu, dass es die Wanderung gefährden könnte.

Auf deinem Weg brauchst du dich nicht vor dem großen Berg vor dir zu fürchten, sondern du solltest vor kleinen täglichen Störfaktoren Respekt haben, die immer wiederkehren. Denn gerade sie lassen uns letztendlich scheitern. Heute ist also ein guter Zeitpunkt, deine Reise zu (sportlichen) Zielen und Erfolgen im selben Kontext zu betrachten. Was für kleine Kieselsteinchen hindern dich immer wieder daran, schnellen Schrittes voranzukommen? Es sind nicht die großen Hindernisse, die uns von unseren Zielen abhalten. Es sind die kleinen, täglich wiederkehrenden Hürden, die es zu überwinden gilt. Ablenkungen. Schlechte Angewohnheiten. Unsere Tendenz, Dinge aufzuschieben. Auch das vergebliche Streben nach Perfektion. Oder Angst. Entferne die Kieselsteine und schreite voran!

19. JUNI

An diesem Tag im Jahr 1811 eröffnete Friedrich Ludwig Jahn in der Berliner Hasenheide den ersten Turnplatz in Deutschland.

»Wenn du auf dem Podium stehst, fragt dich niemand, ob du 15 oder 30 Jahre alt bist. Was zählt, ist, wer großartig turnen kann.«

OKSANA CHUSOVITINA

> Die am heutigen Tag im Jahr 1975 geborene, usbekisch-deutsche Kunstturnerin hält bisher als siebenmalige Olympia-Teilnehmerin den Rekord.

Turnen ist eine Sportart, in der die Siegerinnen meist sehr jung sind. Nicht selten sind Olympiasieger und Weltmeister noch im Teenageralter. Mit Mitte 20 ist die Turnkarriere auf höchstem Niveau dann auch schon wieder vorbei. Auch Oksana Chusovitina war sehr früh sehr erfolgreich. Bereits mit 17 Jahren war sie Olympiasiegerin sowie mehrfache Welt- und Europameisterin. Es folgten viele weitere Titel, insbesondere der Sprung ist ihre Paradedisziplin. Soweit alles »normal«.

Allerdings gewann sie auch bei den Olympischen Spielen 2008 in Peking die Silbermedaille – mit 33 Jahren! Es folgten schwere Verletzungen an Achilles- und Bizepssehne, beides Körperstellen, die für Spitzenturner essenziell wichtig sind. Ihr Karriereende nach diesen Rückschlägen hätte wohl niemand überrascht.

Doch Chusovitina kam zurück, qualifizierte sich für diverse weitere Welt- und Europameisterschaften und verpasste bei den Weltmeisterschaften 2017 um nur 0,1 Punkte die Bronzemedaille – im Alter von 42 Jahren.

Wäre es nicht wegen der Corona-Pandemie zur Verschiebung gekommen, hätten wir sie wahrscheinlich auch bei den Olympischen Spielen 2020 in Tokio gesehen. Oksana Chusovitina weiß, dass weder äußere Umstände noch das Alter über den eigenen Lebensweg entscheiden. Vielmehr ist es Leidenschaft und Freude für das, was tagtäglich dein Leben ausmacht.

20. JUNI

Seit 2001 findet an diesem Tag jedes Jahr der Weltflüchtlingstag statt.

»Ich halte das Seil fester. Ich lasse meine Schwester das nicht alleine machen. Niemand wird sterben, wenn wir die Verantwortung haben. Wir sind Mardinis. Wir schwimmen.«

YUSRA MARDINI

> Ist eine syrische Schwimmerin, Teilnehmerin an Olympischen Spielen und UN-Sonderbotschafterin für Flüchtlinge.

Manche Athleten haben das Rennen ihres Lebens bereits hinter sich, wenn sie zu den Olympischen Spielen kommen. So zum Beispiel Yusra Mardini. Im syrischen Bürgerkrieg verlor sie ihr Zuhause und musste zusammen mit ihrer Schwester fliehen. Über den Libanon und die Türkei als Zwischenstationen schafften es die beiden schließlich mit 18 weiteren Flüchtlingen auf ein Schlauchboot, welches eigentlich nur für sieben Personen gebaut war. Das Ziel: Griechenland, Europa, Frieden und ein neuer Anfang.

Als das Boot aufgrund eines Motorschadens zu kentern drohte, sprangen Yusra und ihre Schwester – zusammen mit zwei anderen Flüchtlingen – ins Wasser und zogen drei Stunden lang das Boot. Irgendwann sprang der Motor wieder an und das Boot kam im August 2015 auf der griechischen Insel Lesbos an.

Ein Jahr später trat Yusra Mardini bei den Olympischen Spielen in Rio de Janeiro für das Team der Flüchtlingsathleten an und belegte im Schmetterlingsschwimmen auf 100 Meter den 40. Platz. Wahre Helden brauchen kein internationales Mega-Ereignis wie die Olympischen Spiele, um im richtigen Moment über sich hinauszuwachsen. Sie sind immer bereit.

21. JUNI

An diesem Tag im Jahr 1954 verbesserte John Landy den Rekord von Roger Bannister über eine Meile.

»Almost every part of the mile is tactically important: you can never let down, never stop thinking, and you can be beaten at almost any point. I suppose you could say it is like life.«

JOHN LANDY

> Der ehemalige australische Mittelstreckenläufer ist ehemaliger Weltrekordhalter über eine Meile und 1500 Meter.

Den Namen John Landy kennen wahrscheinlich nicht einmal die größten Leichtathletikfans. Roger Bannister sagt dagegen vielen Läufern etwas. Dem Läufer aus Großbritannien gelang es am 6. Mai 1954 als erstem Menschen, über eine Meile die Schallmauer von vier Minuten zu durchbrechen (die exakte Bestzeit war 3:59,4). Was bis zu seinem Rekordlauf für absolut unmöglich gehalten wurde, schafften schon kurze Zeit später plötzlich viele andere Läufer. Der Erste, der in Bannisters Fußstapfen treten konnte, war eben jener John Landy. Etwas mehr als einen Monat später als der Brite lief er in neuer Weltrekordzeit von 3:58,0 ins Ziel.

Nicht jeder von uns ist dazu geboren, ein Roger Bannister zu sein – jemand, der allen anderen Athleten zeigt, wozu wir als Menschen eigentlich imstande sind. Jemand, der Grenzen durchbricht und zum Vorbild wird. Vielleicht kannst du aber der John Landy deiner Sportart werden. Jemand, der sich zunächst an Sportlern wie Roger Bannister orientiert und vielleicht irgendwann entdeckt, dass er sogar noch einen Tick besser ist.

22. JUNI

»Too often in life, something happens and we blame other people for us not being happy or satisfied or fulfilled. So, the point is, we all have choices, and we make the choice to accept people or situations or to not accept situations.«

TOM BRADY

> Ist ein US-amerikanischer American-Football-Spieler. Der Quarterback der New England Patriots und der Tampa Bay Bucaneers ist schon jetzt eine lebende Legende des Sports und wird von vielen Experten als einer der besten Quarterbacks aller Zeiten betrachtet.

Tom Bradys Karriere ist gespickt von Rekorden, Trophäen und Auszeichnungen. Doch nicht immer verlief seine Karriere so geradlinig bergauf. An der University of Michigan hatte er so wenig Spielzeit, dass er einen Sportpsychologen anheuerte. Er war ein solider Quarterback. Nicht mehr, nicht weniger. Für den Draft (Veranstaltung der National Football League, bei der die Teams der Liga Rechte an verfügbaren Spielern erwerben) wurde ihm nur eine Nebenrolle zugesprochen. Er sei zu langsam, zu unbeweglich, kein echter Sieger. 198 Spieler wurden im Draft vor ihm ausgewählt.

In anderen Worten, 198-mal haben Teams entschieden, dass ihnen ein anderer Spieler mehr weiterhelfen würde. Doch diese Verzögerung hat sich gelohnt, wird er doch mittlerweile für etliche Rekorde von zahlreichen Journalisten, Spielern und sonstigen Experten als der beste Quarterback aller Zeiten betrachtet. Wie hat Brady das geschafft? Sicher nicht, indem er die Verantwortung für seinen Erfolg oder Misserfolg bei anderen suchte. Brady weiß, dass nur er den Schlüssel zu seinem Erfolg in den Händen hält.

23. JUNI

An diesem Tag im Jahr 1894 wurde das Internationale Olympische Komitee (IOC) gegründet.

»Das Wichtigste im Leben ist nicht der Triumph, es ist der Kampf; das Wesentliche ist nicht gesiegt, sondern sich wacker geschlagen zu haben.«

PIERRE DE COUBERTIN

> Der Gründer des Internationalen Olympischen Komitees (IOC) gilt als der Vater der Olympischen Spiele der Moderne, die erstmals 1896 in Athen stattfanden.

Aus heutiger Sicht denkt man beim Lesen dieses Zitats selbstverständlich an alle Athleten – egal welchen Geschlechts sie sind. Pierre de Coubertin allerdings richtete seinen Appell bewusst ausschließlich an männliche Sportler. Im Jahr 1902 behauptete er – ganz Kind seiner Zeit – Frauensport stehe im »Gegensatz zu den Gesetzen der Natur«.

Die Tatsache, dass es uns heutzutage bei solch einer Einschätzung schüttelt, zeigt, wie sehr sich der Sport und seine Protagonisten weiterentwickelt haben. Dennoch ist beim Internationalen Olympischen Komitee (IOC) und in anderen großen Sportverbänden nach wie vor noch vieles verbesserungswürdig.

Teilnehmen ist wichtiger als Siegen. Damit hat Pierre de Coubertin definitiv recht. Es ist ein großes Geschenk, dass weltweit bereits sehr viele Menschen Sport treiben und sich friedlich mit anderen messen können. Gewinnen zu wollen, ist völlig legitim, aber nicht um jeden Preis. Sport verbindet uns als Menschen viel mehr, als Ranglisten und Bestzeiten uns trennen. Das ist die zentrale Botschaft von Pierre de Coubertin.

24. JUNI

Heute im Jahr 1987 wurde Lionel Messi geboren.

»Es hat mich 17 Jahre und 114 Tage gekostet, um über Nacht ein Erfolg zu werden.«

LIONEL MESSI

> Der argentinische Fußballspieler wird für alle Zeiten als einer der besten Fußballer, wenn nicht sogar als der Beste, in Erinnerung bleiben.

Zugegeben: Manchmal denkt man, dass Lionel Messi von einem Planeten außerhalb unserer Galaxie von einer Nacht auf die andere zu uns auf die Erde gekommen ist. Zu außergewöhnlich sind seine Fähigkeiten auf dem Platz, zu verzückend sein Tanz mit dem Ball. Doch ob weltliche Fähigkeiten oder außerirdisches Phänomen, der kleine Argentinier erinnert uns mit seinem Zitat daran, das sich auch die größten Spieler nicht allein auf ihr Talent verlassen können.

Wir sehen die großen Superstars dieser Welt meist auf dem Höhepunkt ihres Schaffens im öffentlichen Rampenlicht. Meist haben wir jedoch keine Ahnung, was sie außerhalb der ein bis zwei Stunden tun, in denen wir ihre Leistungen bewundern. Wie hart sie arbeiten.

Wir haben keine Ahnung von dem langen Weg, den sie gehen mussten, um uns überhaupt ihr Können zeigen zu können. Selbst die größten Talente müssen hart an sich arbeiten, um ganz nach oben zu kommen. Talent ist vielleicht ein Geschenk des Himmels, doch wohin es dich trägt, hängt von ganz irdischen Tugenden ab.

25. JUNI

»Ich habe lange nach den Superlativen im Sport gesucht. Seit sie mir egal sind, purzeln die Rekorde von selbst.«

JAN FRODENO

> Ist ein in Südafrika geborener, deutscher Triathlet. Er hält den Streckenrekord bei der Ironman-Hawaii-Weltmeisterschaft, sowie die Weltbestzeit auf der Triathlon Langdistanz – aufgestellt im Juli 2016 im mittelfränkischen Roth. Weitere Auszeichnungen wie das Silberne Lorbeerblatt 2008 und Sportler des Jahres 2015 zieren den Trophäenschrank des nach wie vor aktiven Athleten.

Je mehr du versuchst, etwas zu erzwingen, desto verbissener wirst du. Und je verbissener du agierst, desto größere Blockaden baust du auf. Der deutsche Tennisprofi Philipp Kohlschreiber fasste diesen Gedanken gut zusammen, indem er sagte: »*Ich will, ich will, ich will, aber es will nicht, wie ich es will.*«

Die Kunst liegt darin, den Fokus auf dem Wesentlichen zu behalten, sich gleichzeitig aber nicht davon beherrschen zu lassen. Auf dem Weg zum Erfolg sind Rückschläge vorprogrammiert. Niemand schafft es ohne zwischenzeitliche Tiefs. Bist du dabei zu sehr auf ein festes Ergebnis fokussiert, können Rückschläge fatal für deine Motivation und deine Moral sein. Schaffst du es dagegen, ein in deinem Kopf vorbestimmtes Resultat loszulassen, kannst du deine Aufgabe befreit angehen. Finde Freude daran, was du tust, und du gewinnst deine Trophäen fast von selbst. Statt zu sehr an das Ziel zu denken, lehne dich lieber zurück und genieße die Fahrt dorthin. Je mehr du es schaffst, loszulassen, desto leichter findet dein Ziel zu dir. Nicht umsonst ist der sprichwörtliche Weg das Ziel. Richtig gewählt, führt er definitiv auch dorthin, wo du sein willst.

26. JUNI

»You have to remember that the hard days are what make you stronger. The bad days make you realize what a good day is. If you never had any bad days, you would never have that sense of accomplishment.«

ALEXANDRA RAISMAN

> Die ehemalige US-amerikanische Turnerin gewann 2012 und 2016 mit dem US-Team die olympische Goldmedaille. Darüber hinaus errang sie zwei Silbermedaillen bei Olympia sowie zweimal Gold und einmal Silber bei Weltmeisterschaften.

Natürlich wäre es großartig, immer nur das Positive im Leben zu erfahren. Ganz oben auf der Welle des Erfolgs zu reiten. Doch ist das wirklich möglich? Natürlich nicht. So hart zu ertragen sie manchmal sind, wir brauchen die schwierigen Tage. Wenn es keine Tiefen gäbe, wie sollten wir die Höhen erkennen?

Wenn wir jederzeit auf der immer gleichen Gefühlswelle vor uns hintreiben, limitieren wir uns auf einen ganz kleinen Ausschnitt der menschlichen Gefühlswelt. Hin und wieder müssen wir Täler durchschreiten. Der nächste Gipfel ist nicht weit.

27. JUNI

»I am not the strongest, I am not the fastest, but I am really good at suffering.«

AMELIA BOONE

> Sie ist eine der erfolgreichsten Extremhindernisläuferinnen der Welt. In ihrer Karriere gewann sie über 30 Rennen, unter anderem die Weltmeisterschaften im *Spartan Race* und *Toughest Mudder*.

Jeder Mensch hat eine sportliche Gabe. Ein Talent, das ihn von den meisten anderen abhebt. A kann weit springen, B läuft schneller, C zielt genauer und D kann eine Mannschaft führen. Die Aufgabe – zumindest für alle sportinteressierten Menschen – besteht darin, diese Stärke zu finden und sie auszubauen. Wenn du eine passende Sportart für dein Talent gefunden hast, ist das ein fantastisches Gefühl. Das Schöne ist: Danach geht es erst richtig los.

Du musst deiner Traumsportart jedoch auch die Chance geben, dich zu finden. Probiere also möglichst viele verschiedene Sportarten aus und bleibe dabei konfuzianisch gelassen: Früher oder später wirst du finden, wonach du gesucht hast.

Amelia Boone hat einmal gesagt, dass die beste Investition ihres Lebens die Anmeldegebühr zu ihrem ersten Extremhindernislauf war. Es war die Eintrittskarte zu einer ganz neuen Welt. Einer Welt, in der sie zu einem Superstar wurde. Beeindruckend ist, dass sich ihre berufliche und ihre sportliche Karriere nicht gegenseitig ausschließen. Amelia Boone ist eine erfolgreiche Anwältin UND eine erfolgreiche Sportlerin.

Du kannst auch so viel erreichen – du musst dich nur auf die Suche begeben. Ob bei einem Hindernisparcours, auf dem edlen Rasen eines Golfplatzes oder als Teil eines Teams – irgendwo passt dein sportlicher Schlüssel perfekt ins Loch.

28. JUNI

»I've said to people before that I'm going to do my very best to make it, I'm not going to give up. But I might not make it ... if I don't, the Marathon of Hope better continue.«

TERRY FOX

> Der an Krebs erkrankte, kanadische Athlet lief 5375 km mit einer Beinprothese und rief den *Marathon of Hope* ins Leben, um die Krebsforschung zu unterstützen.

Terry Fox war erst 18 Jahre alt, als er die erschütternde Diagnose erhielt. Schmerzen in seinem rechten Bein, die er für Folgen eines Verkehrsunfalls hielt, stellten sich als Knochenkrebs heraus. Wenig später musste das Bein amputiert werden, um wenigstens eine fünfzigprozentige Überlebenschance zu gewährleisten.

Noch in der Nacht vor seiner Amputation fasste er den Entschluss, seine Leidenschaft – den Laufsport – zu nutzen, um die so wichtige Krebsforschung weiter voranzutreiben. Als erster Prothesenträger wollte er einmal quer durch Kanada laufen – mehr als 7000 Kilometer – und dabei einen Dollar Spendengeld pro kanadischem Einwohner sammeln.

Was unmöglich klingt, begann am 12. April 1980. Täglich versuchte Terry Fox, die Strecke eines Marathons zurückzulegen. Der junge Kanadier kam weit. Sehr weit. Erst nach 143 Tagen und 5375 gelaufenen Kilometern musste Fox aufgeben. Der Krebs hatte mittlerweile bis in seine Lungen gestreut.

Seine Mission war nicht umsonst. Im Gegenteil, sein *Marathon of Hope* erreichte große nationale Bekanntheit. Mithilfe mehrerer Organisationen erreichte er am 1. Februar 1981 sein Spendenziel: 24,17 Millionen Dollar für die Krebsforschung. Wenige Monate später – am 28. Juni des Jahres 1981 – verlor Fox seinen Kampf gegen den Krebs.

Seit seinem Tod sind viele Millionen Menschen bei den jährlichen *Marathon of Hope*-Veranstaltungen angetreten, um die Krebsforschung zu unterstützen. Bis April 2020 konnte die Terry Fox Foundation bereits über 800 Millionen Dollar an Spendengeldern sammeln. Terry Fox selbst war nur ein kurzes Leben vergönnt, seine Mission machte ihn jedoch unsterblich.

29. JUNI

»What gets measured, gets managed.«

PETER DRUCKER

> Der aus Österreich stammende Unternehmensberater und Autor erlangte in den USA große Bekanntheit. Er wird als »Vater des modernen Managements« bezeichnet.

Im Sport geht es für viele Athleten um das richtige Training, die ideale Vorbereitung und natürlich den Moment des Ablieferns, meist gleichbedeutend mit dem Wettkampf, dem Turnier, dem Spiel. Dünner wird das Feld bei der Nachbearbeitung und Analyse der sportlichen Aktivitäten und Leistungen. Die Statistiken des eigenen Wettkampfes auszuwerten, Videos zu sichten, das Feedback von Außenstehenden einzuholen und darüber nachzudenken – all das ist meist nur im Profibereich üblich und wird selbst da oft vernachlässigt. Zu groß ist die Versuchung, gleich wieder in Aktion zu treten, statt sich mit statistischen Daten zu beschäftigen.

Das ist ein Fehler. Nur wer seine Fehler klar erkennen und benennen kann, lernt aus der Vergangenheit. Bruchstückhafte Erinnerungen und subjektives Bauchgefühl sind bestenfalls eine Krücke. Ersatz für eine seriöse Leistungskontrolle sind sie nicht. Als Sportler solltest du objektiv und ehrlich nach Wegen und Werkzeugen suchen, die dich besser machen können. Niemals war es einfacher als heute, Daten zu sammeln und diese auszuwerten. Vernachlässige nicht die Analyse zu Gunsten von Aktionismus. Nutze deine Daten, um ein besserer Athlet zu werden.

30. JUNI

An diesem Tag im Jahr 1979 fand in Deutschland der erste Christopher Street Day statt.

»Es war das erste Mal, dass ich einen Mann geküsst habe. Und so nah waren wir uns noch nie.«

JONAS RECKERMANN

> Der ehemalige deutsche Beachvolleyballspieler wurde zusammen mit Julius Brink Weltmeister und Olympiasieger. Der Kuss war Teil einer Aktion von heterosexuellen Prominenten für mehr Toleranz gegenüber homosexuellen Paaren.

»Ich habe mich schon die ganzen letzten Jahre nicht versteckt. Ich mache keinen Hehl daraus, in einer gleichgeschlechtlichen Ehe zu leben. Für mich ist das normal, da gibt es keine Unterschiede zu heterosexuellen Ehen. Dadurch, dass Maria und ich Kinder bekommen haben, haben wir mitbekommen, dass so etwas in Deutschland noch längst nicht etabliert ist. Obwohl sich unsere Gesellschaft als tolerant und offen bezeichnet, bekommst du Steine in den Weg gelegt.«

KIRA WALKENHORST

> Die deutsche Volley- und Beachvolleyball-Spielerin wurde mit ihrer Partnerin Laura Ludwig Weltmeisterin und Olympiasiegerin.

Kira Walkenhorst und Jonas Reckermann sind beide Olympiasieger im Beachvolleyball. Jonas ist heterosexuell und Kira lesbisch. Das laute »Na und?« dazu muss sich die deutsche Gesellschaft erst noch verdienen. Im Beachvolleyball gibt es viele gleichgeschlechtliche Paare. Toleranz ist in dieser Sportart gelebte Normalität und keine willkommene Ausnahme.

In der gesamten Sportwelt ist dies allerdings längst noch nicht die Norm. Durch Outings und einen offenen Umgang mit der eigenen Sexualität riskieren Sportler bis heute leider immer noch viel. Von der Selbstverständlichkeit, mit der die Beachvolleyballer dieses Thema angehen, können wir alle viel lernen.

JULI

1. JULI

Heute ist der internationale Witze-Tag.

»Für junge Spieler ist es wichtig, dass sie auch mal Licht am Ende des Tunnels schnuppern.«

KARL-HEINZ RUMMENIGGE

> Der ehemalige deutsche Fußballnationalspieler war von 2002 bis 2021 Vorstandsvorsitzender der FC Bayern München AG.

Lachen ist die beste Medizin, besagt ein deutsches Sprichwort. Sport begeistert, bringt Menschen zusammen, macht glücklich und ist gesund. Sport ist wichtig. Trotzdem sollten wir ihn auch nicht zu ernst nehmen. Die folgenden Zitate helfen dabei:

- »Mit schönen Frauen ist es wie mit Fußball. Man freut sich auf ein schönes Wochenende und wird maßlos enttäuscht.« (Francesco Totti, Fußballer)
- »Die schwierigste Turnübung ist immer noch, sich selber auf den Arm zu nehmen.« (Werner Finck, Kabarettist)
- »Das ist Schnee von morgen.« (Jens Jeremies, Fußballer)
- »Kinder lieben mich, weil sie vermutlich rasch merken, dass ich mich geistig auf ihrem Niveau bewege.« (Andy Roddick, Tennisspieler)
- »Es war ein wunderschöner Augenblick, als der Bundestrainer sagte: ›Komm, Steffen, zieh‹ deine Sachen aus, jetzt geht's los.« (Steffen Freund, Fußballer)
- »Golf ist ein schöner Spaziergang, der einem verdorben wird.« (Mark Twain, Schriftsteller)
- »Nein, liebe Zuschauer, das ist keine Zeitlupe, der läuft wirklich so langsam.« (Werner Hansch, Reporter)
- »Sport ist der Grund, warum ich nicht in Form bin. Ich schaue alle Arten davon im Fernsehen.« (Thomas Sowell, Ökonom)

2. JULI

»I lost my legs aged five ... now I am 1,9 seconds behind Usain Bolt.«

JONNIE PEACOCK

> Der englische Sprinter gewann sowohl bei den Paralympics in London 2012 als auch vier Jahre später in Rio de Janeiro die Goldmedaille über 100 Meter.

Was glaubst du macht glücklicher: Die Aufmerksamkeit auf etwas zu lenken, das bereits vorbei ist, oder dankbar für den Ist-Zustand zu sein? Banale Frage? Stimmt. Einfache Antwort? Anscheinend nicht. Viele Menschen und Sportler hadern gerne mit verpassten Chancen, mit gefühlter Ungerechtigkeit oder verweisen auf ihre schlechten Startvoraussetzungen. Die Alternative ist, unter den gegebenen Umständen die beste Version von sich selbst zu erschaffen. Ohne sich zu beschweren.

Dem Briten Jonnie Peacock wurde im Alter von fünf Jahren wegen einer Meningitis-Erkrankung das rechte Bein amputiert. Er könnte sich ständig fragen: Warum ich? Warum, verdammt noch mal, ich? Stattdessen hat er sich entschieden, die andere Frage zu stellen: Warum nicht ich? Warum sollte ich nicht versuchen, der schnellste Mann der Welt zu werden?

Bei den Paralympischen Spielen 2012 sprintete Jonnie Peacock im ausverkauften Londoner Olympiastadion vor seinen frenetischen Landsleuten zur Goldmedaille. Er ist jetzt ein gefeierter Star. Sein Mindset war schon vorher Weltspitze.

3. JULI

»The one thing that's common to all successful people. They make a habit of doing things that unsuccessful people don't like to do.«

MICHAEL PHELPS

> Ist ein ehemaliger Schwimmsuperstar und mit 28 Medaillen, davon 23-mal Gold, der erfolgreichste Athlet bei Olympischen Spielen aller Zeiten. Nach den Olympischen Spielen gründete er die Michael Phelps Foundation, die sich auf den Ausbau des Schwimmsports und die nachhaltige Förderung eines gesünderen Lebensstils konzentriert.

Früh aufstehen oder gemütlich ausschlafen? Stilles Wasser trinken oder Limonade? Pünktlich zum Training erscheinen oder alle paar Tage ein paar Minuten zu spät kommen? Netflix-Serienmarathons veranstalten oder aufmerksam Videos der eigenen Performance analysieren? Jeder Mensch hat Rituale und Routinen, folgt unbewussten Skripten und unsichtbaren Wegweisern. Der freie Wille, auf den wir uns so viel einbilden, ist bei den Tausenden kleinen Entscheidungen des täglichen Lebens eher Illusion als Realität.

Deine Gewohnheiten, so klein und unbedeutend sie auch scheinen mögen, bringen dich entweder immer näher an dein Ziel oder sorgen dafür, dass du dich immer weiter davon entfernst. Produktive Rituale sind ähnlich unscheinbar und dennoch ebenso wirksam wie Zinseszinsen. Sehr lange siehst du keinen Effekt und dann explodiert die Wirkung. Sie können den Unterschied machen zwischen einem »Meister aller Klassen« und einem »war halt auch dabei«.

4. JULI

»I trust that everything happens for a reason, even if we are not wise enough to see it.«

OPRAH WINFREY

> Die US-amerikanische Moderatorin und Unternehmerin prägte über Jahrzehnte die US-Talkshows. Bekannt ist sie vor allem durch *The Oprah Winfrey Show*, die in 105 Ländern ausgestrahlt wurde.

Normann Stadler hatte eine Bilderbuchkarriere als perfekt austrainierter und erfolgreicher Athlet. Er war Duathlon-Weltmeister, mehrfacher deutscher Meister im Triathlon und zweimaliger Sieger der Ironman-Weltmeisterschaften auf Hawaii. Er feierte die größten Erfolge, die es in seinem Sport zu erringen gibt, und konnte sich viele Jahre an der Weltspitze behaupten. Wahrscheinlich wäre er noch länger dort geblieben, aber das Leben hatte einen anderen Plan.

In der Saison 2011 musste Stadler wegen Problemen mit seinem Rennrad zwei direkt aufeinanderfolgende Rennen innerhalb einer Woche frühzeitig abbrechen. Bei einer kurze Zeit später erfolgten ärztlichen Untersuchung stellte sich jedoch heraus, dass diese Defekte wahrscheinlich sein Leben gerettet hatten. Bei ihm wurde ein sogenanntes Aortenaneurysma festgestellt, eine Aussackung der Hauptschlagader am Herzen. In fortgeschrittenem Stadium – wie in Stadlers Fall – kann dies zum Riss der Aorta und zum Tod führen.

Die Diagnose stellte sein Leben von einer Sekunde auf die andere auf den Kopf. Das umgehende Karriereende in seinem Beruf als Profi-Triathlet war unumgänglich. Die sofortige Operation am offenen Herzen rettete schließlich sein Leben. Die ärgerlichen Defekte an seinem Rad waren eigentlich ein Geschenk des Himmels gewesen. Manche Rückschläge zeigen erst in der Retrospektive ihre wahre Bedeutung.

5. JULI

»Sometimes it's worth risking it all for a dream only you can see.«

MEHRERE QUELLEN

> Dieses Zitat kann nicht zweifelsfrei zugeordnet werden, geht jedoch am ehesten auf Megan Rapinoe zurück. Die US-Amerikanerin ist Fußballweltmeisterin 2015 und 2019, Olympiasiegerin 2012 sowie Weltfußballerin 2019.

Schon Muhammad Ali, einer der größten Boxer aller Zeiten, wusste, dass nicht der Kraftraum den Athleten zum Champion werden lässt. Sondern etwas, das tief in seinem Inneren steckt – ein Verlangen, ein Traum, eine Vision! Wenn du einen Traum hast, dann höre nicht auf Stimmen, die behaupten, dass du ein zu großes Risiko eingehst. Noch bedeutender ist: Lass diese Stimme nicht deine eigene sein! Rede dir nicht selbst ein, alle anderen seien intelligenter, talentierter, größer, stärker, besser. Hätte Michelangelo nur den Boden der Sixtinischen Kapelle bemalt, wäre heute wahrscheinlich nicht mehr allzu viel von seinem genialen Erbe übrig.

Es ist dein Traum. Dein Leben. Nur du entscheidest, was du aus deiner kurzen Zeit auf Erden machst!

GASTBEITRAG

6. JULI

»Nicht Erfolg ist der Schlüssel zum Glück, sondern Glück der Schlüssel zum Erfolg. Wenn du gerne tust, was du tust, wirst du auch erfolgreich sein.«

ALBERT SCHWEITZER

> Der folgende Text ist ein Gastbeitrag von Tobias Rau, einem ehemaligen deutschen Fußballspieler, unter anderem beim VfL Wolfsburg und FC Bayern München. Darüber hinaus bestritt Tobias Rau sieben Länderspiele für die deutsche Fußballnationalmannschaft und gewann 2005 das Double aus Deutscher Meisterschaft und DFB-Pokal.

Meine Entscheidung, mit 27 Jahren (am 6. Juli im Anschluss an die Saison 2008/2009) die Karriere als Fußballprofi gegen ein Lehramtsstudium zu tauschen, machte damals unerwartet große Schlagzeilen. Im Rückblick betrachtet führten, wie ich denke, viele Gründe zu diesem medialen Echo: die Kombination aus dem radikalen Wechsel vom Fußballstadion in den Hörsaal, die Entscheidung, auf mein Herz zu hören, statt auf das Geld zu schauen, mein junges Alter – einige gute Jahre lagen noch vor mir – und die Tatsache, dass es seinerzeit kaum vergleichbare Fälle gab.

Letztendlich war es primär keine Entscheidung gegen den Fußball, sondern für einen neuen Lebensabschnitt. Lehrer war immer mein Traumberuf gewesen und 27 ist zwar für einen Fußballer noch jung, für einen Studenten aber ein schon sehr fortgeschrittenes Alter. Im Fußball hatte ich zum damaligen Zeitpunkt bereits viele Höhen (Bundesliga, Nationalmannschaft, das Hobby zum Beruf machen) und Tiefen (wenig Freizeit und Selbstbestimmtheit, Fußball als Beruf statt als Hobby) miterlebt. Alles in allem: Es war einfach der richtige Zeitpunkt für mich.

Bereut habe ich die Entscheidung nie. Lehrer zu sein, erfüllt mich mit großer innerer Zufriedenheit. Es gibt keinen Tag, an dem ich mir denke: Mist, heute ist Schule.

GASTBEITRAG

Ich betrachte es als Privileg, gleich zweimal in meinem Leben meine Leidenschaft zum Beruf gemacht haben zu können. Wer kann das schon von sich behaupten? Ich kann und möchte anderen Fußballprofis und Athleten keine Lebensratschläge geben. Aus eigener Erfahrung kann ich jedoch sagen, für mich hat es sich gelohnt, meinem Herzen zu folgen.

7. JULI

Am heutigen Tag im Jahr 1906 wurde Leroy Robert »Satchel« Paige geboren.

»How old would you be if you didn't know how old you are?«

SATCHEL PAIGE

> Der US-amerikanische Baseballspieler wurde für seine außergewöhnlich lange Karriere bekannt. Er spielte, bis er 59 Jahre alt war. Noch heute gilt seine Reaktion ruhiger Bedachtheit auf den ihm widerfahrenen Rassismus als beeindruckend und beispielhaft zugleich.

Das eigene Alter hat für Sportler eine besondere Bedeutung. In einigen Sportarten ist das Zeitfenster der »besten Jahre« so klein, dass die Karriere schon wieder vorbei ist, bevor Altersgenossen ihre berufliche Laufbahn starten. Spätestens mit Mitte 30 ist für die meisten Athleten die große oder kleine Karriere vorüber. Neue Prioritäten dominieren jetzt den Alltag. Satchel Paige ist die Ausnahme. Obwohl er zu seiner Zeit als der weltweit beste Werfer galt, durfte er erst mit 42 Jahren sein erstes Spiel in der Major League Baseball machen. Die 20 möglichen Profijahre davor wurden dem Afroamerikaner wegen seiner Hautfarbe verwehrt.

Sein heutiges Gedankenexperiment ist für uns mindestens genauso spannend wie seine Karriere. Wie viele Dinge in unserem Leben machen wir, weil sie uns altersgerecht erscheinen? Nur weil es die anderen machen, glauben wir, es passe auch zu uns. Wie viele Möglichkeiten schließen wir von vorneherein aus, weil wir glauben, wir seien *»zu alt dafür«*?

8. JULI

»Ich spüre keinen Druck. Ich mache mir keine Gedanken darüber. Ich verbrachte den Sonntag am 9. Juli in Berlin schlafend und spielte PlayStation. Am Abend ging ich raus und wurde Weltmeister.«

Andrea Pirlo

> Ist ein ehemaliger italienischer Fußballspieler und heutiger -trainer. Der Ballkünstler war während seiner aktiven Zeit als Fußballprofi schon dafür bekannt, nebenher ein Weingut zu betreiben.

Mit einer langen schwarzen Mähne und zumeist Vollbart schwebte Andrea Pirlo seinerzeit durch die Fußballstadien Europas. Er begeisterte mit seiner Ballkompetenz und seiner Spielübersicht. Er gewann alles, was es im Spitzenfußball zu gewinnen gibt, und strahlte dabei eine unnachahmliche Coolness aus.

Schauen wir uns heute also ein bisschen etwas von seiner fast schon schelmischen Lockerheit ab. Klar, am Tag des Wettkampfs wollen wir nichts sehnlicher, als die hart erarbeiteten Früchte der Arbeit zu ernten. Doch Andrea Pirlo, der schon während seiner aktiven Karriere ein eigenes Weingut betrieb, weiß: Ein guter Wein wird nicht am Tag des Abfüllens gemacht. Der Weinstock braucht Jahre, um die perfekte Frucht zu tragen. Die Trauben benötigen viele Sonnenstunden und die tägliche Hingabe des Winzers. Anschließend müssen sie in Fässern reifen. Erst nach diesem langen Prozess lässt sich schließlich mit Gewissheit sagen, einen herausragenden Wein produziert zu haben.

Nach allem kann der Winzer seinen Wein guten Gewissens entkorken. Er weiß, dass er fabelhaft schmecken wird. Genauso können wir es mit unserer sportlichen Karriere halten. Wir investieren Monate, Jahre und manchmal Jahrzehnte, um unsere Fähigkeiten zu perfektionieren. Wir legen die Grundlage für unsere Performance weit vor dem entscheidenden Tag. Welchen Grund sollte es also geben, nervös zu sein? Vielmehr geht es darum, ruhiges Selbstvertrauen auszustrahlen. Wie Andrea Pirlo.

9. JULI

An diesem Tag im Jahr 1877 begann das erste Wimbledon Turnier.

»If you can meet with triumph and desaster and treat those two impostors just the same.«

RUDYARD KIPLING

> Das bekannteste Werk des englischen Journalisten, Schriftstellers und Dichters ist *Das Dschungelbuch*. Im Alter von 42 Jahren erhielt er den Literaturnobelpreis. Bis heute ist er der jüngste Preisträger in diesem Bereich.

Dieses Zitat von Rudyard Kipling steht über dem Eingang zum Center Court in Wimbledon – dem heiligsten Platz des Tennis. Auf dieser Kultstätte des Sports haben viele legendäre Matches stattgefunden. Die Botschaft mag überraschend sein für einen Ort, der mehr für Polarität (Sieg oder Niederlage) als für Neutralität steht. Der Satz erinnert daran, dem Ergebnis der Anstrengungen nicht zu viel Bedeutung beizumessen. Vielmehr sollte man die Amplitude der Gefühle zwischen Triumph und Scheitern nicht zu groß werden lassen. Sich als Gewinner also nicht zu wichtig zu nehmen und als Verlierer nicht in Selbstmitleid zu versinken. Ein Athlet ist immer mehr als sein letztes Resultat. Der Auftrag ist, das große Ganze nicht aus den Augen zu verlieren. Es geht primär um den Prozess – das Ergebnis ist zweitrangig.

Zugegeben: So zu denken, ist in einer ergebnisfixierten Zeit wie heute eine große Herausforderung. Oft scheint es nur schwarz und weiß zu geben – Sieg oder Niederlage. Zwischentöne sucht man oft vergebens. Gerade deswegen ist Kiplings Botschaft so wichtig und aktueller denn je.

10. JULI

Vor einer Rekordkulisse von 90 185 Zuschauern fand an diesem Tag im Jahr 1999 in Pasadena (USA) das WM-Finale der Frauen zwischen USA und China statt. Das Resultat: Die USA gewannen 5:4 im Elfmeterschießen

»I am building a fire, and every day I train I add more fuel. At just the right moment, I light the match.«

MIA HAMM

> Ist eine der populärsten Sportlerinnen der Vereinigten Staaten. Mit der US-Frauennationalmannschaft gewann sie je zwei Weltmeistertitel (1991 und 1999) sowie zwei olympische Goldmedaillen (1996 und 2004). Durch ihre Karriere trug sie maßgeblich dazu bei, dass Fußball sich zu einer der beliebtesten Sportarten unter amerikanischen Mädchen entwickelte.

Es liegt in der Natur des Menschen, den Weg des geringsten Widerstands zu wählen. In prähistorischen Zeiten, wenn unsere Vorfahren nicht gerade vor einem hungrigen Säbelzahntiger fliehen mussten oder selbst auf tagelanger Jagd unterwegs waren, gab es keinen Grund für unnötige Anstrengungen. Keiner konnte wissen, wann die nächste Flucht oder Hungerperiode kommen würde. Also lieber die Füße hochlegen, solange es geht.

Wie anders ist doch unser Leben heute. Vorbei das Dasein als Jäger und Sammler. Du kannst ohne jegliche Anstrengung durchs Leben gehen, wenn du das willst. Es gibt kaum noch externe Einflüsse, die dich zwingen, deinem Urinstinkt zu folgen, um dein Überleben sicherzustellen. Zumindest in unserer westlichen Welt kannst du ziemlich entspannt durchs Leben cruisen. Du kannst dich aber auch bewusst dafür entscheiden, aus deiner kurzen Zeit etwas zu machen. Feuerwerk oder Weg des geringsten Widerstands? Du hast die Wahl.

11. JULI

»My theory is that if you buy an ice-cream cone and make it hit your mouth, you can learn to play tennis. If you stick it on your forehead, your chances aren't as good.«

VIC BRADEN

> Ist ein US-amerikanischer Tennisspieler, Trainer und Reporter.

Die meisten von uns werden mit Sport kein Geld verdienen. Ganz im Gegenteil: Je nach gewählter Sportart investieren wir im Laufe der Jahre Geld im Gegenwert von einem Klein- oder Luxuswagen in unser Hobby. Und verbringen auch sehr viel Zeit damit.

Kosten für das Equipment, Trainerstunden und Mitgliedsbeiträge, Fahrten zum Training, Reisen zu Wettkämpfen – in Deutschland Sport zu treiben, kann empfindliche Löcher ins individuelle oder familiäre Budget reißen. Umso wichtiger ist es dann doch, dass wir wirklich Spaß an der gewählten Sportart haben. Kommt auch noch Talent hinzu, ist das toll, aber nicht das Wichtigste. Wenn dir – um inhaltlich beim Zitat zu bleiben – Tennis große Freude macht, ist es völlig egal, ob deine Vorhand eher einem Bunkerschlag im Golf ähnelt oder deine Aufschlagbewegung einer neuen asiatischen Kampfsportart gleicht. Im Fitnessbereich sagt man: Der optimale Trainingsplan ist der, den du auch durchziehst. Analog dazu ist deine Traumsportart die, die dir dauerhaft am meisten Spaß bringt.

12. JULI

»You only live once, but if you do it right once is enough.«

Mae West

> Die erfolgreiche amerikanische Schauspielerin und Sängerin wurde für ihre progressive und provokante Haltung zu den Themen Sex und Beziehungen gleichermaßen geliebt und angefeindet.

Sport macht dich glücklich und hält dich geistig und körperlich fit. Sport macht bis ins hohe Alter Spaß. Durch Sport entstehen Freundschaften. Dennoch haben auch wir Freizeit-, Leistungs- und Profisportler – trotz aller gesundheitlichen Vorsorge, Ernährungsoptimierung und Glückshormonen – nur dieses eine Leben. Unsere wichtigste Aufgabe als Menschen ist es, das Beste aus unseren Jahren auf der Erde zu machen.

Dein Sport schenkt dir ein gutes Lebensgefühl und tolle intensive Erlebnisse? Wunderbar. Dann solltest du ein Stück weitergehen. Hinter dem Tellerrand deiner eigenen Sportart gibt es noch viel mehr zu entdecken, zu erfahren und zu lernen – im Sport, im Leben, im Sein. Denke nicht in Klischees, sondern beurteile die Dinge lieber nach deinen eigenen Erfahrungen.

Erweitere als Athlet stetig deinen Horizont, schaue hinter die Kulissen und verlasse ab und zu auch bewusst deine Komfortzone. Du spielst Fußball? Probiere Golf aus. Du boxt? Nimm eine Yogastunde. Du bist Segler? Schau bei einer Cross Fit Box vorbei. Tischtennis ist dein Ding? Mach bei einer Karatestunde mit. Lerne, als ob du ewig leben würdest.

13. JULI

An diesem Tag im Jahr 2014 wurde Deutschland in Rio de Janeiro mit Philipp Lahm als Kapitän Fußball-Weltmeister.

»Man kann niemand überholen, wenn man in seine Fußstapfen tritt.«

URSPRÜNGLICH VON FRANCOIS TRUFFAUT, ALS LEBENSMOTTO AUFGEGRIFFEN VON PHILIPP LAHM

> Der ehemalige Kapitän des FC Bayern München sowie der deutschen Fußballnationalmannschaft ist einer der erfolgreichsten deutschen Fußballer der vergangenen Jahrzehnte. Der Sieg bei der Fußball-Weltmeisterschaft 2014 in Brasilien krönte seine Karriere.

Viele junge Sportlerinnen und Sportler wollen genau das: in die Fußstapfen ihrer Idole treten. Als Kind mag das der richtige Weg sein. Es ist motivierend und gibt Orientierung. Für fast alle körperlichen, mentalen, spielerischen und sozioökonomischen Voraussetzungen, die man selbst mitbringt, findet sich im Profisport ein Vorbild. Die Ziele, die junge Athleten heute verfolgen, hatten in der Vergangenheit bereits viele andere Sportler.

Mit fortgeschrittenem Alter muss man sich jedoch abkapseln vom Idol. Jedenfalls dann, wenn man selbst ganz hoch hinaus möchte. Auch ein Star wie Philipp Lahm musste früh lernen, die beste Version von sich selbst, statt die Kopie von jemand anderem zu werden. Voraussetzung dafür ist ein fester Glaube daran, den eigenen Weg zu finden, statt den Fußstapfen bekannter Sportler zu folgen.

14. JULI

»When I'd get tired and want to stop, I'd wonder what my next opponent was doing. I'd wonder if he was still working out. I tried to visualize him. When I could see him still working, I'd start pushing myself. When I could see him in the shower, I'd push myself harder.«

DANNY MACK GABLE

> Ist ein ehemaliger US-amerikanischer Ringer. Zu seiner aktiven Zeit wurde er mehrfacher nationaler Meister, Weltmeister und Olympiasieger. Nach seiner Karriere wurde er erfolgreicher Trainer und in die Hall of Fame des United World Wrestling in der Kategorie *Legende* aufgenommen. Darüber hinaus erhielt er 2020 mit der Presidential Medal of Freedom die höchste zivile Auszeichnung der Vereinigten Staaten.

Als Athlet auf dem Weg zum Champion macht dein Training nicht immer Spaß. Manchmal ist es schlichtweg hart und schwierig. Doch das muss es auch sein. Du wirst Widerstandsfähigkeit und Belastbarkeit nicht in komfortablen Situationen entwickeln. Welcher Athlet bist du also in Dan Gables Gedankenspiel? Bist du bereit, ein Stückchen länger und härter im Kraftraum zu bleiben als dein Gegner? Oder schaut dir dein Gegner auf dem Weg in die Dusche hinterher?

15. JULI

»Ein Stolpern kann den Fall verhindern.«

Verfasser unbekannt

> Bei dem heutigen Zitat ist der Ursprung nicht eindeutig zuzuordnen.

Im inoffiziellen Wörterbuch *Deutsch – Sport, Sport – Deutsch* – mancherorts auch als *Phrasenschwein* bekannt – stehen als Alternativen zu dem oben aufgeführten Zitat weise Sprüche wie »Ein Dämpfer ist ein Weckruf zur rechten Zeit«, »Der Favorit hat Federn gelassen« oder »ist auf dem Boden der Tatsachen gelandet«. Stolpern sieht zwar vielleicht nicht schön aus, macht aber wachsam für die nächsten Schritte.

Im Sport heißt das dann: Zurück zu den Grundlagen. So kannst du im Training wieder zu 100 Prozent Gas geben, statt dich mit 80 Prozent durchzuschwindeln. Sportler laufen Extrarunden, statt Extranachtisch zu bestellen, und nehmen den nächsten Gegner ernst, statt in Gedanken schon den Einlauf ins Finale zu planen.

Ein Stolpern kann den Fall verhindern. Jedenfalls dann, wenn du die richtigen Schlüsse daraus ziehst und nicht weitermachst wie bisher.

TRAININGSPROGRAMM SOMMER

»Es ist nicht der mutig, der keine Angst hat, sondern der, der seine Angst überwindet.«

MAHATMA GANDHI, INDISCHER POLITIKER UND PAZIFIST

Challenge für deinen Körper: eine neue Sportart
Probiere diesen Monat einen Sport aus, den du noch nie gemacht hast. Bei der Auswahl gibt es kein Limit. Jede Sportart ist denkbar, Hauptsache sie ist dir noch fremd. Wieder Anfänger zu sein, fühlt sich anfangs ungemütlich an, gibt dir aber neue Perspektiven und bringt viel frischen Wind in dein Leben als Athlet und lebenslanger Schüler. Mehr dazu findest du im Tageseintrag zum Zitat von Mae West am 12. Juli.

Challenge für deinen Geist: das Dankbarkeitstagebuch
Diese Aufgabe verlangt von dir, täglich fünf Dinge aufzuschreiben, für die du dankbar bist. In unserer »Höher-schneller-mehr-Zeit« vergessen wir manchmal die vielen Dinge wertzuschätzen, die wir schon haben. Ein tägliches Dankbarkeitsritual ist der Gegenentwurf und hilft dir, Stress abzubauen, deinen Schlaf zu verbessern und dein Glück zu erhöhen. Nicht schlecht für einen kostenlosen Zeitaufwand von fünf Minuten.

Challenge für deine Interaktion: Komfortzone verlassen
Dieses Mal ist es dein Ziel, deine soziale Komfortzone gezielt zu verlassen. Als Athlet bewegst du dich meistens in einem vertrauten Umfeld: in deinem Verein, mit deinen Mannschaftskollegen oder in deinem Fitnessstudio. Versuche in diesem Monat, einen Schritt ins Unbekannte zu machen. Mach ein Probetraining in einem anderen Studio, gehe auf Vereinsmitglieder zu, die du noch nicht kennst und frage sie, ob sie mit dir trainieren möchten, oder bitte einen anderen Trainer, dir ein ehrliches Feedback zu deiner Technik zu geben. Vielleicht ergeben sich neue Wachstumspotenziale. Selbst wenn nicht, hast du dadurch einige neue Menschen kennengelernt.

16. JULI

»If you are not in the arena getting your ass kicked on occasion, I'm not interested in or open to your feedback. There are a million cheap seats in the world today filled with people who will never be brave with their lives but who will spend every ounce of energy they have hurling advice and judgment at those who dare greatly.«

BRENÉ BROWN

> Die US-amerikanische Professorin und Bestsellerautorin forscht und schreibt schwerpunktmäßig über die Themen Mut, Verletzlichkeit und Empathie.

Niemand wird gerne kritisiert. Es tut weh, zu hören oder zu lesen, was man aus der Sicht anderer alles falsch gemacht hat, warum das nichts werden kann mit dem sportlichen Erfolg. Menschen sind keine Roboter. Wir haben Gefühle, wir wollen gemocht werden – am besten von jedem. Das liegt in unseren Genen. Niemand will abseits des Clans stehen. Das Internet gibt jedem die Möglichkeit, im Handumdrehen Kritiker zu werden. Es gibt all denjenigen ein nahezu unzensiertes Forum, die einfach Dampf ablassen wollen. Aus der sicheren und bequemen Anonymität lässt sich eben leicht schimpfen, verunglimpfen und in die Pfanne hauen.

Als Athlet bewegst du dich oft außerhalb deiner Komfortzone. Je bekannter und erfolgreicher du wirst, desto mehr wirst du zur Zielscheibe dieser Kritiker. Aus Selbstschutz macht es für dich Sinn, die Spreu vom Weizen zu trennen. So solltest du dich vorzugsweise nur ernsthaft mit Kritikern beschäftigen, die selbst mutig genug waren oder sind, in der Arena zu stehen. Zumindest solltest du dich aber von niemandem herunterziehen lassen, der zu feige ist, die eigene Identität preiszugeben. Du wirst sehen: Plötzlich sind es gar nicht mehr so viele.

17. JULI

»Herr Magath, Sie haben am Freitagabend doch gesagt, der Trainer könne in Ruhe weiterarbeiten. Warum der Meinungsumschwung?«
»Der Trainer kann weiter in Ruhe arbeiten – halt woanders. Wo ist das Problem?«

FELIX MAGATH

> Ist ein ehemaliger Fußballspieler und heutiger -trainer und -manager. Als Spieler gewann Magath dreimal die deutsche Meisterschaft, wurde zweimal Europapokalsieger, Europameister und Vizeweltmeister. Als Trainer arbeitete er höchst erfolgreich, unter anderem beim FC Bayern und VfL Wolfsburg, wo er jeweils Deutscher Meister wurde.

Profifußball ist ein knallhartes Geschäft. Einzig und allein das Resultat zählt. Alles andere ist zweitrangig. Einer der härtesten Hunde in diesem Geschäft ist Felix Magath. Einer, dessen rigorose Trainingsmethoden ihm den Spitznamen »Quälix« einbrachten. Sein ehemaliger Spieler Jan Age Fjörtoft sagte einmal über ihn: »*Ob Felix Magath die Titanic gerettet hätte, weiß ich nicht. Aber die Überlebenden wären topfit gewesen*«.

Sport, gerade wenn es um mehr und mehr geht, ist nicht immer fair. Unser Leben ebenso wenig. Doch die Sportler, die es schaffen, sich von diesem Druck zu lösen, sind diejenigen, die es schaffen, lange Zeit an der Spitze zu bleiben.

18. JULI

»Make sure your worst enemy doesn't live between your own two ears.«

LAIRD HAMILTON

> Der erfolgreiche US-amerikanische *Big Wave*-Surfer aus Kalifornien gilt als Mitbegründer des *Stand Up Paddle Surfings* und als Erfinder des *Foilboards*.

Als *Big Wave*-Surfer weiß Hamilton das ein oder andere über Mut und Angst. Über Scheitern und Gewinnen. Seine mentale Stärke spielt eine entscheidende Rolle, wenn ihm eine 20 Meter hohe Wasserwand hinterherjagt. Dabei ist es nicht allein wichtig, was sich zwischen deinen Ohren befindet, sondern auch, wem oder was du Zugang zu diesem Ort gewährst. Als Sportler achten wir darauf, was wir mit der Nahrung in unseren Körper aufnehmen. Wir überprüfen Herkunft, Aufzucht und Anbau, um sicherzugehen, dass es uns guttut. In unseren Großstädten achten wir penibel auf mikroskopischen Feinstaub. Wird ein gewisser Grenzwert überschritten, handeln die verantwortlichen Behörden. Luftverschmutzende Fahrzeuge dürfen dann nicht mehr rein.

Warum sind wir nicht genauso streng im Umgang damit, wem oder was wir Zugang zu unseren Gedanken gewähren? Im Schnitt hat jeder Mensch 60 000 bis 70 000 Gedanken pro Tag, eine schier unfassbare Fülle an Informationen, die wir verarbeiten.

Indem wir den Zugang zu unserem Kopf reglementieren, können wir aktiv die Kontrolle übernehmen. Über die Nachrichten, die wir verfolgen. Über die Konversationen, die wir führen. Über die Aufmerksamkeit, die wir schenken möchten. All das hat direkten Einfluss auf jeden Gedanken von uns. Es liegt an uns selbst, aktiv zu entscheiden, ob wir Sklave oder Chef unserer Gedankenwelt sind. Alles beginnt mit der Auswahl des Türstehers.

19. JULI

»I have been visualizing myself every night for the past four years standing on the podium having the gold placed around my neck.«

MEGAN QUANN

> Sie stellte in ihrer Zeit als Schwimmerin 27 US-amerikanische Rekorde auf und gewann 2008 olympisches Silber und zwei Goldmedaillen bei Olympia 2000 in Sydney.

Unsere größten Ziele und Träume entstehen in unserem Kopf. Klar, der Körper muss die Leistung für diese Ziele dann auch erst mal auf die Straße, den Platz oder das Schwimmbecken übertragen. Doch wir haben zwischen den Ohren ein Kraftwerk, das so stark ist, dass es jeden anderen Muskel in unserem Körper schwach erscheinen lässt. Visualisierungen gehören seit jeher in die Werkzeugkiste eines Spitzensportlers.

Veranschaulichen wir das für heute gewählte Zitat am Beispiel des Gebäudes in oder vor dem du vielleicht gerade sitzt. Lange bevor es an dieser Stelle errichtet wurde, entstanden die Überlegungen und Visionen des Architekten. Über Pläne, die klar und strukturiert durch die Bauphase führen, war von Anfang an festgelegt, wie das finale Ergebnis aussehen soll. Von Beginn dieses Prozesses an stand ein klares Ziel fest.

Im Sport und im Leben ist es nicht anders. Ein großes Ziel vor Augen zieht strategische Organisation, Klarheit und Konzentration nach sich. Alle Dinge werden zweimal erschaffen. Einmal in unseren geistigen Vorstellungen und ein zweites Mal in der physischen Realität.

20. JULI

An diesem Tag im Jahr 1968 begannen in Chicago die ersten Special Olympics.

»Let me win. But if I cannot win, let me be brave in the attempt.«

SPECIAL OLYMPICS

> So lautet der Eid für Sportler der Special Olympics. So heißt die weltweit größte Sportbewegung für Kinder, Jugendliche und Erwachsene mit geistiger Behinderung. Die Special Olympics haben nichts mit den Paralympics (für Sportler mit einem körperlichen Handicap) zu tun.

Im Sport gibt es einige Gänsehautmomente. Ein Athlet verabschiedet sich emotional von der kleinen oder großen Bühne. Ein Marathonläufer hilft uneigennützig einem anderen Teilnehmer, der mit Krämpfen am Boden liegt. Oder 60 000 Zuschauer im Stadion schweigen gemeinsam im Gedenken an eine große Persönlichkeit. Ein Garant für Gänsehaut sind die Special Olympics. Es rührt und begeistert zugleich, hautnah die große Freude und pure Begeisterung von Menschen mit geistiger Behinderung mitzuerleben, die an einem Wettkampf teilnehmen.

Die Athleten, die bei den Special Olympics oder ähnlichen Veranstaltungen an den Start gehen, sind wahre Sporthelden. Dabei zu sein ist für sie alles, nicht der Sieg. Der Eid der geistig behinderten Sportler kann auch für dich zu einem geeigneten Mantra werden – für den nächsten Wettkampf, das nächste Turnier, das nächste Spiel. Auf den Schultern von Giganten lässt es sich gut und tapfer um den Sieg kämpfen.

21. JULI

»I changed my body for my sport. No girl should.«

LAUREN FLESHMAN

> Die erfolgreiche ehemalige Mittelstreckenläuferin aus den USA gehörte zu der berüchtigten, von Nike finanzierten Oregon Track Club Elite, einer professionellen Gruppe von Weltklasseläufern, die wegen Doping in Verruf gerieten.

In deinem Körper bist du von deinem ersten bis zum letzten Atemzug zu Hause. Es gibt keinen Ersatz für ihn. Du kannst ihn nicht einfach austauschen wie einen alten Ball.

Richtig dosiert kann Sport deinem Körper viel Ärger ersparen. Leistungs- beziehungsweise Hochleistungssport kann dagegen durch die hohen Belastungen und kurzen Ruhepausen langfristig Gift für deinen Körper – dein Zuhause – sein.

Um für dich die Frage zu klären, was zu viel ist, kannst du einen Dialog mit deinem zukünftigen Ich beginnen. Das Ich der Zukunft bist du selbst in zehn, zwanzig, dreißig oder beliebig vielen Jahren.

Wie ein Baby auf seine Mutter ist es komplett auf dich angewiesen. Seine Lebensqualität hängt von den Entscheidungen ab, die du Tag für Tag triffst. Willst du es dir wirklich mit dir selbst verscherzen? Willst du für dein eigenes körperliches und/oder geistiges Leid verantwortlich sein? Geht man so mit der besten Freundin, dem besten Freund um? Alle Menschen, die als Leistungs- und Profisportler zu sehr im Hier und Jetzt waren, ohne an ihr zukünftiges Ich zu denken, werden dir bestätigen, dass das später kein schönes Gefühl mehr ist.

Dein Zukunfts-Ich mag Sport. Es mag nur keinen exzessiven gesundheitsschädlichen Sport, der dir langfristig viel mehr schaden wird, als er dir momentan nutzt.

22. JULI

Heute ist der Welttag des Gehirns.

»When your mind is telling you you're done, you are really only 40 percent done.«

DAVID GOGGINS

> Der Amerikaner war zunächst Elitesoldat des US-Militärs, und ist heute als Extremausdauersportler und Motivationsredner bekannt. Seine Biografie *Can't Hurt Me* entwickelte sich kurz nach Erscheinen 2018 direkt zu einem Bestseller.

Absolventen des *US Navy Seals*-Trainings, der Army Ranger School oder des *Air Force Tactical Air Controller*-Trainings gelten als die härtesten und am besten ausgebildeten Spezialeinsatzkräfte des amerikanischen Militärs. David Goggins absolvierte als bisher einziger Mensch alle drei Ausbildungen. Dazu durchlief er die *Hell Week* der *US Navy Seals*, eine Trainingswoche, in der Anwärtern von Montag bis Freitag lediglich vier Stunden Schlaf zugestanden werden. Er durchlief sie zweimal – den ersten Versuch musste er auf ärztlichen Rat hin abbrechen.

Noch während seiner militärischen Karriere wurde David Goggins zu einem erfolgreichen Ultra-Marathonläufer. So absolvierte er beispielsweise 100 Meilen in 19 Stunden oder 135 Meilen in 26 Stunden. Er hält mit 4030 den Weltrekord für die meisten Klimmzüge in 24 Stunden. Wie – fragst du dich – schafft er es, diese extrem langen körperlichen Strapazen zu überstehen? Er muss wohl ein unglaublicher Athlet sein.

Nein, gar nicht! Körperlich war er lange nicht auf seinem Höhepunkt. Bis Mitte 30 lebte er mit einem unerkannten Loch in seinem Herzen. Ein angeborener Herzfehler ließ sein Herz bis zu einer Operation nur bei ca. 75 Prozent seiner Kapazität arbeiten. Vor seinem ersten *Navy Seals*-Training wurde ihm von den Referenten des Militärs gesagt, er sei 40 Kilogramm zu schwer. Diese verlor er innerhalb der folgenden drei Monate.

Goggins selbst schreibt diese Leistungen seiner mentalen Stärke zu. Seinen Selbstgesprächen. Sie sind eine stille Erinnerung daran, warum er damit angefangen hat, wofür er so hart arbeitet und trainiert. Ein Mantra, um während der schwierigsten Herausforderungen ruhig zu bleiben. Ein mentaler Rettungsanker, wenn das Gewässer mal wieder zu unruhig wird. Goggins begann sich zu sagen, er sei der härteste, stärkste und entschlossenste Mensch der Welt. Aus dieser Vorstellung wurde Stück für Stück Realität.

23. JULI

»Den echten Kanuten juckt jede Pfütze.«

BIRGIT FISCHER

> Die Kanutin ist die erfolgreichste deutsche und weltweit die zweiterfolgreichste Olympionikin der Geschichte. In der Bootsklasse Kajak gewann sie insgesamt acht olympische Gold- und vier Silbermedaillen.

Ein Gedankenexperiment: Deutschland ist Kanunation und Kajak ist König. Die Gewässer, die Flüsse und Seen im Land sind jeden Tag voll – jeder will aufs Boot, die Nachfrage übersteigt das Angebot bei Weitem. Die Deutschen eifern einer legendären Sportlerin nach, die alles überstrahlt: Birgit Fischer. Vertreter von Randsportarten wie Fußball oder Tennis träumen von der medialen Macht und den finanziellen Möglichkeiten im Kanurennsport.

Zugegeben, eine absurde Vorstellung. Die Kräfteverhältnisse im deutschen Sport sind bekanntlich andere. Fußball ist der einflussreiche Platzhirsch. Daneben gibt es ein paar beliebte Individual- und Teamsportarten. Viele sogenannte Randsportarten streiten sich indessen um die finanziellen und medialen Krümel, die die Großen hinterlassen. Nicht einmal internationale Sportlegenden wie Birgit Fischer schafften es, während ihrer Karriere finanzielle Unabhängigkeit in diesen Sportarten zu erreichen. Dabei sind Athleten wie sie kein bisschen weniger professionell als erfolgreiche Fußball-, Tennis- oder Golfprofis.

Für sie wird die reine unverfälschte Liebe zum Sport, die laut Definition den Amateursportler auszeichnet, zur entscheidenden Triebfeder. Von der Leidenschaft für den eigenen Sport allein können diese Sportler zwar nicht leben, aber langfristig befriedigend ist sie dennoch. Also, ab nach draußen – die Pfützen warten.

24. JULI

»People may hear your words, but they feel your attitude.«

JOHN C. MAXWELL

> Der US-amerikanische Pastor, Redner und Autor hat sich auf das Thema *Leadership* spezialisiert. Seine Bücher verkauften sich weltweit millionenfach.

So, wir gehen jetzt da raus und hauen sie weg.« So etwas in der Art wird jedes Wochenende überall im deutschsprachigen Raum in Tausenden Sportumkleiden gerufen. Doch ob es tatsächlich in den Köpfen der Mitspieler ankommt, hängt entscheidend davon ab, wie sehr man selbst daran glaubt. Das gilt auf individueller Ebene und erst recht im Mannschaftskollektiv.

Gleichzeitig in einem Team und befreundet zu sein, ist erstrebenswert. Für den Erfolg ist jedoch die Entschlossenheit der gesamten Mannschaft wichtiger, der Glaube an den gemeinsamen Sieg. Wenn wirklich jedes Teammitglied – ob Führungs- oder Auswechselspieler – mit jeder Körperfaser an den Erfolg glaubt, setzt das Kräfte frei, die kaum zu stoppen sind.

25. JULI

»There is no better than adversity. Every defeat, every heartbreak, every loss, contains its own seed, its own lesson on how to improve your performance the next time.«

MALCOLM X

> Der US-amerikanische Bürgerrechtler, Aktivist und Anführer der Freiheitsbewegung der 1950er- und 1960er-Jahre wurde als Malcolm Little geboren.

Ein revolutionärer Vorschlag für den Umgang mit deinem nächsten Rückschlag: Statt mit dem Schicksal zu hadern und in deinem Kummer zu baden, freu dich darüber, was dir passiert ist. Freuen? Ja, freu dich! Es gibt keinen besseren Lehrer im Leben als harte Rückschläge. Nichts im Leben bringt dir so viel persönliches Wachstum wie Niederlagen. Je größer der Rückschlag, desto stärker kannst du zurückkommen. Dieser Kurs aus der Persönlichkeitsschule ist genau auf dich zugeschnitten. Noch dazu kostenlos und frei Haus geliefert. Mit einem Gruß von deinem eigenen Leben. Eigentlich super, oder?

Na gut, die praktische Umsetzung ist leichter als das theoretische Verständnis. Aber fast jeder, der in seiner Karriere oder im Leben schon mal eine schwierige Phase durchlaufen hat, weiß: Viele Krisen stellen sich im Nachhinein als Glücksfälle heraus. Widrige Umstände tragen großes Potenzial in sich. Vergiss das nicht!

26. JULI

»Ich habe mich nie an den Beckenrand gestellt und gehofft: Bitte lass mich reich und berühmt werden! Mein Fokus lag immer nur auf dem Schwimmen. Das Drumherum ist damals einfach passiert.«

FRANZISKA VAN ALMSICK

> Bis heute gilt sie als eine der erfolgreichsten deutschen Schwimmerinnen überhaupt. Franziska van Almsick gewann mit 14 Jahren bei Olympia 1992 ihre ersten Olympiamedaillen. Damals war sie der erste Sportstar des wiedervereinten Deutschlands.

Weltranglistenplatz 15 mit 13 Jahren, zweifache olympische Silbermedaillengewinnerin 1992, ein Jahr später. Am 26. Juli 1992 gewann sie über 100 Meter Freistil die erste ihrer zehn Olympiamedaillen. Nach einem märchenhaften Eintauchen in die ganz große Schwimmwelt wurde die junge Franziska van Almsick fast über Nacht zum sportlichen Gesicht der Wiedervereinigung. Plötzlich wurde sie zum allseits beliebten Superstar des vereinten Deutschlands. Bald ging es nicht mehr nur um das Schwimmen.

Reichtum, Glanz und Glamour sind Begleiterscheinungen, wenn Athleten der ganz große Wurf gelingt. Die Superstars der Sportwelt stehen mit einem funkelnden Lebensstil im öffentlichen Rampenlicht. Und doch wissen die langfristig erfolgreichen Sportler, dass es sich dabei eben nur um Nebeneffekte handelt. Ihr Fokus liegt nie auf dem Bankkonto. Sie wissen, dass sich das von ganz allein füllt, wenn sie sich um ihre Sache kümmern. Oft interessiert es sie sogar nicht. Tagtäglich, Schritt für Schritt, (Schwimm)zug um (Schwimm)zug geht es nur um die Leidenschaft für den Sport. Letztendlich ist das der wahre Erfolg: Jeden Tag tun zu können, was einen begeistert.

27. JULI

»Above all, be the heroine of your life and not the victim.«

NORA EPHRON

> Die US-amerikanische Journalistin, Autorin und Filmemacherin war in der Kategorie *Bestes Drehbuch* dreimal für den Oscar nominiert.

Im Sport gibt es viele Opferrollen zu verteilen. Zum einen die kleinen Nebenrollen, von bösen Zungen auch einfach Ausreden genannt, in die Opfer gerne schlüpfen. Sportler sagen dann Sätze wie:
- Das Wetter hat mir nicht in die Karten gespielt.
- Der Schiri hat nur für die anderen gepfiffen.
- Der Trainer hat mich zu früh ausgewechselt.
- Ich habe einfach noch nicht die Sicherheit mit dem neuen Schläger/Material/Schuh …

Zum anderen wären da noch die großen Hauptrollen als Opfer, die man als Sportler mit Haut und Haaren – nicht selten ein ganzes Leben lang – spielen kann. Von der schweren Kindheit/Jugend, den ungerechten Voraussetzungen in Bezug auf Finanzen, Training und Rahmenbedingungen bis hin zu Diskriminierung wegen Hautfarbe, Geschlecht und sexueller Orientierung ist alles vorhanden.

Wer seine Opferrolle überzeugend spielt, bekommt viel Mitleid und Trost von außen. Doch du hast auch mit starken Nebenwirkungen zu rechnen. Nimmst du die Opferrolle an, so sehr sie dir auch objektiv zustehen mag, gibst du damit auch viel Kontrolle ab. Freiheit und Unabhängigkeit sind auf diese Weise weder als Mensch noch als Athlet möglich.

Um nachhaltiges Glück in deinem persönlichen Sportlerleben zu erreichen, musst du dein eigener Regisseur werden und alles annehmen – das Gute und das Schlechte. Übernimm die komplette Verantwortung für dein Leben und überlasse die Opferrollen künftig den anderen.

28. JULI

»I am the greatest, I said that even before I knew I was.«

MUHAMMAD ALI

> Außerhalb des Boxrings war Ali auch als Musiker erfolgreich und wurde zweimal für den Grammy nominiert. Des Weiteren veröffentlichte er zwei Autobiografien und arbeitete als Schauspieler. 1984 erklärte er öffentlich, an dem Parkinson-Syndrom zu leiden. Muhammad Ali starb am 3. Juni 2016.

Deutsche Tugenden sind in der Sportwelt gefürchtet. In Mannschaftssportarten spielt niemand gerne gegen die Deutschen, wegen ihrer Disziplin, ihrem eisernen Willen und ihrem Teamgeist. Im Fußball galt das schon in den dunklen Anfängen. Heutzutage kommen technische und taktische Finessen hinzu und ihr Ruf eilt ihnen erst recht voraus.

Ein magisches Dreieck aus harter Arbeit, beeindruckendem Können und unprätentiöser Bescheidenheit symbolisiert das Ideal des deutschen Mustersportlers. Zu sehr zur Schau gestelltes Selbstvertrauen und markige Sprüche à la Muhammad »The Greatest« Ali kommen dagegen in Deutschland meist weniger gut an.

Als Athlet – unabhängig von Leistungsklasse, Alter und Geschlecht – solltest du, sobald es um dein selbstbewusstes Auftreten geht, aber nicht sprichwörtlich »das Kind mit dem Badewasser ausschütten«. Ein starker Glaube an deine Fähigkeiten muss sich nicht zwangsläufig in extrovertierten Handlungen oder Sprüchen ausdrücken. Ein positiver Effekt stellt sich auch dann ein, wenn du dir immer wieder im Stillen ein selbstbewusstes Mantra vorsagst oder deinen Wunschzustand visualisierst.

Der Glaube versetzt bekanntlich Berge. Diese biblische Weisheit hat sich auch in zahlreichen Studien verschiedenster Wissenschaftsdisziplinen bewahrheitet. So konnte beispielsweise nachgewiesen werden, dass Amateurgolfer häufiger einen Putt einlochen, wenn sie davon überzeugt waren, mit einem Schläger eines Profigolfers zu spielen, als wenn ihnen gesagt wurde, es handle sich um einen gewöhnlichen Schläger.

Der Clou: Beide Testgruppen spielten mit demselben Schläger, einem ganz gewöhnlichen. Den Unterschied machte also lediglich die Überzeugung, der Schläger eines Profis übertrage magischerweise auch dessen Fähigkeiten. Doch ist wirklich Magie im Spiel? Liegt der Erfolg nicht vielmehr in dem wohl stärksten Hilfsmittel eines jeden Athleten, seinem Geist? Der Fähigkeit, an das zu glauben, was noch nicht ist? Du bist vielleicht noch nicht dort, wo du sein möchtest. Aber um physisch dorthin zu gelangen, musst du mental schon lange dort sein. Dazu brauchst du nicht laut herauszuposaunen, dass du der oder die Größte bist. Es reicht, wenn du es denkst.

ÜBER DEN TELLERRAND

29. JULI

An diesem Tag im Jahr 1948 begannen die Stoke Mandeville Games, der direkte Vorläufer der Paralympischen Spiele.

»Das Ziel ist es, gelähmte Männer und Frauen aus allen Teilen der Welt in einer internationalen Sportbewegung zu vereinen und durch den Geist wahrer Sportlichkeit Tausenden von gelähmten Menschen Hoffnung und Inspiration zu geben.«

S<small>IR</small> L<small>UDWIG</small> G<small>UTTMANN</small>

> Der ehemalige deutsche Neurologe und Neurochirurg musste in der Zeit des Nationalsozialismus wegen seines jüdischen Glaubens nach England auswandern. Aufgrund seiner Verdienste bei der Behandlung von Querschnittsgelähmten wurde er 1966 von der Queen zum Ritter geschlagen.

Anlässlich der Olympischen und Paralympischen Spiele wurde im Juni 2012 in London eine lebensgroße Bronzestatue von Dr. Guttmann enthüllt. Eigentlich sollten alle Länder, in denen es organisierten Behindertensport gibt, dem englischen Beispiel folgen. Denn ohne den deutsch-englischen Arzt und Visionär gäbe es weder den Behindertensport noch die Paralympischen Spiele in der heutigen Form.

Parallel zur Eröffnung der Olympischen Spiele 1948 in London veranstaltete Dr. Guttmann die sogenannten *Stoke Mandeville Games*. Männer und Frauen mit Rückenmarksverletzungen waren die ersten Teilnehmer. Dieser Event ist der direkte Vorläufer der Paralympischen Spiele, die 1960 in Rom zum ersten Mal stattfanden. Ein Jahr später gründete »Sir Ludwig« den britischen Behindertensportverband.

Heute, über 70 Jahre später, sind die Paralympischen Spiele eine der wichtigsten, größten und emotionalsten Sportveranstaltungen weltweit. Ob du selbst ein körperliches Handicap hast oder nicht: Die paralympischen Athleten und ihre individuellen Geschichten sind für Sportler und Nichtsportler eine nie versiegende Inspirationsquelle.

30. JULI

An diesem Tag im Jahr 1947 wurde Arnold Schwarzenegger geboren.

»Don't listen to the naysayers.«

ARNOLD SCHWARZENEGGER

> Bevor er zur Politik kam und schließlich Gouverneur von Kalifornien wurde, gewann der aus Österreich stammende Schwarzenegger siebenmal den Mister Olympia, die höchste Auszeichnung im Bodybuilding. Zudem spielte er in zahlreichen Hollywoodverfilmungen, unter anderem in der Terminator-Reihe.

Diese Empfehlung von Arnold Schwarzenegger ist Teil seiner selbst gewählten *Six Rules of Success*, nach denen der ehemalige kalifornische Gouverneur sein Leben lebt. Die weiteren fünf Handlungsanweisungen lauten »Vertraue dir selbst«, »Breche die Regeln«, »Habe keine Angst zu scheitern«, »Arbeite sehr hart« und »Gib etwas zurück«.

In der Welt eines Sportlers treten Neinsager in verschiedenen Formen in Erscheinung. Etwa als Trainingspartner oder »Freunde«, die gar nicht wollen, dass du dich weiterentwickelst. Sie möchten vermeiden, dass du mehr erreichst als sie. Dann gibt es »Experten« – oft aus deinem engsten Umfeld –, denen deine großen Ziele nicht geheuer sind. Schließlich gibt es noch diejenigen, die wie die Geier auf jeden Fehler von dir warten. Ihre anscheinend größte Freude ist es, sagen zu können, sie hätten ja schon immer gewusst, dass XYZ ein Fehler war.

Lass dich von diesen negativen Menschen nicht von deinem Weg abbringen. Denke nur einmal an die erstaunliche Karriere von Arnold Schwarzenegger. Auf seinem Lebensweg gab es sehr viele Menschen, die ihm gesagt haben, es sei unmöglich, »mit Bodybuilding sein Geld zu verdienen«, »es als Österreicher in den USA zu schaffen«, »mit diesem Akzent Hollywood-Schauspieler zu werden«, »ein Politiker zu werden, den man ernst nimmt«. Beachte die *Six Rules of Success* und höre nicht auf Neider und Besserwisser.

31. JULI

An diesem Tag im Jahr 1928 gewann Betty Robinson bei den Olympischen Spielen die Goldmedaille im 100-Meter-Lauf.

»You should never view your challenges as a disadvantage. Instead, it's important for you to understand that your experience facing and overcoming adversity is actually one of your biggest advantages.«

MICHELLE OBAMA

> Die US-amerikanische Rechtsanwältin ist als Ehefrau des 44. US-Präsidenten Barack Obama bekannt und war von 2009 bis 2017 die First Lady der USA.

Als am heutigen Tag 1928 zum ersten Mal Frauen bei Olympischen Spielen in der Leichtathletik an den Start gehen durften, hieß die erste Gewinnerin einer Goldmedaille im Sprint über 100 Meter Elizabeth »Betty« Robinson. So ging sie in die Geschichtsbücher ein und stand vor einer großen sportlichen Karriere, denn bei ihrem großen Triumph war sie erst 16 Jahre alt. Doch es kam anders.

Im Jahr 1931, kurz nachdem sie ihre persönliche Bestzeit über 200 Meter aufstellte, stürzte ihr Flugzeug ab. Dabei wurde sie so schwer verletzt, dass man sie für tot hielt und zum Leichenbestatter brachte. Erst dort stellte sich heraus, dass sie noch lebt. Es folgten sieben Monate Koma. Danach war sie auf einen Rollstuhl angewiesen.

Erst zwei Jahre später konnte sie wieder normal gehen. Doch Betty Robinson ließ sich nicht vom Schicksal unterkriegen. Zwar erholte sie sich nie mehr komplett von ihren Verletzungen und konnte zum Beispiel nicht mehr in die kniende Sprint-Startposition gehen, doch das hielt sie nicht davon ab, weiterhin als Athletin erfolgreich zu sein. Sie nahm nun an Staffelläufen teil und gewann 1936 bei den Olympischen Spielen in Berlin mit der US-Staffel Silber über 200 Meter. Betty Robinsons Beispiel zeigt, dass wir Schicksalsschläge überwinden können. Selbst Totgeglaubte können wieder auferstehen und große sportliche Erfolge feiern.

AUGUST

1. AUGUST

An diesem Tag im Jahr 1976 hatte Formel-1-Fahrer Niki Lauda seinen schweren Unfall auf dem Nürburgring. 42 Tage später war er beim Großen Preis von Italien in Monza wieder zurück im Renngeschehen. Ein Wunder, das niemand für möglich gehalten hätte!

»There is nothing as sweet as a comeback, when you are down and out, about to lose, and out of time.«

ANNE LAMOTT

> Ist eine bekannte US-amerikanische Sachbuchautorin.

Wir alle lieben doch Geschichten vom Phoenix aus der Asche. Ein Held, in unserem Fall ein Sportler, zieht sich mit letzter Kraft aus dem eigenen Sumpf und kämpft sich Stück für Stück zurück an die Spitze. Am Ende überrascht er alle – Zuschauer, Kritiker und Freunde –, am meisten aber sich selbst. Ein Team scheint nach ein paar Spieltagen als sicherer Absteiger festzustehen. Dann biegt die Mannschaft ein aussichtsloses Spiel irgendwie um und arbeitet sich in der Tabelle Rang um Rang nach vorne. Tausende Filme und Bücher funktionieren nach diesem Schema. Sie sind komplett vorhersehbar und erwärmen trotzdem unser Sportlerherz.

Doch wir sollten nicht vergessen, dass diese Geschichten in der Sportwelt tatsächlich täglich geschehen. Manchmal brennen sie sich als Wunder, Sensation oder Comeback des Jahres ins kollektive Gedächtnis ein. Solange noch Spielzeit übrig ist und noch Punkte zu vergeben sind, besteht Hoffnung – für dich, deine Mannschaft, deinen Verein. Aufgeben ist keine Option, wenn man noch zum Helden werden kann.

2. AUGUST

»Ich bemühe mich nur sehr darum, mich zu konzentrieren und meine Emotionen zu unterdrücken, wenn ich auf dem Golfplatz stehe.«

ANNIKA SÖRENSTAM

> Die Schwedin gilt als eine der besten Golferinnen aller Zeiten. Sie gewann bis zu ihrem Rückzug aus dem professionellen Golfsport im Jahr 2008 insgesamt 90 internationale Turniere und damit mehr als jede andere Spielerin der Geschichte.

Die meisten Zuschauer lieben Sportler, die im Wettkampf Emotionen zeigen. Das große innere Drama eines Athleten hautnah mitzubekommen, ist faszinierend, sympathisch und beruhigend zugleich. Beruhigend, weil man des Öfteren auf der Tribüne oder vor dem Fernseher erleichtert feststellt: Dieser Athlet hat ja die gleichen Probleme, den gleichen Selbsthass, die gleiche Wut oder Verzweiflung wie ich, wenn es schlecht läuft. Diese Sportler werden dann als menschlicher eingestuft, während andere Athleten eher unnahbar wirken und ihr Programm »wie eine Maschine« herunterspulen.

Wie Annika Sörenstam sagt, bedeutet nur wenige Emotionen zu zeigen aber nicht, keine zu haben. Im Gegenteil. Es ist ein Zeichen von Intelligenz, Selbstliebe und Selbstbeherrschung. Emotionen – besonders die negativen – auszuleben, kostet eine Menge Kraft. Überleg dir gut, ob du es dir leisten kannst, deine kostbare Energie dafür einzusetzen. Lass es bei deinem nächsten Wettkampf auf einen Versuch in der Kunst der Selbstbeherrschung ankommen.

3. AUGUST

»Für innere Größe gibt es kein Maß.«

Klaus Ender,
deutscher Fotograf und Buchautor

> Der folgende Text ist ein Gastbeitrag von Mathias Mester, paralympischer Athlet in der Startklasse F41 (Kleinwuchs). Bei den Paralympics 2008 in Peking gewann er Silber im Kugelstoßen, 2006 wurde er erstmals Weltmeister. Darüber hinaus wurde Mester viermal Weltmeister im Speerwurf, erhielt 2007 die Auszeichnung zum Behindertensportler des Jahres und 2008 mit dem Silbernen Lorbeerblatt die höchste sportliche Auszeichnung Deutschlands. Weitere Infos unter www.mathiasmester.de.

Für uns Athleten sind die Paralympischen Spiele von ganz besonderer Bedeutung. In einer Welt, in der Inklusion noch zu oft eine leere Worthülse ist, sind sie für uns ein wahrgewordener Traum. Während der Spiele stehen wir im Mittelpunkt, können auf uns aufmerksam machen und werden von einer breiten Öffentlichkeit gesehen und wahrgenommen.

Die gemeinsame Teilnahme an den Paralympics ist wichtiger, als eine Medaille zu gewinnen. Alle vier Jahre messen wir uns mit Sportlern aus der ganzen Welt auf Augenhöhe – eine außergewöhnliche, berührende und schöne Zeit. Die teilnehmenden Sportler verbindet mehr als sie trennt. Jeder von uns hat eine besondere persönliche Geschichte.

Das gemeinsame Gruppentraining von paralympischen und olympischen Sportlern hat mich gerade zu Beginn meiner Karriere sehr geprägt. Beide Gruppen lernen so viel voneinander. Es ist untereinander eine Selbstverständlichkeit, eine Lockerheit zu spüren, wie man sie sonst in der Gesellschaft im Umgang zwischen Menschen mit und ohne Handicap leider noch nicht oft findet. Unter uns Sportlern geht es nur um den

GASTBEITRAG

Sport, unsere jeweiligen Ziele. Wie du aussiehst oder welche körperlichen Voraussetzungen du mitbringst, spielt keine Rolle.

Ich habe selbst gelernt und am eigenen Leib gespürt, wie sich auf diese Weise Grenzen auflösen. Die Gemeinschaft und der Fokus auf das sportliche Ziel nehmen den Behinderungen ihre Bedeutung. Das passiert ganz automatisch und erfordert kein politisches Zehn-Punkte-Programm. Sport bringt uns alle näher zusammen. Sport ist gelebte Inklusion, ohne dass jemand das Wort extra erwähnen müsste.

4. AUGUST

»If your whole life was about building up to one race, one performance or one event how does that sustain everything that comes afterwards? Eventually, for me at least, there was one question that hit me like a ton of bricks: who was I outside of the swimming pool?«

MICHAEL PHELPS

> Gilt als der beste Schwimmer und als einer der erfolgreichsten Sportler aller Zeiten. Nach dem Ende seiner aktiven Laufbahn gab er zu, jahrelang unter schweren Depressionen gelitten zu haben, die ihn nach den Olympischen Spielen 2012 in London an den Rand eines möglichen Selbstmords brachten.

Erfolgreiche Sportler sind vor, während und – das wird oft vergessen – auch lange nach ihrem entscheidenden Auftritt enormen mentalen Belastungen ausgesetzt.

Denn auch eine Goldmedaille kann im wahrsten Sinn sehr schwer wiegen und zur mentalen Last für Athleten werden. Ein Lebensziel, das dem Athleten zuvor Halt und Orientierung gab wurde erreicht. Und nun?

Wie kommt man als Athlet mit dem Alltag klar, nachdem das Scheinwerferlicht erloschen ist? Die Zukunft ist plötzlich unsicher und wirkt ohne Ziele ganz verschwommen. Die Öffentlichkeit will strahlende Helden sehen. Das Leben nach der Karriere interessiert meist nur dann, wenn sich ein Sportler einen Ausrutscher leistet und Material für die Regenbogenpresse liefert. Aus dem ehemaligen Betreuerstab fühlt sich niemand für die Karriere nach der Karriere zuständig. Die nächste Sportlergeneration braucht den sportlichen Rat und die volle Aufmerksamkeit.

Alles auf eine Karte zu setzen, kann sehr erfolgreich machen. Aber eine Goldmedaille hilft nicht gegen Leere, Traurigkeit und Ziellosigkeit. Es ist wichtig, die Frage »Was mache ich, wenn ich mein Ziel erreicht habe, was mache ich nach meiner sportlichen Laufbahn?« schon vor dem Ende der ersten Karriere beantworten zu können.

5. AUGUST

»When you walk through a storm
[...]
Walk on, walk on
With hope in your heart
And you'll never walk alone.
You'll never walk alone.«

OSCAR HAMMERSTEIN II

> Der Song *You'll never walk alone* von Richard Rodgers (Musik) und Oscar Hammerstein II (Text) wurde ursprünglich für das Musical *Carousel* komponiert, ist aber weltweit eher als Fußballhymne des FC Liverpool und vieler anderer Vereine bekannt.

You'll never walk alone – lass dich von dieser Botschaft auf deinem Lebensweg immer begleiten. Als Sportler bist du niemals ganz allein. Denke nicht nur an deine Familie, Freunde, dein gesamtes Umfeld. Denke auch an alle Sportler der Vergangenheit, Gegenwart und Zukunft, die vor den gleichen Herausforderungen standen wie du oder diese noch vor sich haben.

Frust, Traurigkeit, Nervosität, Niedergeschlagenheit und Angst sind im Sport der Preis dafür, dass auf der anderen Seite Glück, Euphorie, Selbstbewusstsein, Freude und Spaß auf dich warten. Athleten auf der ganzen Welt sind durch ein unsichtbares Band verbunden. Du bist Teil davon und niemals allein. You'll never walk alone.

6. AUGUST

Heute ist der Unabhängigkeitstag Jamaikas. Hier endete die britische Kolonialzeit in der Karibik im Jahr 1962.

»Das war die absurdeste und lächerlichste Idee aller Zeiten. Ich erinnere mich nur daran, dass ich dachte: Niemand kann mich dazu bringen, in so einem Gefährt mitzufahren.«

DEVON HARRIS

> Ist ein Mitglied des jamaikanischen Viererbobteams, das bei den Olympischen Winterspielen 1988 in Calgary teilnahm. Die Geschichte wurde später verfilmt – *Cool Runnings* kam 1993 in die Kinos.

Es gibt den Spruch »Schlechte Entscheidungen ergeben gute Geschichten«. Manchmal ergeben verwegene Entscheidungen noch viel bessere Geschichten. So auch beim jamaikanischen Bobteam. Vier Männer aus dem tropischen Jamaika rasten bei den Olympischen Winterspielen 1988 in einem Viererbob durch den Eiskanal im frostigen Calgary. Wer auf eine solche Idee kommt, hat entweder viel zu tief ins Glas geschaut oder hört auf den Namen George Fitch.

Fitch, zu jener Zeit Mitarbeiter der US-amerikanischen Botschaft in Kingston, wusste um die Sportbegeisterung und das athletische Talent der Jamaikaner. Jamaika ist schließlich das Land der Sprinter, und beim Start eines Bobrennens wird gesprintet. Was - so die Idee von Fitch - konnte so schwer daran sein, den Bob danach ins Ziel zu fahren?

So kam es schließlich zum olympischen Debüt von Zitatgeber Devon Harris und seinen drei unerschrockenen Teamkameraden. Die Premiere endete zwar mit einem Crash im finalen Durchgang, war aber gleichzeitig der Start des jamaikanischen Bobsports. Viele weitere Olympiateilnahmen und mehrere jamaikanische Bobmannschaften später lässt sich sagen, dass Sport tatsächlich Berge versetzt. Oder zumindest Menschen aus der Karibik zu olympischen Bobfahrern machen kann.

7. AUGUST

An diesem Tag im Jahr 1992 wurde Heike Henkel Olympiasiegerin.

»Nicht jeder ist ein Überflieger, aber jeder kann das Beste aus sich herausholen. Aber mit realistischen Zielen kann man dem Erfolg näherkommen, man muss nur herausfinden, was man benötigt, um ein Ziel gegen Widerstände, Rückschläge und Routine fest im Auge zu behalten.«

Heike Henkel

> Als Hochspringerin wurde die Deutsche Europameisterin, Weltmeisterin und Olympiasiegerin. Im Jahr 2000 beendete sie ihre Karriere als Sportlerin. Heute hält sie Vorträge zu den Themen Motivation, Erfolg und Misserfolg.

Im Jahr 1980 übersprang Heike Henkel 1,84 Meter und gewann so mit 16 Jahren ihren ersten deutschen Jugendmeistertitel. Bei den deutschen Hallenmeisterschaften 1992 überwand Heike Henkel eine Höhe von 2,07 Metern und stellte damit einen neuen Hallenweltrekord auf. Im gleichen Jahr gewann sie die Goldmedaille bei den Olympischen Spielen in Barcelona.

Zwischen beiden Sprüngen liegen 12 Jahre, 23 Zentimeter (im Hochsprung eine Welt), unzählige Trainingseinheiten, technische Anpassungen und viele Wettkämpfe. Beim ersten Sprung war Heike Henkel deutsche Spitze, beim zweiten Sprung war sie Weltspitze.

Heike Henkel wurde weder als Olympiasiegerin geboren noch als erfolgreiche Unternehmerin oder Geschäftsfrau. Es gibt keine Abkürzung zum Gipfel – du musst den ganzen Weg gehen. Schritt für Schritt wirst du besser in dem was du machst. Manche Menschen würden sich das gerne ersparen. Für alle anderen ist es eine gute Nachricht. Für exzellente Leistungen ist meist kein überdurchschnittliches Talent nötig. Es genügt, lange Zeit in die richtige Richtung zu gehen.

8. AUGUST

An diesem Tag im Jahr 1950 durchschwamm Florence Chadwick den Ärmelkanal.

»The real difference between men is energy. A strong will, a settled purpose, an invincible determination, can accomplish almost anything; and in this lies the distinction between great mean and little men.«

THOMAS FULLER

> Der englische Kirchenmann und Historiker ist bis heute ein bekannter Schriftsteller. Er zählte zu den ersten Autoren, die vom Schreiben leben konnten.

Von wem lässt sich Zielstrebigkeit und wilde Entschlossenheit besser abschauen als von Ausdauersportlern, die extreme Bedingungen und Distanzen nicht scheuen? Sie sind in ihrem Element, wenn es ungemütlich und rau wird. Sie halten auch dann noch durch, wenn andere längst aufgegeben haben.

Die US-amerikanische Langstreckenschwimmerin Florence Chadwick durchschwamm als erste Frau den Ärmelkanal in beiden Richtungen. Im Jahr 1970 wurde sie in die Hall of Fame der Schwimmer aufgenommen. In ihrem bewegten Leben stellte sie viele Rekorde auf und machte möglich, was zuvor unmöglich erschien. Schon früh feierte sie als Schwimmerin Erfolge. Bereits mit elf Jahren nahm sie an einem Schwimmwettbewerb im Meer teil. Der Ort ihrer lebenslangen Leidenschaft für das Schwimmen war entdeckt. Neben dem Ärmelkanal durchschwamm sie den Bosporus sowie die Dardanellen und die Straße von Gibraltar. Zeit ihres Lebens setzte sie sich immer neue Ziele, um ihnen dann beharrlich immer näher zu kommen.

Zug um Zug, Meter für Meter. Große Ziele, kleine Schritte, Geduld. Mit dieser einfachen Formel kannst du es in deiner Sportart sehr weit bringen. Manchmal sogar bis an die Ufer anderer Länder.

ENTWICKLUNG

9. AUGUST

»Bei jedem Schritt, den ich tat, wusste ich, dass mich ein junges Mädchen beobachtet um zu sehen, ob es wirklich möglich ist. Deshalb war ich sehr vorsichtig in meinen Reaktionen. Ich wusste, dass meine Mission größer war als nur ich.«

MEHRERE QUELLEN

> Dieses Zitat wird mit Corinne Diacre in Verbindung gebracht, kann jedoch nicht zweifelsfrei belegt werden. Die ehemalige französische Fußball-Nationalspielerin ist seit 2017 die Trainerin der französischen Frauennationalmannschaft.

Corinne Diacre war eine begnadete Fußballerin. Eine Zeit lang war sie mit 121 Länderspielen gleichzeitig Rekordnationalspielerin und Mannschaftskapitänin Frankreichs. Als sie wegen einer schweren Verletzung im Jahr 2007 ihre ruhmreiche Karriere als Spielerin vorzeitig beenden musste, wurde sie zunächst Trainerin von Frauenmannschaften. Einige Jahre betrat sie als Pionierin völlig neuen Boden.

Im Frühjahr 2014 erwarb Corinne Diacre die höchste Trainerlizenz im französischen Fußball und übernahm kurze Zeit später beim Zweitligisten Clermont Foot als erste Frau den Posten der Cheftrainerin einer männlichen Profimannschaft. Sie machte ihre Arbeit so gut und erfolgreich, dass sie nach der Saison 2016/17 vom Verband abgeworben wurde und den Posten als Cheftrainerin der Frauennationalmannschaft übernahm.

Corinne Diacre bewies mit ihrem Lebenslauf, dass die Zeit für eine neue Generation von hochqualifizierten Trainerinnen reif ist, denen die gleichen Türen wie Männern offenstehen sollten. Wann wird in Deutschland die erste Frau eine Männerprofimannschaft trainieren? Bleibt zu hoffen, dass dies künftig als genauso normal gelten wird wie es für Männer ist, Frauen zu trainieren. Den ersten Schritt in diese Richtung hat uns Corinne Diacre vorgemacht. Ihre Mission ist wahrhaft größer als sie selbst. Neues Denken und neue Trainerinnen braucht das Land!

10. AUGUST

An diesem Tag im Jahr 1992 verletzte sich Derek Redmond im Halbfinale des 400-Meter-Laufs.

»It doesn't matter how hard it is, but you must finish what you started.«

DEREK REDMOND

> Der ehemalige britische Sprinter war der landesweite Rekordhalter über 400 Meter und wurde als Teilnehmer an der 4-x-400-Meter-Staffel Europa- und Weltmeister.

Um Sportgeschichte zu schreiben, muss man keinen Weltrekord aufstellen oder Olympiasieger werden. Manchmal reicht es, zu beenden, was man begonnen hat. Als der britische Sprinter Derek Redmond bei den Olympischen Spielen 1992 in Barcelona zu seinem Halbfinale über 400 Meter antrat, hatte er in seiner Sportlerkarriere bereits viele Verletzungen und acht Operationen hinter sich. Vier Jahre zuvor wurde ihm in Seoul sein olympisches Debüt 90 Sekunden vor dem Start durch eine Achillessehnenverletzung verwehrt. Er konnte gar nicht erst zum Lauf antreten.

Auch das Rennen in Barcelona hielt eine böse Überraschung für ihn parat: Kurz nach dem Start zog sich Redmond einen Muskelfaserriss im hinteren Oberschenkel zu. Was dann folgte, wurde zu einem emotionalen Highlight der Olympischen Spiele 1992 und eine Vorlage für zahlreiche Imagevideos über die Kraft des Sports.

Denn statt die Bahn zu verlassen, kämpfte sich Redmond mithilfe seines herbeigeeilten Vaters völlig abgeschlagen und unter großen Schmerzen über die Ziellinie. Ein unvergesslicher und berührender Moment für 65 000 Zuschauer im Stadion und Millionen Fernsehzuschauer, die Redmond feierten als wäre er Olympiasieger geworden. Durch seine Aktion wurde er zu einem Star der Spiele und weltweit bekannt. Die Lektion? Als Athlet solltest du versuchen, zu beenden, was du angefangen hast. Manchmal belohnt dich das Leben dafür.

11. AUGUST

»One word: ›Fight‹. Anyone can do it when it feels good. When you're hurting, that's when it makes a difference, so you have to keep fighting.«

ERIN CAFARO

> Die US-amerikanische Ruderin ist Weltmeisterin in drei verschiedenen Bootsklassen und Olympiasiegerin im Achter.

Die Sonne strahlt, das gute Wetter lockt dich nach draußen. Du hast ausgezeichnet geschlafen, ein gesundes Frühstück gibt dir Energie. Keine Frage, heute wird ein wunderbarer Tag! Schnell hakst du jeden Punkt deiner To-do-Liste mit Leichtigkeit ab. Training oder Workout? Heute schaffst du locker noch eine Zusatzschicht. Wenn nur jeder Tag so einfach liefe. Soziale Medien und viele Produktivitätsgurus vermitteln uns den Eindruck, dass es tatsächlich immer so laufen sollte.

Die Realität ist eine andere: Das echte Leben ist hart. Es gibt viele nasse und kalte Tage, an denen wir gar nichts tun wollen. Aber genau dann zählt es. Bei Frohmut und Sonnenschein kann jeder seine Ziele verfolgen. Wie sieht es an allen anderen Tagen aus? Wie sehr bist du bereit, deinem Ziel, deinen Träumen näherzukommen? Wenn es einfach wäre, würde es jeder machen. Und du, was tust du, wer bist du, wenn es nicht einfach ist?

12. AUGUST

Heute ist der Tag, an dem Simone Manuel bei den Olympischen Spielen 2016 in Rio de Janeiro über 100 Meter Freistil eine Goldmedaille im Schwimmen gewann.

»I want to be an inspiration, but I would like there to be one day when it is not ›Simone, the black swimmer‹.«

Simone Manuel

> Die US-amerikanische Schwimmerin hat sich auf Freistil spezialisiert. Als erste Afro-Amerikanerin gewann sie bei den Olympischen Spielen 2016 eine Goldmedaille im Schwimmen.

Als Erster die Goldmedaille gewinnen? Aufgrund der eigenen Leistungen Ruhm, Anerkennung und Bekanntheit erreichen? Als Lohn für harte Arbeit und Training bis zum Umfallen siegen? Genau das erleben Sportler, die bei den Olympischen Spielen oder Weltmeisterschaften alle anderen hinter sich lassen. Manche Athleten wie Simone Manuel gewinnen aber nicht nur, sondern schreiben aufgrund ihrer Hautfarbe, ihrer Herkunft oder anderer Merkmale noch ein zusätzliches Kapitel Sportgeschichte. Dabei wollen viele Sportler diese Zusatzpopularität überhaupt nicht, empfinden sie eher als versteckte Diskriminierung statt als Anerkennung. Als Garanten für mehr Aufmerksamkeit, höhere Einschaltquoten und interessantere Geschichten werden ihre Errungenschaften instrumentalisiert.

Wie wäre es, wenn wir – alle zusammen – versuchen würden, auf Zusatzbezeichnungen wie »die erste schwarze Frau« zu verzichten und Sportler ausschließlich für herausragende Leistungen lobten. Eine normale Reaktion wie diese wäre wirklich inspirierend.

13. AUGUST

»Pain is weakness leaving the body.«

GEORGE ST-PIERRE

> Der ehemalige Kampfsportler aus Kanada gilt als einer der besten *Mixed Martial Arts* (MMA)-Kämpfer aller Zeiten.

Viele Sportler sind es gewohnt, Schmerzen auszuhalten. Sie stellen ein notwendiges Übel dar, sind lästige Nebenwirkungen der besseren Leistungen im nächsten Wettkampf oder auf dem Weg zur Top-Form. Die Assoziationen mit Schmerzen sind fast immer negativ. Metaphorisch gesprochen liegen sie irgendwo zwischen »aus dem letzten Loch pfeifen« und »höllischem Muskelkater« am nächsten Tag.

Der bekannte Kampfsportler George St-Pierre bietet mit diesem Zitat eine andere Interpretation von Schmerz an, die für Athleten durchaus wertvoll sein kann: Schwäche, die den Körper verlässt, ergibt einen stärkeren Sportler. Wie ist deine Definition von Schmerz? Wie ist deine Haltung dazu? Über diese Frage lohnt es sich nachzudenken.

Ein Hinweis zur Vorsicht: Wenn Schmerzen sich konsequent weigern, den Körper zu verlassen, ist das ein klares Indiz für Übertraining beziehungsweise die Vernachlässigung von Pausen. Weniger ist hier mehr.

14. AUGUST

»You cannot define a person on just one thing. You can't just forget all these wonderful and good things that a person has done because one thing didn't come off the way you thought it should come off.«

ARETHA FRANKLIN

> Die US-amerikanische Sängerin, Schauspielerin und Menschenrechtsaktivistin wird seit dem Ende der 1960er-Jahre als *Queen of Soul* bezeichnet.

Wir feiern die Stars unserer Sportarten. Wir verfassen Lobeshymnen auf sie. Wir heben sie in den Himmel. Die Superlative häufen sich – der Größte, die Beste, das Fantastischste. Dabei legen wir auch für Leistungen, Sportlichkeit, Fairness und Verhalten außerhalb der Arena Qualitätskriterien fest, denen wir selbst nicht einmal im Ansatz gewachsen wären. Dies offenbart sich zum Beispiel in Sprüchen wie:
- Jetzt hat er seinen wahren Charakter gezeigt.
- So verhält sich kein Champion.
- Als Sieger kann jeder sportlich und fair sein – auf das Verhalten in der Niederlage kommt es an.
- Nach dieser Aktion kann er kein Vorbild mehr sein.
- Peinlich, was er sich da geleistet hat.

Wir wissen vielleicht, dass Superstars auch Menschen sind, aber wir behandeln sie nicht so. Wir verzeihen ihnen weder Fehler noch Verhaltensweisen, die nicht unserem Idealbild entsprechen. Mehr Verhältnismäßigkeit und Nachsicht wären angebracht, gerade mit Blick auf das eigene Verhalten. Ein Weltklassesportler ist ein Mensch mit Fehlern und Schwächen. Genau wie wir.

15. AUGUST

Heute ist der Tag der Erholung, der hauptsächlich in den USA zelebriert wird.

»Give me six hours to chop down a tree and I will spend the first four sharpening the axe.«

ABRAHAM LINCOLN

> War von 1861 bis 1865 der 16. Präsident der Vereinigten Staaten. Der 1965 durch ein Attentat verstorbene Lincoln war der erste Präsident der Republikanischen Partei. Noch heute gilt seine Präsidentschaft als eine der bedeutendsten der US-Geschichte.

Work hard, play harder. Oder so ähnlich. Immer und immer wieder sehen wir, wie Sportler schwitzen, leiden, sich quälen. Scheinbar endlos trainierende und nie erschöpfte Athleten prägen die Sportwerbungen. Doch tatsächlich sind die ein oder zwei Stunden Training am Tag der einfache Teil der Gleichung. Schwieriger und gleichzeitig entscheidender für den Erfolg sind die restlichen 22 Stunden. Zu hartem Training gehört auch »harte« Regeneration. Das heißt: bewusste Erholung, gute Ernährung und ausreichend Schlaf.

Des Weiteren schadet es nicht, einen Blick über den Tellerrand deines Sports zu wagen. In anderen Worten, deine Axt zu schärfen. Je mehr du sie nutzt, um Bäume zu fällen, desto stumpfer wird sie. Gehst du nicht behutsam damit um, wird sie dir eher früher als später keine treuen Dienste mehr leisten können. Nur wenn du genug Zeit damit verbracht hast, dich auf deine eigentliche Aufgabe vorzubereiten, kannst du sie auf den Punkt genau ausführen.

16. AUGUST

»No hour of life is wasted that is spent in the saddle.«

Sir Winston Churchill

> Der britische Staatsmann gilt als Verteidiger der liberalen, demokratischen Werte und entschiedener Feind des Faschismus. Im Jahr 1955 trat Churchill als britischer Premierminister zurück. Er starb am 27. Januar 1965.

Winston Churchill war ein faszinierender Mensch, eine charakterstarke Führungspersönlichkeit und ein »Teufelskerl«. So weit, so bekannt. Der ehemalige britische Premierminister war aber auch ein leidenschaftlicher Fechter, Schwimmer, Boxer und Reiter. Die bekannten Zitate »No Sports« und »Sport ist Mord« werden ihm fälschlicherweise zugeschrieben. Überrascht?

Churchill als personifiziertes Aushängeschild, Vorbild und Alibi für ein Leben ohne Sport und Bewegung zu nehmen, entbehrt jeglicher Grundlage. Aber – wirst du vielleicht einwenden – steht er denn nicht auch für Hochkultur, Zigarren, Übergewicht und Gehstock? Wie passt das alles zusammen?

Sir Winston Churchill ist ein Beispiel dafür, in wie viele verschiedene Rollen du in deinem hoffentlich sehr langen Leben schlüpfen kannst. Dabei muss sich nichts gegenseitig ausschließen. Statt zwischen einem Leben als sitzfester Genussmensch mit Sinn für klassische Musik und Literatur oder einem Leben als aktiver Sportler zu wählen, kannst du alles haben. Dafür ist Churchills bewegtes Leben der beste Beweis.

17. AUGUST

»Wie viele Sorgen verliert man, wenn man sich entscheidet, nicht etwas, sondern jemand zu sein.«

Coco Chanel

> Das *Time Magazine* nahm die weltberühmte Modedesignerin und Unternehmerin aus Frankreich in die Liste der 100 einflussreichsten Personen des 20. Jahrhunderts auf.

Um was geht es wirklich im Sport? Wofür willst du als Athlet stehen? Vielleicht für etwas Zeitloses, das über Anreize wie eine persönliche Bestzeit, die Teilnahme an einem neuen Wettbewerb oder das Besiegen eines bestimmten Gegners hinausgeht? Du liebst Sport auch deshalb, weil du immer neuen persönlichen Zielen hinterherjagen kannst. Hast du eins erreicht, formen sich schon die nächsten Ziele in deinem Kopf, die von dir erreicht werden wollen. Es ist ein Rennen, das du niemals gewinnen kannst.

Haben oder Sein? Ohne Rücksicht auf Verluste den nächsten Meilenstein erreichen oder den Fokus eher auf Kameradschaft, Hilfsbereitschaft und Verlässlichkeit legen? Einen Pokal im Wohnzimmer abstauben oder mit deinen Freunden im strömenden Regen einem Ball nachjagen wie früher? Es geht um nichts, eigentlich aber um alles.

Vielleicht denkst du dir gerade, dass doch auch beides zusammen geht. Haben und Sein. Man muss sich doch nicht gleich für eins entscheiden, oder? Vielleicht hast du recht. Im Zweifel lohnt es sich aber mehr, sich auf das Sein zu konzentrieren. Das ist nachhaltiger und zusammen ist man auch weniger allein. Die meisten von uns haben vom Haben mehr als genug.

18. AUGUST

»We don't rise to the level of our expectations, we fall to the level of our training.«

Archilochus

> Der griechische Lyriker (680–645 v. Chr.) machte als einer der ersten Dichter seine eigenen Emotionen und Erfahrungen zum Gegenstand seines Schreibens.
> Anmerkung der Autoren: Das Zitat klingt im Englischen einfach besser.

Dieses Zitat sollte dich ständig begleiten, wenn du in irgendeiner Form an sportlichen Wettbewerben teilnimmst. Wenn es hart auf hart kommt, musst du dich auf eine grundsolide Basis verlassen können – körperliche und mentale Fitness, technische Fertigkeiten und taktisches Verständnis. Sie sind dein Schutzpanzer gegen unvorhersehbare Drucksituationen.

In jedem Training kannst du deinem Fundament einen Stein hinzufügen. Stück für Stück und Tag für Tag wächst es und wird stabiler, bis es schließlich richtig massiv ist und dann jedem Sturm standhält. Deine Bewegungsabläufe sollten um drei Uhr nachts genauso gut aussehen wie zu deiner normalen Trainingszeit. Deine schlechteste Verfassung von heute sollte deine Bestform früherer Zeiten sein.

Hoffnung ist für Athleten ein mieser Verbündeter. Du machst dich angreifbar, wenn du dich auf eine gute Tagesform, die Schwäche deines Gegners oder dein Glück verlässt. Ob sich nun gleich talentierte Individualisten oder Mannschaften gegenüberstehen: Am Ende gewinnt (fast) immer der, der in der Vorbereitung härter gearbeitet hat. Es gibt keinen Ersatz für Training. Abkürzungen bringen dich langfristig nirgends hin. Du brauchst Wiederholungen, Wiederholungen und noch mehr Wiederholungen.

19. AUGUST

»I am made of all the days you don't see – not just the one you do.«

JAN FRODENO

> Ist ein deutscher Triathlet. Der Olympiasieger von 2008 sowie bis dato dreimaliger Ironman-Weltmeister läuft im Training über 100 Kilometer, schwimmt 25 Kilometer und sitzt weitere 600 Kilometer auf dem Rad. Pro Woche.
> Anmerkung der Autoren: Das Zitat stammt aus einem Interview Frodenos mit einem englischsprachigen Triathlonmagazin und ist daher im Original wiedergegeben.

Auch wenn sich Triathlon in den vergangenen Jahren in Deutschland mehr und mehr zum Breitensport mausert, nimmt die Kombination aus Schwimmen, Radfahren und Laufen noch eine mediale Randposition ein. Dabei dominieren die deutschen Eisenmänner und -frauen seit Jahren die weltweite Profiszene wie in kaum einer anderen Sportart. Was sie leisten ist immens. Zum alljährlichen Höhepunkt ihrer Saison im Oktober, der Ironman-Weltmeisterschaft auf und vor Hawaii, absolvieren sie einen Triathlon der Langdistanz. 3,8 Kilometer Schwimmen, 180 Kilometer Radfahren, und 42,195 Kilometer Laufen unter tropischen Bedingungen.

Die Worte des aktuellen Streckenrekordhalters (Stand Ende 2020) sollen dabei nicht nur auf das exorbitante Trainingspensum hinweisen, das nötig ist, um überhaupt von einer solchen Leistung träumen zu dürfen. Als »normalsterbliche« Athleten wissen wir, dass wir das gar nicht leisten können. Und wahrscheinlich auch nicht wollen. Nein, dahinter steckt etwas anderes. Es ist nicht dieser eine Tag im Rampenlicht, für den sich diese Sportler tagein tagaus quälen. Es ist der tagtägliche Prozess, für den sie brennen.

ÜBER DEN TELLERRAND

20. AUGUST

An diesem Tag im Jahr 2018 wurde die Fridays-for-Future-Bewegung durch einen Schulstreik von Greta Thunberg gegründet.

»Wir können nicht in einer nachhaltigen Welt leben, solange nicht alle Geschlechter und Menschen gleichbehandelt werden.«

GRETA THUNBERG

> Diese Worte werden Greta Thunberg zugeschrieben, was jedoch nicht zweifelsfrei bestätigt werden kann. Die Schulstreiks für das Klima, die die schwedische Klimaschutzaktivistin Greta ins Leben rief, wurden unter dem Namen *Fridays for Future* zu einer internationalen Bewegung. Greta Thunberg wurde vom *Time Magazine* 2019 zur Person des Jahres gewählt und für ihre Aktivitäten mit dem alternativen Nobelpreis ausgezeichnet.

Sport ist ein Abbild der Gesellschaft. Weder im Sport noch in unserer Gesellschaft werden die Geschlechter gleichbehandelt. Wir sind bei diesem Thema zwar schon weit gekommen, aber unseren Einsatz für die Gleichbehandlung der Geschlechter sollten wir ebenso wenig einstellen, wie ein Marathonläufer nach 30 Kilometern mit dem Laufen aufhört.

In den vergangenen Jahren und Jahrzehnten ist viel passiert. Statt eines peinlichen Kaffeeservices, wie der DFB es den deutschen Fußballerinnen spendierte, als sie 1989 die Europameisterschaft gewannen, bekommen unsere Fußballnationalspielerinnen mittlerweile Prämien, die diese Bezeichnung auch verdienen. Zwar belaufen sie sich immer noch auf einen Bruchteil dessen, was die Männer für die gleiche Leistung bekommen, aber sie sind immerhin schon besser als die Stigmatisierung zur Hausfrau.

Gleiches Geld für gleiche Leistung ist nur eine von vielen Wegmarken, die wir auf dem Marathon zur Gleichberechtigung hinter uns lassen müssen. Umso wichtiger ist es, jetzt nicht anzuhalten oder langsamer zu werden. Dazu können wir alle beitragen.

21. AUGUST

An diesem Tag im Jahr 2010 startete Laura Dekker ihre Solo-Weltumsegelung.

»Sobald ich auf mein Boot steige, ändert sich etwas in mir. Dann fühle ich wirklich, was Leben ist.«

LAURA DEKKER

> Die niederländisch-deutsch-neuseeländische Seglerin ist die bis dato jüngste Person, die allein die Welt umsegelt hat. Bei der Ankunft auf der Karibikinsel St. Maarten nach insgesamt 518 Tagen auf hoher See war sie gerade einmal 16 Jahre alt. Ihrer Weltumsegelung waren gerichtliche Auseinandersetzungen vorausgegangen, die mit ihrem Alter zu tun hatten.

Manche Sportler ziehen ihre Motivation daraus, es all denen zeigen zu wollen, die nicht an sie geglaubt oder sie unterschätzt haben. Einige Athleten werden von dem Wunsch angetrieben, später als Profis sozial und vor allem finanziell aufzusteigen. Eine weitere Gruppe macht den Sport einfach, um auf andere Gedanken zu kommen, zur Ablenkung von den kleinen und großen Sorgen des Lebens oder als körperlichen Ausgleich zur geistigen Arbeit. Ob es um die Weltmeisterschaft geht oder eher darum, dem inneren Schweinehund ein Bein zu stellen, es gibt viele gute Gründe, Sport zu treiben.

Laura Dekker fällt in keine dieser Kategorien. Sie ist Seglerin aus purer Leidenschaft. Für sie gibt es keinen Plan B. Es gibt keine Alternative zu ihrer Sportart. Sie hat das große Glück, genau das gefunden zu haben, was viele andere Menschen ihr ganzes Leben suchen. Wofür es sich aufzustehen lohnt.

Japaner nennen das *Ikigai*, was man ganz grob mit »Lebenssinn« übersetzen könnte. Diese tiefe innere Zufriedenheit verleiht große Kräfte. Widerstände halten allenfalls kurzfristig auf. Wenn du dein *Ikigai* bereits gefunden hast – im Sport oder im Leben – herzlichen Glückwunsch. Wenn nicht, lohnt es sich, weiterzusuchen.

22. AUGUST

»If your compassion does not include yourself, it is incomplete.«

JACK KORNFIELD

> Ist ein international anerkannter Meditations- und Achtsamkeitslehrer sowie Experte für spirituelle Lehren des Ostens. Kornfield lebte jahrelang als buddhistischer Mönch in Thailand, Burma und Indien.

Mannschaftskapitäne sind es gewohnt, ihre Teamkameraden nach bitteren Niederlagen zu trösten und sie aufzurichten. Sie nehmen die Verantwortung auf sich, wenn es Kritik von Trainer, Umfeld oder Medien gibt. Nach außen treten sie selbst dann aufrecht und mit breiter Brust auf, wenn es ihnen eher nach Verstecken und Weinen zumute ist.

Doch auch starke Außenminister brauchen ein Ventil. Auch sie dürfen Gefühle zulassen und sich selbst verzeihen. Nur wenn man sich Zeit zur eigenen Aufarbeitung nimmt, kann man langfristig für die Mitspieler da sein. Gerade nach Niederlagen. Regelmäßige Ruhepausen und praktizierte Selbstliebe sind die beste Vorsorge gegen mentale Erschöpfung, emotionale Abgestumpftheit und Zynismus. Gerade für Sportler, die vorangehen und Verantwortung übernehmen, ist das mindestens ebenso wichtig wie das körperliche Training zusammen mit den Mannschaftskameraden.

23. AUGUST

An diesem Tag im Jahr 1978 kam Kobe Bryant zur Welt.

»If you want to be great at something, there's a choice you have to make. What I mean by that is, there are inherent sacrifices that come along with that. Family time, hanging out with friends, being a great friend, being a great son, nephew, whatever the case may be.«

KOBE BRYANT

> Der US-amerikanische Basketballer spielte von 1996 bis 2016 in der Profiliga National Basketball Association (NBA). Im Januar 2020 kam er bei einem tragischen Helikopterabsturz ums Leben.

Trainingslager der US-Teams zur Olympiavorbereitung sind für die Spieler fast schon eine Auszeit vom stressigen NBA-Alltag. Die Stimmung ist entspannt. Nicht jedoch für Kobe Bryant, wie die Geschichte seines heutigen Tags im Jahr 2012 veranschaulicht. Vor dem ersten offiziellen Training rief Kobe Bryant einen Teamphysiotherapeuten namens Rob an und fragte, ob er ihm bei einem kleinen Workout helfen könne. Rob traf sich mit Kobe in der Halle, dessen Trikot bereits schweißgetränkt war. Sie trainierten anderthalb Stunden gemeinsam. Später stand ein teaminternes Vorbereitungsspiel auf dem Programm. Wieder in der Halle, während die restlichen Stars mit dem Aufwärmen begannen, sprach Rob Kobe an. Die Unterhaltung verlief ungefähr folgendermaßen: »Hey Kobe, tolles Workout heute Morgen.« »Ja klar. War klasse, danke dir noch mal.« »Gerne. Sag mal, wann hast du aufgehört?« »Was aufgehört?« »Naja, wann bist du zurück ins Bett?« »Ach so. Ich wollte anschließend noch 800 Körbe werfen. Bin gerade eben damit fertig geworden.«

2012 musste Kobe niemandem mehr etwas beweisen. Nach fünf NBA-Meisterschaften und zahlreichen Auszeichnungen hatte er schon längst Legendenstatus erreicht. Wenn du das nächste Mal sehnsuchtsvoll die großen Superstars beneidest, sei dir sicher: Selbst bei vermeintlichen Ausnahmeathleten wie Kobe gibt es keine Geheimnisse, Glück oder sonstigen Zauber.

24. AUGUST

»Alle reden und reden. Ich laufe und gewinne einfach. Ist das nicht herrlich?«

CASTER SEMENYA

> Die südafrikanische Mittelstreckenläuferin ist mehrfache Weltmeisterin und Olympiasiegerin.

Zwei Goldmedaillen über 800 Meter bei den Olympischen Spielen 2012 in London und 2016 in Rio de Janeiro. Dreimal Gold bei Weltmeisterschaften über 800 Meter. Hinzu kommen etliche Siege bei den Afrikameisterschaften. All dies erreichte Semenya vor ihrem 27. Lebensjahr mit einer beeindruckenden Dominanz: 2009 ließ sie ihre Konkurrentinnen über zwei Sekunden hinter sich. Auf einer Strecke von nur 800 Metern muss so ein Vorsprung erst mal gelaufen werden.

Aber statt für ihre Erfolge gefeiert zu werden, kamen immer wieder Zweifel an ihnen auf. Nicht nur von missgünstigen Konkurrentinnen oder reißerischen Reportern. Sogar der Internationale Sportgerichtshof (CAS) zweifelte mehrfach an der Wahrhaftigkeit ihres weiblichen Geschlechts. Schließlich entschied die höchste Instanz der Sportwelt, dass Sportler mit angeborener Störung der Geschlechtsentwicklung nur nach einer Hormonbehandlung zur Senkung des Testosteronwerts starten dürfen. Mit anderen Worten: Der CAS zwingt Sportler wie Semenya zur Einnahme künstlicher Hormone, wenn sie ihrem Beruf, ihrer Leidenschaft weiter nachgehen möchten.

Zwar müssen rapide Leistungssteigerungen gerade heutzutage (leider) immer mit ein wenig Argwohn betrachtet werden, doch dies sind ganz neue Hürden, die es zu überwinden gilt. Und dennoch schaffte Caster Semenya es, damit fertigzuwerden, denn sie weiß: *»Ich bin ein Athlet und konzentriere mich mehr auf die Themen, die mich betreffen: trainieren, abliefern, essen, schlafen«.*

25. AUGUST

»The most we can hope for is to create the best possible conditions for success, then let go of the outcome. The ride is a lot more fun that way.«

PHIL JACKSON

> Ist ein ehemaliger Basketballspieler und -trainer. Als Coach der Chicago Bulls und der Los Angeles Lakers gewann er elf NBA-Titel, mehr als jeder andere Trainer der Geschichte. Während seiner Zeit als Trainer arbeitete Phil Jackson mit Superstars wie Michael Jordan, Kobe Bryant und Shaquille O'Neal zusammen.

Ein Athlet, der die Arena betritt, sollte im Idealfall in Bezug auf seine Vorbereitung ein absolut reines Gewissen haben. Das kann er nur bei vollem Einsatz bei jedem Training, zum Beispiel durch Pünktlichkeit, Konzentration, und Beständigkeit.

Hinzukommen sollte professionelles Verhalten außerhalb des Sports, zum Beispiel durch gute Ernährung, ausreichend Schlaf, bewusste Regeneration.

Auch auf die psychische Vorbereitung auf die bevorstehende Aufgabe kommt es an, zum Beispiel durch mentales Training, taktische Überlegungen, das Studium des Gegners und der Bedingungen vor Ort.

Diese Sicherheit, sich selbst absolut nichts vorwerfen zu können, ist vor, während und nach der Zeit im Ring, auf dem Platz, im Becken, auf der Rennstrecke oder wo auch immer du deine Top-Leistung brauchst, Gold wert. Sei ein Profi in deiner Sportart und nimm den Konjunktiv (hätte ich doch, wäre ich, das nächste Mal sollte ich …) aus deinem aktiven Wortschatz und ersetze ihn durch gute gewissenhafte Vorbereitung.

26. AUGUST

Heute im Jahr 1972 begannen die Olympischen Spiele in München.

»If you fail to prepare, you're prepared to fail.«

VERFASSER UNBEKANNT

> Einen eindeutigen Ursprung dieses Zitats gibt es nicht. Mark Spitz wird jedoch immer wieder damit in Zusammenhang gebracht. Der ehemalige US-amerikanische Weltklasseschwimmer gewann bei den Olympischen Spielen 1972 in München sieben Goldmedaillen. Alle in Weltrekordzeit.

Schwimmwettkämpfe sind einfach. Ein 25 oder 50 Meter langes Becken und es gewinnt, wer in der jeweiligen Disziplin (bei Mark Spitz waren es unter anderem 100 und 200 Meter) am schnellsten ist. Jedenfalls theoretisch. Denn in Wahrheit läuft nichts so geradlinig – weder im Sport noch im Leben. Immer wieder stellen sich uns Aufgaben und Hindernisse entgegen, die uns überraschen. Und doch ist der Schlüssel, dieses Überraschungsmoment so gering wie möglich zu halten. Denn Überraschung bedeutet Ablenkung. Und Ablenkung bewirkt eine Abkehr vom eigentlichen Plan.

Natürlich wirst du nie alle Hindernisse im Voraus berücksichtigen können. Doch je mehr Hürden du schon vor dem eigentlichen Wettkampf in Betracht ziehen und mental überwinden kannst, desto weniger werfen sie dich aus der Bahn. Planst du nicht sorgfältig genug, überlässt du bedeutende Variablen in der Erfolgsgleichung dem Zufall.

27. AUGUST

»I used to think that losing made you more hungry and determined but after my success at the Olympics and the U.S. Open, I realize that winning is the biggest motivation.«

ANDY MURRAY

> Der schottische Tennisprofi ist dreifacher *Grand Slam*-Sieger, Olympiasieger, Davis-Cup-Champion und ehemalige Nummer Eins der Weltrangliste.

Warum sieht man Andy Murray eigentlich noch in kurzen Hosen auf den Tennisplätzen der Welt? Warum spielt der zum Ritter geschlagene Schotte nach knapp zwei Jahren großer Hüftschmerzen, zwei Operationen und dem Rücktritt vom Rücktritt wieder Profitennis – mit einem künstlichen Hüftgelenk? Viele Menschen schütteln verständnislos den Kopf, wenn sie so eine Geschichte hören. Sie denken, er müsse mit seinen bisherigen Erfolgen doch zufrieden sein, glücklich darüber, viel Zeit für Familie, Freunde und Freizeit zu haben. Warum hört er nicht auf die Signale des Körpers, die erst leise, dann lauter und schließlich schreiend von ihm gefordert haben, keinen Profisport mehr zu machen.

Andy Murray geht es bei seinem Comeback weder um Geld noch darum, als prominenter Tennisstar angemessen wichtig durch die Weltgeschichte zu fliegen. Er spielt immer noch Tennis, weil er gar nicht anders kann. Andy Murray spielt nur, um zu gewinnen.

28. AUGUST

»You win a few, you lose a few. Some get rained out. But you got to dress for all of them.«

SATCHEL PAIGE

> War ein US-amerikanischer Baseballspieler. Mit 20 Jahren gab er sein Baseball-Debut in einer Negro League – einer damals schlecht bezahlten, aber qualitativ hochwertigen, segregierten Profiliga. Mit 42 erfolgte dann im Jahr 1948 sein *Major-League-Baseball-Debüt* als Pitcher, wo er bis 1965 professionell Baseball spielte.

Es gibt Tage, an denen wollen wir nicht aus dem Bett. An anderen ist das Wetter so miserabel, dass allein der Gedanke an den Schritt vor die Tür uns vor Nässe und Kälte erschaudern lässt. Und dann wären da noch die heißen Tage, an denen die restliche Welt den Nachmittag am See verbringt. Nur du schleppst dich auf den Trainingsplatz oder zum Wettkampf.

An all diesen Tagen ist es einfach, in Selbstmitleid zu baden, die Übungseinheit schon im Voraus abzuhaken und einfach nur noch mit dem Elend fertig werden zu wollen. Doch selbst oder vielleicht besonders an solchen Tagen solltest du dir das große Privileg vor Augen halten, dass du deinen Sport ausüben darfst. Viele andere wären glücklich über einen so starken und gesunden Körper wie den deinen. Ob du nun gewinnst, verlierst oder ob es einfach nur regnet. Gutes oder schlechtes Wetter, guter oder schlechter Tag, gute oder schlechte Woche – es ist alles wertvolle Lebenszeit, zu wertvoll, um nicht das Beste daraus zu machen, möglichst viel herauszuholen. Versuche es zu genießen, wenn du die Möglichkeit hast, zu spielen. Mit dieser Einstellung wird es dir wesentlich leichter fallen, schwierige in großartige Tage umzumünzen.

29. AUGUST

»Aber ich weiß: Das Richtige existiert nicht. Ich habe in meinem Leben gelernt, mein Gehirn auf die Wünsche meines Herzens auszurichten. Und nicht umgekehrt.«

ALESSANDRO ZANARDI

> Bis zu einem schweren Unfall 1999 fuhr er in 41 Formel 1. Nach einer Beinamputation wechselte er schließlich auf das Handbike, womit er 2012 und 2016 mehrere Paralympische Medaillen gewann. Nach einem weiteren schweren Unfall Mitte 2020 befindet sich Zanardi derzeit in kritischem, aber stabilem medizinischen Zustand.

Ob auf dem Platz, in der Halle oder auf der Bahn, der Unterschied zwischen Sieg und Niederlage liegt im Sport meist in Entscheidungen, die wir innerhalb von Sekundenbruchteilen treffen. Dabei leitet uns unsere Intuition. Wie anders ist es doch in unserem Leben außerhalb des Wettkampfs. Hier können wir uns oft den Luxus erlauben, tage- oder wochenlang über ein Problem und die passende Lösung nachzudenken. Wir wägen ab, stellen Pro- und Contra-Listen auf, tauschen uns mit Familie, Freunden, Beratern und sonstigen Vertrauten aus. Alles auf der Suche nach einem eindeutigen Zeichen, das uns in die richtige Richtung leitet.

Je langwieriger die Konsequenzen, desto schwerer fällt es uns, eine Entscheidung zu treffen. Auf der Suche nach dem perfekten Weg werden wir als rational denkende Menschen zu Sklaven unseres Verstands.

Der amerikanische Schauspieler und Komödiant Emo Philips stellte einmal treffend fest: »*Früher dachte ich, das Gehirn sei das schönste Organ in meinem Körper. Dann wurde mir klar, wer mir das erzählte.*« Zu oft sind wir so sehr mit unseren Gedanken beschäftigt, dass wir den Kontakt zu unserem Gefühl verlieren. In anderen Worten, nur, weil wir mit unserem Gehirn nachdenken können, heißt das noch lange nicht, dass wir mit unserem Verstand auch immer die richtigen Antworten finden.

30. AUGUST

An diesem Tag im Jahr 1930 kam Warren Buffett zur Welt. Es ist auch der Tag, an dem der Kölner Langstreckenschwimmer Ernst Vierkötter es 1926 schaffte, in 12,42 Stunden den Ärmelkanal zu durchqueren. Diese Rekordzeit hielt zwei Jahrzehnte.

»No matter how great the talent or efforts, some things just take time. You can't produce a baby in one month by getting nine women pregnant.«

WARREN BUFFETT

> Ist ein US-amerikanischer Unternehmer und Großinvestor. Seit mehreren Jahrzehnten zählt der in Omaha, Nebraska geborene Buffett zu den reichsten Menschen der Welt. Bekannt für seine persönliche Genügsamkeit spendet er als Philanthrop einen Großteil seines Vermögens.

Im Jahr 2008 wurde Warren Buffett im Alter von 78 Jahren offiziell zum reichsten Mann der Welt erklärt. Als Konsequenz jahrzehntelanger täglicher Arbeit. Der notorische Geldsammler hatte seine ersten Aktien 66 Jahre zuvor als 14-Jähriger gekauft. Mit 30 belief sich sein Vermögen auf eine Million Dollar, mit 56 wurde er zum Milliardär.

Ebenso gibt es in der Sportwelt Ausnahmekönner. Der Fußballer Lionel Messi vom FC Barcelona ist so einer. Ein Außerirdischer, der vom Himmel fiel, um uns mit seinem tänzerischen Spiel zu verzücken. Und vielleicht will es der Zufall, dass ein weiterer Außerirdischer sich dieses Buch geschnappt hat und gerade in den Händen hält. In dem Fall betrifft dich das heutige Zitat nicht. Für alle anderen gilt: Nur steter Tropfen höhlt den Stein. In anderen Worten: Auf deinem Weg zum Erfolg – in der Welt des Sports oder außerhalb – benötigst du neben Talent, Hingabe und einem guten Plan vor allem Geduld und Durchhaltevermögen.

31. AUGUST

»We are what we repeatedly do. Excellence, then, is not an act, but a habit.«

WILLIAM JAMES DURANT

> Der US-amerikanische Schriftsteller formulierte diesen Satz in Anlehnung an den griechischen Philosophen Aristoteles.

Die Ursprünge dieses Zitats gehen auf die Gedanken des altgriechischen Universalgelehrten Aristoteles zurück. Der exakte Wortlaut entstammt allerdings der Feder von Will Durant, einem Philosophen des 20. Jahrhunderts. Wie auch immer – die Kraft dieser Worte liegt in ihrer Einfachheit: Jede herausragende Leistung lässt sich auf kleine Schritte auf dem Weg zum Erfolg herunterbrechen. Die täglichen kleinen Bausteine pflastern den Weg zum Ziel.

Schon im frühen Kindesalter lernen wir, dass gesunde Zähne das Resultat täglicher Zahnpflege sind, und das Zähneputzen wird zu einer unserer ersten Gewohnheiten. Kein Hexenwerk, nur ein kontinuierlicher Einsatz von Zahnbürste und Zahnseide, den wir bis an unser Lebensende praktizieren. Diese Art von Einfachheit und Kontinuität lässt sich auf unseren Sport übertragen. Erfolgreiche Ergebnisse sind niemals das Ergebnis einer einzigen Entscheidung. Erfolg wird durch sehr viele kleine, gute Entscheidungen im Verlauf der Zeit aufgebaut. Er ist damit die langfristige Auswirkung vieler kleiner erfolgreicher Schritte. Ein fitter Körper entsteht niemals aus einer einzigen Entscheidung, sondern aus einer ganzen Serie von Entscheidungen. Oft fehlt es uns nicht an Wissen, sondern an Beständigkeit. Haben wir verinnerlicht, dass Spitzenleistungen das Resultat simpler Kontinuität sind, so halten wir den Schlüssel zu ihnen schon in der Hand.

SEPTEMBER

1. SEPTEMBER

»Life is hard. Choose your hard.«

Verfasser unbekannt

> Das heutige Zitat ist nicht eindeutig einer Quelle zuzuordnen.

Verletzungen sind hart. In der Regeneration bei Details, wie ausreichend Schlaf und der Auswahl der richtigen Lebensmittel, diszipliniert zu bleiben, ist hart. Dich auf den Sieg vorzubereiten, ist hart. Niederlagen akzeptieren zu müssen, ist hart. Dein Ego hinter das Team zu stellen, ist hart. Verbitterter Einzelkämpfer zu sein, ist hart. Übergewicht ist hart. Körperliche Fitness und Gesundheit zu erreichen auch. Im Beruflichen oder Privaten ist es nicht anders: Eine Trennung ist hart. Eine gute Beziehung zu führen allerdings ebenso.

Der griechische Schriftsteller Archilochus stellte schon über 600 Jahre v. Chr. fest: *»We don't rise to the level of our expectations, we fall to the level of our training«*. Das Ergebnis unserer Taten legen wir zum Zeitpunkt unseres Handelns fest. Jetzt oder später. Das Leben wird niemals einfach sein. Schwierigkeiten kommen immer wieder vor. Den Grad der Schwierigkeiten kannst du sehr oft wählen. Wähle mit Bedacht.

2. SEPTEMBER

»Es wächst eine Generation heran, die immerzu das Gefühl hat, sie sei nicht gut genug. Das erzeugt eine Welthaltung, die auf Selbstoptimierung geradezu ausgerichtet ist – allerdings nicht aus Lust, sondern aus Sorge, abgehängt zu werden.«

Hartmut Rosa

> Ist ein bekannter deutscher Soziologe, Zeitforscher und Politikwissenschaftler.

Jeder halbwegs ambitionierte Sportler ist gleichzeitig Selbstoptimierer. Immer am Puls der Zeit und auf der Suche nach den letzten Prozentpunkten zur Leistungssteigerung. Das ist normal und liegt in der Natur der Sache. Nicht gesund dagegen ist es, wenn Selbstoptimierung keinen Halt mehr vor allen anderen Bereichen des Lebens macht. Das ist insbesondere dann bedenklich, wenn Motive der Unsicherheit, des »nicht genug sein«, die Triebfeder sind.

Ein toller sportlicher Auftritt darf nicht zur Nebensache werden, wenn es dafür weniger *Likes* gab als erhofft. Eine gesunde professionelle Distanz zu den sozialen Medien zu behalten und authentisch zu sein, ist wesentlich wichtiger, gesünder und nachhaltiger, als durch Taktiken wie Anbiederung oder Schauspielerei täglich neue *Follower zu* erhalten.

Was macht ein anderer noch besser als ich? Der Vergleich mit anderen, so sinnvoll er in einem rein sportlichen Kontext auch sein mag, macht langfristig unglücklich, wenn er in einen nicht sportlichen Kontext verlagert wird. Wenn Äußerlichkeiten und Makellosigkeit plötzlich immer wichtiger werden, ist Vorsicht geboten. Nicht stehen zu bleiben, um sich konstant weiterzuentwickeln, ist eine feine Sache. Nicht stehen zu bleiben, um einem unrealistischen Ideal hinterherzuhecheln oder anderen gefallen zu wollen, ist dagegen gefährlich.

3. SEPTEMBER

»Whenever you find yourself on the side of the majority, it is time to pause and reflect.«

MARK TWAIN

> Wird auch als »Vater der amerikanischen Literatur« bezeichnet. Bekannt ist er durch seine Geschichten von Tom Sawyer und Huckleberry Finn. Witz und Schlagfertigkeit machten ihn schon zu Lebzeiten zu einer bekannten und beliebten Persönlichkeit.

Willst du als Sportler aus der grauen Masse herausstechen, bietet es sich an, auf die folgende Frage eine Antwort zu finden: Was kann ich – im Training, im Wettkampf, technisch oder taktisch – anders machen als meine Konkurrenz? Gibt es etwas, das niemand anders machen will oder das schlicht und einfach übersehen wird?

Die Antworten gehen je nach Anwendungsbereich, Sportart und betroffenen Protagonisten weit auseinander. Es gibt Sportler, die einfach deutlich härter trainieren als ihre Mitstreiter. Sie verschaffen sich dadurch konditionelle Vorteile. Am Beispiel des spanischen Tennisstars Rafael Nadal kann man seit vielen Jahren sehen, wie das die Gegner einschüchtert. Andere Athleten oder Coaches heben sich intellektuell von anderen ab und bringen ihre Gegner mit überlegener Taktik zur Verzweiflung. Fußball-Coach Pep Guardiola fällt in diese Kategorie.

Du kannst in deiner Sportart auch durch revolutionäre Technik dominieren. Historische Beispiele hierfür sind der *Fosbury-Flop*, benannt nach seinem Erfinder Dick Fosbury, im Hochsprung oder die V-Technik im Skisprung, auch unter dem Namen *Böklov-Schere* oder *Froschstil* bekannt. Der Skispringer fliegt dabei mit gespreizten statt wie zuvor mit parallelen Skiern. Es lohnt sich in jedem Fall, die Dinge à la Mark Twain aus der Vogelperspektive zu betrachten. Was kann deine Superpower werden, mit der du dich von deiner Konkurrenz abhebst und sie überraschst?

4. SEPTEMBER

An diesem Tag im Jahr 2016 wurde Mutter Teresa von der katholischen Kirche heiliggesprochen.

»Wir können keine großen Dinge vollbringen – nur kleine, aber die mit großer Liebe.«

MUTTER TERESA

> Die indische Missionarin und Ordensschwester wurde für ihre aufopferungsvolle Arbeit für Kranke, Arme und Sterbende bekannt. Im Jahr 1979 erhielt sie den Friedensnobelpreis und 2016 sprach die katholische Kirche sie heilig.

Du bist in einer Mannschaftssportart zu Hause?«
»Ja.« »Wunderbar. Was ist die kleinste technische Einheit deiner Sportart?«
»Wie bitte?«
»Die Frage war vielleicht etwas zu allgemein und ungenau. Was ist eine Basisbewegung in deiner Sportart, ohne die kein Spielfluss möglich ist, die für dich aber längst Routine ist?« »Ein einfacher Pass zu meinem Mitspieler.«
»Wäre ohne viele technisch-sauber ausgeführte, einfache Pässe irgendein Erfolg deiner Mannschaft in der Vergangenheit möglich gewesen?« »Nein, sicher nicht.«
»Bist du in Mannschaftsspielen öfter mal abgelenkt und in Gedanken woanders, statt im Hier und Jetzt?« »Ja, das passiert leider ständig.«
»Macht es nicht Sinn, dass du dich während eines Spiels auf die perfekte Ausführung der einfachen Dinge wie Pässe zu deinen Mitspielern konzentrierst, statt dir Gedanken über die restliche Spielzeit, den Schiedsrichter oder den Spielstand zu machen?« »Ja, sicher.«
»Danke für das Gespräch.« »Bitte.«
»Moment, wer bist du eigentlich?« »Der Mannschaftsgeist.«

5. SEPTEMBER

»Today I will do what others won't, so tomorrow I can accomplish what others can't.«

JERRY RICE

> Der US-amerikanische Football-Spieler spielte von 1985 bis 2005 in der National Football League, stellte dabei 38 Ligarekorde auf und gewann dreimal den Super Bowl.

Laut Spielergewerkschaft der amerikanischen Footballer liegt die durchschnittliche Karrierespanne eines American-Football-Spielers in der amerikanischen Profiliga bei drei Jahren. Gigantisch lang erscheinen da die 20 Jahre, die Offensivspieler Jerry Rice auf höchstem Niveau spielte. Umso beeindruckender, bedenkt man, dass es eines der Hauptziele dieser Sportart ist, den ballführenden Gegner so zu stoppen, dass er nicht mehr weiterlaufen kann. Mit vollem Körpereinsatz.

Große Ziele bedürfen großartiger Taten. Die kalten, frühen Morgenstunden, an denen du vor Tagesanbruch aufwachst und dich auf das Feld schleppst. Die Nachmittage, an denen es auf der Couch so viel gemütlicher wäre als auf dem Folterinstrument Faszienrolle, das Fitnessgurus zum Regenerationswerkzeug erklärt haben. Oder die späten Abende, an denen du dich einfach auf eine warme Dusche freust, statt noch eine Extra-Einheit im Kraftraum abzuleisten. Willst du etwas Besonderes erreichen, musst du auch bereit sein, Außergewöhnliches zu leisten.

6. SEPTEMBER

»You have to rely on your preparation. You got to really be passionate and try to prepare more than anyone else, and put yourself in a position to succeed, and when the moment comes you got to enjoy, relax, breathe and rely on your preparation so that you can perform and not be anxious or filled with doubt.«

STEVE NASH

> In seinen 18 Jahren als professioneller Basketballspieler der NBA wurde Nash achtmal ins NBA All-Star-Team gewählt und zweimal als wertvollster Spieler der NBA (MVP) ausgezeichnet.

Steve Nashs Karriere als Basketballprofi war herausragend. Der Kanadier mit beeindruckend vielen persönlichen Auszeichnungen und Titeln wusste, was nötig ist, um ganz nach oben zu kommen, auch ohne die besten körperlichen Voraussetzungen. Mit einer Körpergröße von 1,91 Meter ist Nash über zehn Zentimeter kleiner als der durchschnittliche NBA-Profi. Für einen muskelbepackten Powerspieler wäre das ja vielleicht zu verschmerzen gewesen. Doch mit knapp 80 Kilogramm lag das Leichtgewicht Nash ganze 20 Kilogramm unter dem NBA-Durchschnitt. Dazu begann er erst mit 13 Jahren Basketball zu spielen. Ein Alter, in dem viele andere Basketballtalente schon einige Trainingsjahre hinter sich haben. Nash wusste, dass er härter trainieren und sich besser vorbereiten musste als jeder andere Spieler in der Liga. So viel zum ersten Teil seines Statements.

Fast noch wichtiger ist die zweite Hälfte des Zitats. Wenn all die kräftezehrenden Stunden der Vorbereitung vorbei sind, geht es darum, abzuliefern. Nun lautet die Devise: Durchatmen, entspannen und genießen. Das Wissen, in der Vorbereitung alles getan zu haben, was in deiner Macht steht, baut dein Selbstvertrauen auf. Dieses Vertrauen bewirkt, dass du auf dem Platz ruhig und gelassen sein kannst.

7. SEPTEMBER

»I didn't want to go out because of a careless driver. I would rather try and fail than never fail at all.«

TIMOTHY DON

> Im Mai 2017 stellte der Brite beim Ironman Brasilien die Weltbestzeit auf. Folgerichtig sollte der schnellste Ironman der Welt bei der Weltmeisterschaft auf Hawaii im Oktober desselben Jahres als Top-Favorit ins Rennen gehen. Bei einer Trainingsradfahrt drei Tage zuvor erwischte ihn jedoch ein LKW so schwer, dass er sich den zweiten Halswirbel brach.

Tim Dons Genick war so kompliziert verletzt, dass sein Kopf für zweieinhalb Monate mit einem Halofixateur stabilisiert werden musste. Ein Ring aus Karbon umspannt dabei den Kopf. Zur Stabilisierung werden vier Streben im Schädelknochen verschraubt. Schlafen war dadurch für die ersten Wochen jedoch nur im Stehen möglich, kaum länger als 90 Minuten am Stück. Immerhin ermöglichte die Konstruktion ihm, die Hoffnung auf eine volle Regeneration nach seinem Unfall nicht aufzugeben.

Beim Boston Marathon war es dann soweit: Nach nur zwei Stunden und 49 Minuten überquerte er die Ziellinie – nur sechs Monate nach seinem schweren Unfall. Im Juni 2018 gewann er einen Ironman-Wettbewerb in Costa Rica.

Von Tim Don können wir heute viel für das Comeback nach schweren Verletzungen lernen:
- Gib niemals auf. Frage dich: Bietet die Alternative, solltest du tatsächlich aufgeben, eine schöne Aussicht?
- Leg deinen Fokus auf den Prozess, nicht auf das Ziel. Setze dir kleine Tagesziele, statt an den langen Weg zu denken. Am Anfang waren das für Tim Kleinigkeiten wie das Frühstück, das er für sei-

nen Sohn machte. Setze dir realistische Meilensteine, die du wirklich erreichen kannst.
- Nimm dir Zeit, deine Situation zu verarbeiten. Es ist in Ordnung, zu trauern, zu hadern und verzweifelt zu sein. Schon bald solltest du aber deine Perspektive wechseln und den Blick nach vorne richten. Was kannst du Gutes aus deiner Situation mitnehmen?
- Halte dich in schlechten Zeiten (und diese werden kommen) an den positiven Seiten fest: Warum du deinen Sport liebst. Warum es sich lohnt, wieder zurückzukommen.
- Sei anpassungsfähig. Die Regeneration verläuft nicht immer geradlinig oder bilderbuchmäßig.
- Gib jedem Tag einen Sinn. Verletzungen zeigen, wie schnell sich deine Situation grundlegend ändern kann. Gestalte die Zeit, die du hast, also sinnvoll.

8. SEPTEMBER

An diesem Tag im Jahr 2018 gewann Naomi Osaka bei den US Open ihr erstes Grand-Slam-Turnier.

»In einem perfekten Traum würde alles genauso ablaufen, wie man es sich vorstellt. Aber ich finde es interessanter, dass die Dinge im wirklichen Leben eben nicht genauso sind, wie man es vorher geplant hat.«

NAOMI OSAKA

> Die Tennisspielerin mit japanischen, haitianischen und amerikanischen Wurzeln war die erste Weltranglistenerste aus Asien (sie tritt für Japan an). Im Jahr 2020 war Osaka die weltweit bestbezahlte weibliche Athletin.

Viele Dinge kommen anders als man denkt. Wie wahr diese Aussage doch ist, erfuhr die Japanerin Naomi Osaka bei ihrem ersten *Grand Slam*-Triumph bei den US Open 2018 schmerzlich am eigenen Leib. Der Sieg gegen ihr großes Vorbild Serena Williams und die anschließende Siegerehrung wurden durch einen zuvor eskalierten Streit zwischen Williams mit dem Schiedsrichter Carlos Ramos getrübt. Williams sah sich durch seine Entscheidungen benachteiligt, verlor die Kontrolle und wurde mehrfach verwarnt. Nach dem Finale warf Williams Carlos Ramos Sexismus vor. Was eigentlich der schönste Moment in Osakas bisherigem Leben hätte sein können, wurde wegen der Auseinandersetzung ihrer Gegnerin mit dem Schiedsrichter von Tausenden Buhrufen überschattet. Die Japanerin beschrieb ihre Erfahrung anschließend als bittersüß.

Die Botschaft dieser Geschichte: Das Leben hat immer sein eigenes Drehbuch. Darauf haben wir keinen oder einen nur sehr begrenzten Einfluss. Je früher man das akzeptiert, desto gelassener wird man im Umgang mit unvorhersehbaren Wendungen. Naomi Osaka zeigte nach dem unrühmlichen Ereignis die richtige Reaktion. Wenige Monate nach den US Open gewann sie bei den Australian Open gleich ihren nächsten *Grand Slam*-Titel – dieses Mal ganz ohne Buhrufe und Störungen.

9. SEPTEMBER

»Viele haben erst durch mein Tor erkannt, dass selbst Frauen in der Lage sind, einen Ball weiter als fünf Meter zu schießen.«

BÄRBEL WOHLLEBEN

> Der Treffer der ehemaligen deutschen Fußballerin im September 1974 wurde als erster einer Frau zum »Tor des Monats« gewählt. Im gleichen Jahr gewann sie mit dem TuS Wörrstadt die erste offizielle Deutsche Meisterschaft der Frauen.

Gleichberechtigung im Sport und in unserer Gesellschaft sind auch heute – fast 50 Jahre nach dem Start der Deutschen Fußballmeisterschaft der Frauen – noch nicht selbstverständlich. Die Gleichrangigkeit im Sport hatte über Jahrzehnte oder gar Jahrhunderte einen schweren Stand. So sagte zum Beispiel Sepp Herberger, Trainer der Weltmeisterelf von 1954, dem »Wunder von Bern«: *»Fußball ist keine Sportart, die für Frauen geeignet ist, eben schon deshalb, weil er ein Kampfsport ist.«*

Sport kann als Mikrokosmos viele Veränderungen anstoßen, die sich letztendlich auf unsere Gesellschaft übertragen. Bei der Gleichberechtigung hat sich viel getan, aber am Ziel sind wir noch lange nicht.

10. SEPTEMBER

Heute ist der Welttag der Suizidprävention.

»I was 12 when I started and 34 before I achieved my dream, that should give people hope.«

KELLY HOLMES

> Die ehemalige britische Mittelstreckenläuferin gewann bei den Olympischen Spielen 2004 in Athen Gold über 800 Meter und über 1500 Meter. Bis heute hält sie zahlreiche britische Rekorde über verschiedene Mittelstreckendistanzen.

Geduld ist die am meisten unterschätzte Strategie, um Ziele zu erreichen. Das bedeutet beständig und konsequent jeden Tag Stück für Stück an seinen Träumen und Zielen zu arbeiten. Gepaart mit einem guten Plan führt Geduld fast immer zum Erfolg. Doch ohne Hindernisse kommt Erfolg selten zustande. 2003 – ein Jahr bevor sie auf dem Olymp der Leichtathletikwelt ankam – litt Holmes an so schwerer klinischer Depression, dass sie mit selbstverletzendem Verhalten begann. Für jeden Tag, den sie aufgrund einer Beinverletzung nicht trainieren konnte, fügte sie sich Schnittverletzungen mit einer Schere zu. Sie rang sogar mit Selbstmordgedanken, wie sie später öffentlich machte.

Holmes Beispiel beweist, dass Selbstzweifel und sogar weitaus schlimmere Gedanken selbst bei den Größten der Sportwelt vorkommen. Doch wie aussichtslos eine Situation auch erscheinen mag, Geduld, zusammen mit Zuversicht und Hoffnung, überdauert alles.

11. SEPTEMBER

»During my 18 years I came to bat almost 10 000 times. I struck out about 1700 times and walked maybe 1800 times. You figure a ballplayer will average about 500 at bats a season. That means I played seven years without ever hitting the ball.«

MICKEY MANTLE

> Der US-amerikanische Baseballspieler der New York Yankees (1951–1968) wurde 1974 in die Baseball Hall of Fame aufgenommen und 1999 in das MLB All-Century-Team.

Der Übergang in das Leben nach der Sportkarriere kann für Athleten mitunter schwierig sein. Die gewohnte Struktur ist weg. Training, Regeneration, Fahrten zu den Wettkämpfen, die viele Zeit mit den Teamkameraden bestimmen jetzt nicht mehr ihren Alltag. Es war eine fantastische Zeit: Nun ist es Zeit für neue Wege und Ziele.

Ob wir als Leistungssportler, olympische Athleten oder ambitionierte Freizeitsportler von der kurzen in die lange Hose wechseln: Wir dürfen nicht vergessen, wie lange wir trainieren mussten, um wirklich gut in unserem Sport zu werden. Meist haben wir bereits im Kindesalter begonnen. Selbst bei den größten Talenten erfolgt der Durchbruch erst nach vielen Jahren Training und Wettkampf. Wenn wir einen guten Sportler bei der Arbeit beobachten, sehen wir immer nur die Spitze des Eisbergs. Der größte Teil des Könnens liegt verborgen und ist für uns unsichtbar.

Wie können wir ernsthaft erwarten, dass wir im Leben außerhalb unseres Sports innerhalb viel kürzerer Zeit gute Resultate erzielen? Diese Sichtweise auf unser Leben außerhalb des Sports zu übertragen, sollte uns demütig machen. Wir brauchen Geduld und Beharrlichkeit, um erfolgreich zu werden. In der kurzen Hose ebenso wie in der langen Hose.

12. SEPTEMBER

An diesem Tag im Jahr 1913 wurde Jesse Owens geboren.

»After I came home from the 1936 Olympics with my four medals, it became increasingly apparent that everyone was going to slap me on the back, want to shake my hand or have me up to their suite. But no one was going to offer me a job.«

JESSE OWENS

> Der US-amerikanische Leichtathlet, ein Schwarzer, gewann bei den Olympischen Spielen 1936 in Berlin vor den Augen der Nationalsozialisten vier Goldmedaillen.

Wer im Sport etwas Außergewöhnliches erreicht, ist schneller *everybody's darling*, als Jesse Owens oder Usain Bolt bei einem 100-Meter-Sprint das Ziel erreichen. Doch Vorsicht: Lametta glitzert nicht mehr, wenn es auf den staubigen Boden der Alltagsrealität fällt. Die Aufmerksamkeitskarawane zieht nach kurzer Zeit weiter und lässt den Sportler mit seiner Medaille zurück. Übrig bleibt der sogenannte engste Kreis: die Familie und die wahren Freunde.

Nicht falsch verstehen: Ruhm und Aufmerksamkeit sollte man in vollen Zügen genießen – schließlich sind sie der Lohn für die harte Arbeit. Wichtig ist nur, sich bewusst zu sein, dass nichts von Dauer ist. Es macht Sinn, sich gezielt und so früh wie möglich auf das Leben außerhalb des Scheinwerferlichts vorzubereiten. Als guter Sportler auch unabhängig vom Sport gut leben zu können, ist der Idealzustand.

Optionen zu haben – Ausbildungs-, Verdienst- und Entwicklungsmöglichkeiten – macht auch für Sportler Sinn, denen der ganz große Wurf gelingt. Eine Goldmedaille bei Olympischen Spielen macht zwar in den Geschichtsbüchern unsterblich, aber nicht im Alltag außerhalb des Sports.

13. SEPTEMBER

»Hier ist der Start, dort ist das Ziel. Dazwischen musst du laufen.«

EMIL ZATOPEK

> Der vierfache Goldmedaillengewinner bei Olympischen Spielen wurde die »tschechische Lokomotive« genannt. Er war revolutionär für seine innovativen Trainingsmethoden und bekannt für seinen unorthodoxen, kämpferischen Laufstil. 2013 wurde er vom *Runner's World Magazine* zum besten Läufer aller Zeiten gewählt.

In der Einfachheit liegt Schönheit. Ein Marathonlauf ist für jeden gleich lang. Exakt 42,195 Kilometer, um genau zu sein. Ob du nach Monaten des Trainings bei deinem ersten Laufwettbewerb an den Start gehst oder als Spitzenläufer die Olympianorm schaffen möchtest – alle stehen an der gleichen Startlinie und die meisten kommen im gleichen Ziel an. Dazwischen liegt die Wahrheit des Wettkampfs. Auf der Strecke musst du laufen. Du musst alles geben, was in dir steckt. Was vorher war, spielt jetzt keine Rolle mehr. Stell dich der Herausforderung! Bleibe im Moment!

Suche nicht schon vorab nach Ausreden. Dein Spiegelbild kennt sowieso die Wahrheit. Wem willst du also etwas vormachen? Das ist die Gelegenheit, über dich hinauszuwachsen. Genau wie Emil Zatopek bei den Olympischen Spielen 1948 in London und 1952 in Helsinki, genau wie alle tapferen und ehrlichen Sportler, die bereits den Mut hatten, sich einem Wettkampf zu stellen und dort alles zu geben.

GASTBEITRAG

14. SEPTEMBER

»Ein Mantra von mir ist, ständig ändernde Umgebungen zu verstehen und mich immer wieder auf diese einzulassen. Auf diese Weise kann ich mich kontinuierlich selbst verbessern. Das sehe ich als eines meiner wichtigsten Lebensziele an«.

MONIKA SOZANSKA

> Dieser Text ist ein Gastbeitrag von Monika Sozanska, einer Unternehmerin (www.mosiks.com) und ehemaligen deutschen Degenfechterin mit polnischen Wurzeln. Monika Sozanska ist Olympionikin und mehrfache Medaillengewinnerin bei Europa- und Weltmeisterschaften.

Als Profisportlerin oder Person, die sich auf ein temporäres Ziel konzentriert, kann es leicht passieren, dass man andere wertvolle Aspekte des Lebens aus den Augen verliert. Persönlich finde ich es entscheidend, eine ganzheitliche Perspektive zu behalten und meine Ziele mit meinen eigenen Werten in Einklang zu bringen. Wir leben in einer hektischen Welt mit sich ständig ändernden Rahmenbedingungen. Die Situation, in der wir uns momentan befinden, kann sich schon morgen schlagartig ändern. Da ist es wichtig, nicht den Boden unter den Füßen zu verlieren.

Veränderungen können viele Formen annehmen. So kann eine Verletzung die Karriere eines Athleten abrupt beenden. Der Umgang mit dem Unerwarteten, die Planung des Erwartbaren und die Aufrechterhaltung einer flexiblen Denkweise sind erforderlich, um auf jede Herausforderung vorbereitet zu sein.

Diese Lebenseinstellung motivierte mich, meine aktuelle Situation und meine Ziele immer wieder aufs Neue zu reflektieren. Ich habe realisiert, wie wichtig es ist, mich auch gegenüber Neuem zu öffnen, um mich weiterentwickeln zu können. So beschloss ich, in meiner freien Zeit in ande-

re Interessensgebiete zu investieren, die ich auch nach meinem Rückzug aus der aktiven Sportlerkarriere fortführen kann.

Für mich ist es wichtig, das zu tun, was mir Spaß bereitet. Nur auf diese Weise kann ich sicher sein, mein Potenzial auch voll auszuschöpfen. So kam es, dass ich meine Leidenschaften – das Fechten, die Kunst und den Schmuck – verbunden und vor vier Jahren mein Schmucklabel MOSIKS gegründet habe, eine Schmucklinie, die von Sportgeräten inspiriert ist. Kreativ zu sein, hatte mir während meiner aktiven Karriere stets geholfen, den extremen Druck des Hochleistungssports auszugleichen.

Aufgrund meiner eigenen Erfahrungen würde ich jedem Menschen raten, seine eigenen Werte zu bewahren und sich auch für andere Interessen zu öffnen, um ein inneres Gleichgewicht zu schaffen. Es ist sehr wichtig, die eigenen Ziele immer wieder neu zu definieren und zu relativieren. Unsere Umgebung ist dynamisch. Die Offenheit für Veränderungen, die eigene Anpassungsfähigkeit sowie die eigene Dynamik sind für mich die Schlüssel für ein erfolgreiches und glückliches Leben.

15. SEPTEMBER

»Growth takes place outside of your comfort zone. That's why it is – by definition – uncomfortable. That's why nobody wants to go there. Just because life throws something at you that makes you a little uncomfortable or makes you feel a little bit different than some other people, don't allow that to be a weakness.«

DAWN STALEY

> Die ehemalige US-amerikanische Basketballspielerin und heutige -trainerin gewann unter anderem dreimal olympisches Gold und wurde in die Basketball Hall of Fame aufgenommen. Als einzige Person überhaupt gewann sie als Spielerin und als Trainerin den renommierten Naismith Award als herausragendste Figur des College-Basketball eines Jahres.

Unser Leben präsentiert uns manchmal genau das, was wir hören wollen. Bekommen wir positives Feedback und sind wir erfolgreich, fällt es uns leicht, zu denken: Wir verdienen dieses Lob, diese Gehaltserhöhung, und unsere Beförderung ist zweifelsohne die einzig logische Konsequenz unserer bisherigen Arbeit.

In schwierigeren Phasen unseres Lebens fällt es uns dagegen plötzlich nicht mehr leicht, zu akzeptieren, dass passiert, was wir gerade verdienen, was wir brauchen. Eine Verletzung, die die Saison beendet. Ein neuer Trainer, mit dem wir gar nicht klarkommen. Das Ende einer Beziehung. Die Kündigung.

In diesem Buch geht es an vielen Stellen nicht umsonst um die Komfortzone und ihre Gefahren, die wir oft nicht rechtzeitig erkennen. Die schwierigen Phasen in unserem Leben zwingen uns, unsere Komfortzone zu verlassen. Dafür und für das Neue, das daraus entstehen kann, sollten wir dankbar sein.

16. SEPTEMBER

»The road to Easy Street goes through the sewer.«

JOHN MADDEN

> Der ehemalige American-Football-Coach ist heute ein erfolgreicher Geschäftsmann und Autor. Bekannt ist er durch das nach ihm benannte, jährlich erscheinende American-Football-Videospiel.

In Deutschland herrscht der medial dominierende Fußball. Die meisten Randsportarten rücken nur zu turnusmäßig stattfindenden Weltmeisterschaften und bei den Olympischen Spielen ins Rampenlicht. Für einen kurzen Augenblick bewundern wir diese Sportler dann auf dem Höhepunkt ihrer Leistung. Wir betrachten sie im schillernden Licht ihres Erfolgs. Dieses Licht blendet jedoch all die dunklen Tage aus, die auf dem Weg dorthin notwendig sind.

Bei Zieleinläufen und Siegerehrungen sehen wir nichts von den langen, einsamen und durchaus frustrierenden Wochen und Monaten, die für den kurzen Moment des Ruhms durchlaufen werden müssen. Ist ein Sportler ganz oben angekommen und schafft es, dieses Niveau über einige Zeit zu halten, bewundern wir oft die Leichtigkeit. Wenn es läuft, dann läuft es eben. »Wenn es mir doch auch mal so leicht fallen würde …« Doch diese Leichtigkeit ist hart erarbeitet. Und auf den Wegen dorthin gibt es keinen Fahrstuhl. Du musst die Treppe nehmen. Manchmal musst du sogar durch den Abwasserkanal.

17. SEPTEMBER

»Life shrinks or expands in proportion to one's courage.«

ANAIS NIN

> Die US-amerikanische Schriftstellerin mit kubanisch-französischen Wurzeln wurde unter anderem durch ihre Tagebücher bekannt, die sie bis zu ihrem Tod im Jahr 1977 schrieb.

Wann hat es sich in deinem Leben als Athlet jemals wirklich gelohnt, sich nicht zu trauen? Wenn du zu Hause bleibst, sparst du dir vielleicht Frustrationen, schmerzhafte Niederlagen oder Blamagen. Allerdings verbucht auch deine Angst mit jedem Kneifen einen wichtigen Etappensieg. Ist es daher nicht wesentlich schlimmer, es gar nicht erst zu versuchen? Den Wettkampf zu meiden, ein Trainingsweltmeister zu bleiben oder Abenteuer freiwillig gegen Sicherheit einzutauschen. Für wahre Champions ist all dies keine Option.

Sich selbst Chancen zu berauben, ist kein schönes Gefühl. Außerdem: Wen interessiert es überhaupt, ob du hinter deinen Erwartungen zurückgeblieben bist oder Kanonenfutter für deinen Gegner warst? Wenn du dich nicht drückst, sondern deine Herausforderungen mutig annimmst, wird dein Leben als Sportler und Mensch viel bunter, vielfältiger und spannender. Spring, spiele, schwimm, laufe, nimm teil! Du kannst nichts verlieren und unendlich viel gewinnen.

18. SEPTEMBER

»Verstehen kann man das Leben nur rückwärts. Leben muss man es vorwärts.«

Sören Kierkegaard

> Der dänische Philosoph, Theologe und Schriftsteller zählt zu den bekanntesten Denkern der europäischen Geschichte.

Vorwärts zu leben ist für Sportler meist einfach – das nächste Training oder Spiel ist immer in Sichtweite. Schwieriger ist der erste Part des Zitats. Oft bleibt es beim Lippenbekenntnis. Anfangs ist die Bereitschaft, aus vergangenen Situationen zu lernen, durchaus vorhanden. Direkt nach einer frustrierenden Niederlage ist man zu vielem bereit. Hauptsache, nicht noch mal so etwas erleben.

Kaum ein Sportler wird bezweifeln, dass es wichtig ist, Lehren aus der Vergangenheit zu ziehen. Die reine Datenerhebung steht einer gründlichen Analyse auch nicht im Weg. Tracker, Videos, Statistiken – alles auf Knopfdruck vorhanden, 24 Stunden und sieben Tage lang, mittlerweile auch auf unseren Smartphones. Was hindert uns also daran, der Analyse den angemessenen Platz in unserem Sportlerleben zu geben? Ist es die ewige Suche nach neuer Aktion, die den Blick zurück verhindert? Ist es die Sorge vor langen Abenden mit trockenem Datenmaterial?

Vielleicht sollten wir uns auf kleine Schritte konzentrieren. Statt einer umfangreichen Auswertung der bisherigen Saison ist eine kurze Bestandsaufnahme nach jedem Training oder Wettkampf ein sinnvoller Start. Was war gut, was war schlecht? Was sagen die Daten? Was sollte dringend mehr trainiert werden? Wo brauchst du eine Pause? Jeder Athlet schaut gerne nach vorne. Noch bessere Ergebnisse erzielt man allerdings, wenn man auch regelmäßig in den Rückspiegel schaut.

19. SEPTEMBER

An diesem Tag im Jahr 1922 kam Emil Zatopek zur Welt.

»Ich wusste zunächst nicht viel. Es war nicht möglich, ein Buch über Nurmis Trainingsmethoden zu kaufen, aber ich fand heraus, dass er im Training viele Male 5000 m lief, um über 10 000 m schneller zu werden. Und um auf 5000 m besser zu sein, lief er viele Male 1500 m. Und um auf 1500 m besser zu sein, lief er vier Mal 400 m im Training.«

EMIL ZATOPEK

> Der tschechische Leichtathlet, der als Langstreckenläufer vier olympische Goldmedaillen gewann, nennt in diesem Zitat Paavo Nurmi als Vorbild, eine weltweite Lauf-Ikone der 1920er-Jahre. Nurmi brachte es auf neun olympische Goldmedaillen und stellte zahlreiche Weltrekorde für Mittelstreckenläufe auf.

Das Training der großen Stars lässt sich heutzutage nahezu in Echtzeit verfolgen. Doch lange bevor Informationen genauso rasend schnell um den Globus flitzten wie einst die ›tschechische Lokomotive‹, rannte Zatopek mit seinem unorthodoxen Laufstil von Rekord zu Rekord. Sein Erfolgsgeheimnis war es, große Aufgaben in kleine Einzelteile herunterzubrechen. Je kleiner und messbarer wir die einzelnen Schritte auf dem Weg zum Erfolg gestalten können, desto geringer wird unsere Sorge vor der großen gesamten Herausforderung. Du hast gar keine Zeit über die Entfernung des steilen Gipfels nachzudenken, wenn du dich darauf konzentrierst, im Hier und Jetzt einen Schritt vor den anderen zu setzen. Sind diese Schritte bedacht und sorgsam gewählt, so ist das Erreichen des Gipfels eigentlich nur noch die logische Konsequenz.

20. SEPTEMBER

»A career is wonderful, but you can't curl up with it on a cold night.«

MARYLIN MONROE

> Die US-Amerikanerin war Schauspielerin, Model und Sängerin und zu ihrer Zeit die meistfotografierte Frau der Welt.

Viele Freizeitsportler beneiden die Stars ihrer Zunft. Aus der Ferne wirken Ruhm, Geld und Jet-Set-Lifestyle äußerst verführerisch. Wie toll muss es sein, überall erkannt zu werden, sich alles kaufen zu können, komfortabel durch die Weltgeschichte zu fliegen und ständig andere berühmte Menschen kennenzulernen?

Doch schaut man etwas genauer hinter die glitzernde Fassade des Sportpromilebens, werden die Neidgefühle plötzlich weniger. Ehrliche Antworten auf entlarvende Fragen können Klarheit bringen:
- Willst du wirklich überall erkannt werden und nirgendwo deine Ruhe haben?
- Fühlt es sich wirklich gut an, von übermotivierten Freizeitpaparazzi und neugierigen Journalisten auf Schritt und Tritt beobachtet zu werden?
- Wer sind meine wahren Freunde, wenn mich die meisten nur nach meinem Geld beurteilen?
- Was mache ich eigentlich mit dem Rest meines Lebens, wenn ich zu alt bin, um meinen Sport auf höchstem Niveau auszuüben?

Sich einsam zu fühlen, beobachtet zu werden und mit Mitte 30 nochmals neu beginnen zu müssen – wie alles im Leben hat auch der Erfolg von Sportsuperstars einen Preis.

21. SEPTEMBER

Heute ist der Weltfriedenstag der Vereinten Nationen.

»Geschwindigkeit ist irrelevant, wenn man in die falsche Richtung geht.«

MAHATMA GHANDI

> Der indische Jurist ging als politischer Anführer der indischen Unabhängigkeitsbewegung in die Geschichte ein.

Die tagtägliche Arbeit, das Pushen bei der letzten Wiederholung, das Dranbleiben bei der letzten Runde – nichts scheint wichtiger zu sein als die oft zitierte harte Arbeit. Wenn wir nicht regelmäßig in unseren Sport investieren, können wir nicht guten Gewissens Fortschritte erwarten. Dazu passen auch die Worte des britischen Bodybuilders Dorian Yates, der in den 1990er-Jahren der erfolgreichste seines Sports war und sechsmal zum Mister Olympia gewählt wurde: *»Jedes Workout ist wie ein Stein eines Gebäudes, und jedes Mal, wenn du hineingehst und ein halbherziges Workout absolvierst, hast du keinen weiteren Stein gelegt.«*

Doch selbst die härteste Arbeit bringt nicht die gewünschten Resultate, wenn die dahinterstehende Strategie nicht stimmt. Der schnellste Weg ist nicht der beste, wenn er zum falschen Ziel führt. Erst die korrekte Gleichung aus den Variablen harte Arbeit, Geduld (= Zeit) zusammen mit der richtigen Strategie führt zu herausragenden Ergebnissen.

22. SEPTEMBER

»Hard days are the best because that's when champions are made.«

GABRIELLE DOUGLAS

> Die US-amerikanische Turnerin gewann bei der Olympiade 2012 Gold im Einzel- und im Mannschaftswettbewerb sowie 2016 Gold im Einzelwettbewerb.

An den einfachen Tagen gelingt es den meisten von uns, großartige Arbeit abzuliefern. Es sind ja per Definition »einfache Tage«. Um aber aus der grauen Masse herauszuragen, kommt es auf die »harten Tage« an, an denen es eben nicht einfach ist. Die späten Freitagabende. Die Sonntage, an denen du früh aufstehen musst. Wenn du eigentlich gar keine Lust hast. Wenn alle anderen sagen würden, dass es in Ordnung sei, eine Pause einzulegen. Muhammad Ali sagte zu diesem Thema einmal, dass er Sit-ups erst dann zählt, wenn sie wehtun.

Aber täusche dich nicht: Um Sit-ups hinzubekommen, die wehtun, musst du erst welche machen, die keine Schmerzen verursachen. Genauso verhält es sich mit den einfachen Tagen. Du kannst sie nicht einfach überspringen, um zu den harten Tagen zu gelangen. Denn harte Tage kommen oft unerwartet. Fazit: Mach deine einfachen Tage großartig und deine harten Tage noch besser. An den einfachen legst du die Grundlage, an den harten wirst du zum Champion!

23. SEPTEMBER

Heute ist der internationale Tag der Gebärdensprache.

»I don't think about vibrations, I don't think about anything at all. I am part of the bike now.«

ASHLEY FIOLEK

> Die erfolgreiche ehemalige Motocrossfahrerin aus den USA arbeitet derzeit als Stuntwoman für Filmproduktionen.

Motocrossfahrer verlassen sich normalerweise auf ihr Gehör, um zu erkennen, wann genau sie schalten müssen. Ashley Fiolek ist seit ihrer Geburt taub. Um ihr Motorrad richtig zu steuern, musste sie lernen, sich statt auf den Schall, voll auf die Vibrationen ihres Fahrzeugs zu verlassen. In einer der lautesten Sportarten der Welt konnte sich Ashley Fiolek während ihrer erfolgreichen Karriere komplett auf die Fahrtechnik, den Kurs und die spektakulären Kurven konzentrieren.

Im Motocross spielt Adrenalin eine große Rolle. Die lauten Umgebungsgeräusche sind ein zusätzlicher Stressfaktor. Die amerikanische Fahrerin dagegen hörte sie nicht und hatte nur ihre Gedanken. Ein nahezu meditativer Zustand an einem denkbar ungeeigneten Ort. Das Beispiel von Ashley Fiolek zeigt uns, dass eine vermeintliche Schwäche durch eine andere Herangehensweise zur größten individuellen Waffe werden kann. Eine Superpower, um die dich andere Sportler beneiden. Gehe also in dich und frage dich, welche deiner vermeintlichen Schwächen bei einer anderen Herangehensweise für dich zu einer großen Stärke werden kann.

24. SEPTEMBER

»Man muss an seine Berufung glauben und alles daransetzen, sein Ziel zu erreichen.«

MARIE CURIE

> Die polnisch-französische Physikerin und Chemikerin hatte bahnbrechende Erfolge in der Erforschung der Radioaktivität. Sie gewann sowohl den Nobelpreis für Chemie als auch den für Physik.

Das Zitat einer doppelten Nobelpreisträgerin zu ergänzen, ist gewagt. Wir tun es trotzdem. Denn wir glauben, dass ein Mensch sogar in zwei oder mehr Bereichen mit überdurchschnittlich viel Talent gesegnet sein kann. Wenn du es im Sport zu beachtlichen Erfolgen gebracht hast, bedeutet das nicht, dass du in der Karriere nach der Karriere nicht die gleichen Höhen in einem völlig anderen Bereich erreichen kannst. Wir sind alle nicht auf das beschränkt, was uns von Schule, Elternhaus, Trainern oder Freunden eingeredet wurde. Wenn du eine erfolgreiche Geschäftsfrau, Wissenschaftlerin oder Ärztin geworden bist, heißt das nicht, dass du nicht auch noch die beste Minigolferin der Welt werden kannst.

Das Leben ist lang und bietet uns viele Türen an. Wir müssen sie nur öffnen und hindurchgehen. Marie Curie ist mit ihrem Leben und ihren Nobelpreisen für Chemie und Physik das beste Vorbild. Wir alle sind zu viel mehr in der Lage als wir denken.

25. SEPTEMBER

»There is no supplement for hard work.«

VERFASSER UNBEKANNT

> Die Spurensuche nach dem Verfasser des für heute gewählten Zitats verläuft sich im Sand. Ursprünglich wurden diese Worte dem Pionier der Elektrotechnik Thomas A. Edison oder auch dem Unternehmer James J. Hill zugeordnet. Aufgegriffen werden sie bis heute, zum Beispiel von der Basketballspielerin und -trainerin Nancy Lieberman. Wie dem auch sei, erinnern wir uns an die Gedanken des römischen Philosophen Lucius Annaeus Seneca: *»Ich werde mich niemals schämen, einen schlechten Schriftsteller mit einem guten Sprichwort zu zitieren.«*

Kaum ein Markt wächst seit der Jahrtausendwende so sehr, wie der für Nahrungsergänzungsmittel. Allein in Deutschland werden jährlich fast 300 Millionen Packungen der kleinen und großen Helfer verkauft. Der Umsatz dieser Industrie liegt irgendwo zwischen 1,5 und 2 Milliarden Euro. Dieses stetige Wachstum ist ein Indikator dafür, dass mehr und mehr Menschen nach externen Unterstützern für ihre Gesundheit und Leistungsfähigkeit suchen. Doch gibt es wirklich die schnelle, einfache Lösung? Auch wenn uns die Werbeindustrie manchmal genau das vorgaukelt, kannst du in deinem Arsenal auf nichts Potenteres zurückgreifen als auf harte Arbeit. Ehrlich und kontinuierlich.

26. SEPTEMBER

»I think the way to become the best is to just have fun.«

SHAWN WHITE

> Der professionelle Snowboarder und Skateboarder hält den Rekord für die meisten *X-Games*-Goldmedaillen (Sommer und Winter insgesamt 15) sowie mit drei olympischen Goldmedaillen die meisten, die je ein Snowboarder erringen konnte.

Der weltbekannte Snow- und Skateboarder Shawn White kam mit einem Herzfehler zur Welt. Um genau zu sein, mit einer der komplexesten Herzfehlbildungen überhaupt. Noch vor seinem ersten Geburtstag wurde er zweimal am offenen Herzen operiert. Die Ärzte empfahlen seinen Eltern und ihm, ein ruhiges und schonendes Leben zu führen. Sport – geschweige denn Leistungs- oder Profisport – hatten sie dabei überhaupt nicht im Blick, galt doch das Risiko für einen plötzlichen Herztod ohnehin als hoch.

Heute ist Shawn White die Ikone in der Welt des Action Sports. Keinem Athleten zuvor gelangen so viele neue Tricks wie ihm. Keiner sammelte so viele Medaillen. Doch was treibt diesen Athleten der Extraklasse an? Vielleicht ist es die Gewissheit, dass jeder Auftritt sein letzter sein könnte. Warum also nicht so viel Freude und Leidenschaft wie irgendwie möglich einsetzen?

27. SEPTEMBER

»Ich habe viele schlechte Schläge gemacht, aber du musst locker bleiben, ein Lächeln auf deinem Gesicht haben und einfach in Bewegung bleiben.«

LORENA OCHOA

> Die ehemalige Profigolferin aus Mexiko war 158 Wochen die Nummer Eins der Weltrangliste. Ochoa holte zwei Major-Siege und insgesamt 30 Turniersiege, bevor sie sich 2010 vom professionellen Golfsport zurückzog.

Lachen ist die beste Medizin, heißt es. Kinder und Jugendliche lachen viel beim Sport. Erwachsenen fällt das nicht mehr ganz so leicht, besonders wenn sie ein höheres Level in ihrer Sportart erreichen und die Erwartungshaltung steigt. Plötzlich steht viel auf dem Spiel: Geld, Prestige und Zeit.

Dabei sei die Frage erlaubt, ob Ernsthaftigkeit und Verbissenheit in Wettkämpfen und Turnieren zwangsläufig zu besseren Ergebnissen führen als Gelassenheit und Spaß.

In stressigen Situationen über sich selbst zu lächeln, kostet Überwindung und fühlt sich anfangs nicht natürlich an. Dabei kann ein kleines Grinsen, selbst wenn es nur nach innen gerichtet ist, Drucksituationen entschärfen, Blockaden lösen und im Idealfall sogar befreites Aufspielen zur Folge haben.

Das kann man im Training üben, bevor man sich Stück für Stück bis zum Wettkampf vorarbeitet. Wichtig ist in jedem Fall, dass du dabei dein bester Freund bleibst. Sich oder jemand anderen wegen Unfähigkeit auszulachen oder zu verhöhnen, sollte natürlich in jedem Fall vermieden werden. Lorena Ochoa trat im Übrigen im Jahr 2010, mit gerade einmal 28 Jahren, als Weltranglistenerste auf dem Höhepunkt ihres Könnens zurück, – mit einem Lächeln im Gesicht.

28. SEPTEMBER

An diesem Tag im Jahr 2003 starb Althea Gibson.

»The loser is always a part of the problem; the winner is always a part of the answer. The loser always has an excuse; the winner always has a program. The loser says it may be possible, but it's difficult; the winner says it may be difficult, but it's possible.«

ALTHEA GIBSON

> Die US-amerikanische Golferin und Tennisspielerin war 1956 die erste afro-amerikanische Tennisspielerin, die ein *Grand Slam*-Turnier gewinnen konnte (French Open). Im folgenden Jahr gewann sie außerdem Wimbledon und die US Open. Beide Erfolge konnte sie ein weiteres Jahr später verteidigen.

Für Ausnahmeathletinnen wie Althea Gibson gibt es im Leben nur ein Finale, bei dem man sicher der Verlierer sein wird: das eigene Lebensende. Bis zu diesem Zeitpunkt ist man im Spiel und versucht, zu gewinnen. Niemals hört ein Athlet auf, Athlet zu sein. Es gilt, Widerstände zu überwinden, den Gegenwind auszuhalten und konstant nach mehr zu streben. Warum zurücklehnen und ausruhen, wenn man mehr erreichen und gewinnen kann.

Althea Gibson hat all das eindrucksvoll bewiesen. Sie überwand größte Schwierigkeiten und wurde nicht zuletzt deswegen zur Legende. In einer Zeit, in der es schon für Frauen schwer genug war, sich im professionellen Sport durchzusetzen, eroberte die dunkelhäutige Sportlerin ausgerechnet die bis dahin komplett von Weißen dominierte Tennis- und Golfwelt.

Auf den Schultern von Althea Gibson und weiteren legendären Athletinnen wie Leichtathletin Wilma Rudolph stehen dunkelhäutige Spitzensportlerinnen auf der ganzen Welt. Von Althea Gibson zu lernen bedeutet, zu verstehen, was siegen und sich durchsetzen heißt.

29. SEPTEMBER

Seit 2001 ist der heutige Tag Weltherztag der Weltgesundheitsorganisation (WHO).

»You can't read about Push Ups. You gotta do them.«

GARY VAYNERCHUK

> Ist ein US-amerikanischer Unternehmer, Autor und Motivationssprecher. Über soziale Medien wie u.a. YouTube erreicht er mehrere Millionen Menschen.

Es gibt eine Fülle inspirierender Zitate. Vielleicht hast du dir ja auch gerade deshalb dieses Buch gekauft. Letztendlich helfen all diese Motivationen und Inspirationen jedoch wenig, wenn du Worten nicht auch Taten folgen lässt. Heute heißt es also anpacken! Loslegen! Starten! Die Liegestütze möchten nicht nur von sich Reden machen. Sie müssen gemacht werden.

Du brauchst trotzdem noch etwas Extra-Motivation? Eine 2010 in einer Fachzeitschrift der American Medical Association veröffentlichte Studie fand Spannendes zum Thema Liegestütze heraus: Die Teilnehmer der Studie waren im Schnitt ca. 40 Jahre alte Feuerwehrmänner. Diejenigen, die mehr als 40 Liegestütze schafften, hatten ein erheblich geringeres Risiko, innerhalb der nächsten zehn Jahre an Herz-Kreislauf-Erkrankungen, wie einem Herzinfarkt, zu erkranken, als die Teilnehmer, die weniger als zehn Liegestütze schafften. Worauf wartest du also noch? Hör auf, über Liegestütze zu lesen. Ab auf den Boden mit dir!

30. SEPTEMBER

»I'm not involved in sport, I'm committed. Do you know the difference? Think of eggs and ham! The chicken is involved but the pig is committed.«

MARTINA NAVRATILOVA

> Die Tennisspielerin war während ihrer einzigartigen Karriere für 332 Wochen die Nummer Eins der Tenniswelt. Bevor jetzt jemand den Taschenrechner heraushot: Das sind weit über sechs Jahre an der absoluten Weltspitze.

Zugegebenermaßen wurde die Fabel vom Huhn und vom Schwein schon von vielen Coaches und Anführern erzählt. Sie kann nicht ausschließlich der Tennislegende Navratilova zugeschrieben werden. Führen wir uns das Zitat dennoch ein wenig zu Gemüte, ohne uns zu sehr von dem Gedanken an gebratenen Speck ablenken zu lassen. Die Fabel handelt von einem Huhn, das seinem Freund, dem Schwein, von der fantastischen Idee berichtet, gemeinsam ein Restaurant zu eröffnen. »Eier & Speck« soll es heißen. Nach kurzem Überlegen lehnt das Schwein freundlich ab, denn es weiß um die sehr ungleichen Einsätze, die Schwein und Huhn für dieses Projekt zu leisten haben.

Es gibt viele Interpretationsmöglichkeiten dieser lehrhaften Erzählung. Betrachten wir sie mit Blick auf unser nächstes großes Ziel: Endlich den nächsten Stadtlauf angehen. Einige Kilos für den Sommer verlieren. Oder doch den ganz großen Wurf schaffen und einmal ganz oben auf dem Treppchen stehen? Welche Einstellung hilft dir und deinem Team dabei eher? Hier und da mal ein Ei legen? Oder bereit sein, dich mit vollem Körpereinsatz und großer Leidenschaft einzubringen?

OKTOBER

1. OKTOBER

An diesem Tag im Jahr 1988 gelang Steffi Graf in Seoul mit dem Gewinn der Goldmedaille im Tennis Einzel der sogenannte Golden Slam, der Sieg bei allen vier Grand-Slam-Turnieren plus olympisches Gold.

»Man kann sportliche Leistungen nicht mit der Wichtigkeit vergleichen, die eigenen Kinder großzuziehen und ihnen ein sicheres Umfeld zu bieten, in dem sie aufwachsen und das Leben genießen können.«

STEFFI GRAF

> Ist eine der erfolgreichsten Tennisspielerinnen aller Zeiten. Zusammen mit Boris Becker war sie der Auslöser für einen Tennisboom in Deutschland. Steffi Graf ist mit dem ehemaligen Weltranglistenersten Andre Agassi verheiratet. Das Paar lebt in den USA und hat zusammen zwei Kinder.

Steffi Graf gewann während ihrer einmaligen Karriere 107 Turniere. Sie war 377 Wochen Weltranglistenerste und ist die einzige Spielerin der Tennisgeschichte, die einen *Golden Slam* gewann. Steffi Graf ist eine lebende Legende. Im Tennis und allgemein im Sport. Steffi Graf ist auch Mutter mit den gleichen elterlichen Hoffnungen, Sorgen und Aufgaben aller anderen Eltern auf der Welt.

Für die Erziehung ihrer Kinder nutzen weder ihre Turniersiege, Preisgelder noch ihr Ruhm. Als Mama und Papa sind völlig andere Qualitäten gefragt als eine gute Vorhand, ein harter Aufschlag oder schnelle Beine. So schön die Erinnerungen an die erfolgreichen Tennis- und Sportzeiten sein mögen: Mit dem Glück und der inneren Befriedigung, seine eigenen Kinder wohlbehütet aufwachsen zu sehen, kann auch dem Zitat einer Steffi Graf zufolge nichts mithalten, nicht einmal der *Golden Slam*.

2. OKTOBER

»Wenn die ganze Welt still ist, hat jede einzelne Stimme Macht.«

MALALA YOUZAFAI

> Die pakistanische Frauen- und Kinderrechtsaktivistin ist die jüngste Friedensnobelpreisträgerin aller Zeiten. Ihr mutiger Widerstand gegen die Taliban machte sie zu einer international bekannten Ikone für Widerstand und Freiheit.

Jeder Sportler kann zu einem gefeierten Vorbild werden, ganz ohne Weltruhm, herausragende Erfolge oder Instagram-Followerzahlen im sechsstelligen Bereich. Neben Technik, Ausdauer oder Nervenstärke ist dazu vor allem eins erforderlich – Mut. Mut, sich schützend vor einen Mannschaftskollegen zu stellen, der wegen seiner Hautfarbe beleidigt wird. Mut, um den Manager anzuzeigen, der seine Machtposition schamlos ausnutzt. Mut, um zur eigenen sexuellen Neigung zu stehen, trotz Gegenwind und Anfeindungen. Couragierte Sportler stehen ein für Menschlichkeit, Toleranz und Charakterstärke.

3. OKTOBER

»A person's success in life can usually be measured by the number of uncomfortable conversations he or she is willing to have.«

TIM FERRISS

> Der erfolgreiche Autor, Investor und Podcaster interviewt in der *Tim Ferriss Show* Menschen, die es in ihrem Bereich an die Weltspitze geschafft haben.

Wie oft schieben wir wichtige Gespräche auf, drücken unangenehme Gedanken weg oder machen einfach aus Bequemlichkeit weiter wie gehabt? Bauch, Herz und Verstand mögen längst etwas anderes sagen, doch wir bleiben auf dem Kurs des geringsten Widerstands. Als Athlet solltest du dir besonders in der Zeit nach Wettkämpfen oder während längerer Ruhepausen Zeit zur Reflexion nehmen. Am besten stellst du alle Aspekte deines Sports und alle Einflussgrößen deiner Leistung auf den Prüfstand.

Schonungslose Ehrlichkeit schmerzt zwar mehr als der Muskelkater nach einem harten Training. Sie wird dich aber langfristig auf ein ganz anderes sportliches Niveau heben.

- Dein Coach macht immer das Gleiche, obwohl du schon seit einiger Zeit stagnierst? Such das Gespräch mit ihm.
- Deine Mitspieler ignorieren dich im Spiel regelmäßig, obwohl du oft in aussichtsreicher Position bist? Frage sie nach den Gründen.
- Dein Partner kommt nie zu deinen Turnieren, obwohl du gerade in Drucksituationen Unterstützung gebrauchen könntest? Leg den Finger in die Wunde, statt dich immer wieder davor zu drücken.

Der Unterschied zwischen erfolgreichen und weniger erfolgreichen Menschen im Sport und Leben besteht oft »nur« darin, rechtzeitig aktiv zu werden, statt passiv vor sich hin zu leiden.

4. OKTOBER

»The most important conversations you'll ever have are the ones you'll have with yourself. We are all our own worst haters and doubters because self-doubt is a natural reaction to any bold attempt to change your life for the better.«

DAVID GOGGINS

> Ist ein ehemaliger Soldat der Militärspezialeinheiten US Navy Seals sowie und *States Air Force Tactical Air Control*. Nach Ende seiner militärischen Laufbahn wurde er Extremausdauersportler sowie Autor des Bestsellers *Can't Hurt Me*.

Die Menschen und Dinge, mit denen wir uns umgeben, haben einen immensen Einfluss auf unsere Lebens- und Denkweise. Ebenso wie auf unsere Performance in der Arena, auf dem Feld oder auf der Laufbahn. Die Gespräche, Einstellungen, Sichtweisen und Handlungen anderer Menschen üben eine gewaltige Kraft darauf aus, wer wir werden. Doch niemand verbringt so viel Zeit mit dir wie du selbst. Welche Gespräche führst du mit dir? Welche Geschichte erzählst du dir? Bist du ehrlich zu dir? In Bezug auf die innere Stimme führt David Goggins weiter aus: »*Du kannst die Selbstzweifel nicht davon abhalten in deinem Gehirn umherzuschwirren, aber du kannst all das neutralisieren, indem du dich fragst: Was wäre, wenn...?*«

5. OKTOBER

An diesem Tag im Jahr 2011 starb Steve Jobs.

»Remembering that I'll be dead soon is the most important tool I've ever encountered to help me make the big choices in life. Because almost everything – all external expectations, all pride, all fear of embarrassment or failure – these things just fall away in the face of death, leaving only what is truly important.«

STEVE JOBS

> Der Geschäftstycoon, Investor und Industriedesigner ist eine der bekanntesten Persönlichkeiten der Computerindustrie und am besten als Mitbegründer von Apple Inc. bekannt. Seinem Erfindergeist entsprangen heute ganz alltägliche Gegenstände wie die Computermaus, der iPod oder die erste Generation an Smartphones.

Dieses Zitat ist ein Auszug aus Steve Jobs Rede vor den Absolventen der Stanford University im Juni 2005, ein Jahr nach seiner ersten Krebsdiagnose. Ob sein Statement einen Bilderrahmen und einen prominenten Platz in den eigenen vier Wänden verdient hätte, musst du selbst entscheiden. In jedem Fall lohnt es sich, den Inhalt der Botschaft zu verinnerlichen, insbesondere wenn du mal wieder vor einer großen Entscheidung stehst. Gerade dann können auch die weiteren Gedanken aus Jobs' Rede helfen: *»Deine Zeit hier ist begrenzt. Verschwende sie also nicht damit, das Leben anderer zu leben. [...] Lass nicht zu, dass der Lärm der Meinungen anderer deine eigene Stimme übertönt. Und vor allem, habe den Mut deinem Herzen und deiner Intuition zu folgen. [...] Alles andere ist zweitrangig.«*

6. OKTOBER

»Whatever I have tried to do in life, I have tried with all my heart to do it well; whatever I have devoted myself to, I have devoted myself completely.«

CHARLES DICKENS

> War ein englischer Autor (1812–1870). Der Brite war einer der bedeutendsten Schriftsteller aller Zeiten und zugleich ein seinerzeit äußerst bekannter Kritiker der bestehenden sozialen Verhältnisse.

Kaum jemand wird bestreiten, dass es mehr Spaß macht und zu mehr Erfolg führt, eine Aufgabe so gut wie irgend möglich zu erledigen, statt sie irgendwie zu machen. »Wenn du etwas machst, mach es richtig,« hört man förmlich Eltern, Großeltern, Lehrer oder Trainer mit erhobenem Zeigefinger mahnen. Klingt logisch und selbstverständlich, ist aber in unserer ablenkungsreichen Realität unendlich schwierig.

Sportler bilden hier leider keine Ausnahme. Welcher Sportler ist schon wirklich bei jedem Training voll konzentriert bei der Sache. Selbst ohne Smartphone kreisen die Gedanken um alles und nichts. Die aktuelle Übung wird oft im Autopiloten heruntergespult.

Vielleicht denkst du dir gerade: Der Dickens hat leicht reden. Schließlich gab es in seiner Zeit weder Smartphones noch soziale Medien oder Netflix. Außerdem, wer weiß schon, ob er das, was er behauptet, wirklich geschafft hat. Der entscheidende Punkt ist jedoch: Er hat es versucht. Nimm dir diese Einstellung zum Vorbild: Versuche, dich beim nächsten Training auf alle Übungen zu fokussieren. Versuche, jeden Tipp deines Trainers zu verinnerlichen. Setze deinen Matchplan genau um. Konzentriere dich auf den Weg, statt von Perfektion zu träumen.

7. OKTOBER

»There are only two options regarding commitment. You're either IN or you're OUT. There is no such thing as life in-between.«

Pat Riley

> Innerhalb von 20 Jahren erreichte der Basketballtrainer mit seinen Teams 19-mal die Playoffs, achtmal die NBA-Finalspiele und sie gewannen fünf Meisterschaften.

Heutzutage stehen wir viel zu oft unübersichtlich vielen Optionen gegenüber. Das beginnt bei unserer Freizeitgestaltung (Kino oder Netflix, Freunde treffen oder Couch) und setzt sich bei der Wahl der täglichen Mahlzeit fort – Hühnchen oder Rind war gestern, heute sind auch Seitan, Lupine oder Tofu im Angebot. Auch die Anzahl der potenziellen Partner, die wir heute online und real an einem Tag sehen, übersteigt die Zahl der Menschen, denen unsere Großeltern über Jahre hin begegnet sind.

In vielen Bereichen können wir uns mittlerweile ein Hintertürchen offenlassen. Moderne Kommunikation via Smartphone macht auch die kurzfristige Absage kaum noch zu einer unangenehmen Konfrontation, wie es telefonisch der Fall wäre. Auch du hast dich sicher schon mehr als einmal dabei beobachtet, etwas noch nicht verbindlich zuzusagen, weil du gehofft hast, dass sich noch etwas Besseres ergibt. Wir leben in vielen Bereichen unseres Lebens zwischen Tür und Angel, sind also nicht wirklich drin und nicht wirklich draußen. Damit tun wir uns keinen Gefallen. Mit klaren Ansagen dagegen schon. Es wird Zeit, ein entschiedenes Ja oder ein klares Nein zu wagen.

8. OKTOBER

»When I'm in a slump, I comfort myself by saying if I believe in dinosaurs, then somewhere, they must be believing in me. And if they believe in me, then I can believe in me. Then I bust out.«

MOOKIE WILSON

> Der *Major-League-Baseballspieler* spielte von 1980 bis 1991 für die New York Mets.

Zugegeben, dieses Zitat stammt nicht wirklich von Mookie Wilson, dem Baseballspieler der New York Mets. Vielmehr legte der Komödiant Charlie Rubin ihm diese Worte in den Mund. Der im Oktober 1986 erschienene Artikel »Favorite Dinosaurs of the Mets« listete zwölf fingierte Interviews, in denen die Spieler über die Bedeutung von Dinosauriern in ihrem Leben sprachen.

Das Zitat erinnert uns auf erfrischende Art daran, was wir uns in jedem Moment des Zweifelns in Erinnerung rufen sollten. Du glaubst an so viele Dinge. Warum glaubst du nicht auch an dich selbst?

9. OKTOBER

Wegen immer stärkerer Vorwürfe, er konsumiere Drogen, gab Christoph Daum am 9. Oktober des Jahres 2000 eine freiwillige Haarprobe ab. Mit folgendem Statement äußerte er sich auf einer eigens dafür einberufenen Pressekonferenz.

»Ich tue das, weil ich ein absolut reines Gewissen habe.«

CHRISTOPH DAUM

> Der deutsche Fußballtrainer wurde 1992 mit dem VfB Stuttgart Deutscher Meister und übte nachhaltig prägenden Einfluss auf die Vereine Bayer 04 Leverkusen und 1. FC Köln aus. Erst ein Drogenskandal im Jahr 2000 bremste seine steile Karriere und verhinderte seine Ernennung zum Bundestrainer.

Der Ausgang der Analyse ist bekannt. Vielleicht war das Gewissen doch nicht so rein. Später räumte Daum kleinlaut ein, sich der »Tragweite seines Fehlers« bewusst zu sein. Du kannst deine Schwächen nicht dauerhaft verbergen, weder im Sport noch im Leben. Vielleicht kannst du sie eine Zeit lang kaschieren oder verstecken, mehr nicht.

Anders betrachtet: Wenn deine Schwächen für längere Zeit nicht aufgedeckt oder entlarvt werden, bist du vielleicht einfach nicht angemessen gefordert. Ein Grund mehr also, den Sport zu lieben. Hier gibt es unmittelbares Feedback. Schwächen werden schnell sichtbar. Gute Gegner verzeihen keine Fehler.

10. OKTOBER

Heute ist der Welttag für psychische Gesundheit.

»Olympic athletes need to understand that the rules for life are different from the rules for sports.«

ALEXANDRA »SASHA« COHEN

> Die US-amerikanische Eiskunstläuferin gewann 2006 olympisches Silber, holte drei Medaillen bei Weltmeisterschaften und verabschiedete sich mit 25 Jahren aus dem Leistungssport.

Wenn wir uns nur über die Leistungen in unserer Sportart definieren, wird das Karriereende eine harte Prüfung, ganz unabhängig davon, ob wir Lokalheld oder Olympiasieger sind. Viele Athleten fallen dann in ein tiefes Loch. Sie fühlen sich verloren. Die Höhen und Tiefen, die das Sportlerleben so aufregend gemacht haben, gehören nun der Vergangenheit an. Das bisherige Leben ist von einem auf den anderen Tag vorbei.

So war es auch bei Alexandra Cohen, die mit 26 Jahren feststellen musste, dass sie nach ihrer Zeit als Weltbeste weit zurückgefallen war. Die Folge? Emotionale Schwierigkeiten, Gefühle der Leere bestimmten ihren Alltag. Ähnlich ging es dem Schwimm-Superstar Michael Phelps, mit 23 olympischen Goldmedaillen der erfolgreichste Olympionike überhaupt. Nach seiner herausragenden Karriere machte er jedoch öffentlich, dass er anschließend an seine sportliche Laufbahn an Depressionen und psychischen Störungen litt.

Als Sportler lernen wir, physische Schmerzen und psychischen Druck auszuhalten. Öffentlich Schwächen zu zeigen, ist im Sport in der Regel tabu. Angst und Depressionen? Gibt es bei Sportlern genauso wie in der restlichen Bevölkerung, aber die wenigsten sprechen darüber. Alexandra Cohen und Michael Phelps taten es und fanden heraus: Es gibt viele Möglichkeiten, nach dem Leistungssport Sinn und Bedeutung zu finden. Das Leben ist jedoch ein anderes.

11. OKTOBER

»An harter Arbeit führt kein Weg vorbei. Gewöhn dich lieber daran. Du musst die Stunden investieren, denn es gibt immer etwas, das du verbessern kannst. Ich glaube, immer wenn du in einem Loch steckst und die Dinge vielleicht nicht so gut laufen, wirst du stärker herauskommen. Alles im Leben funktioniert so.«

ROGER FEDERER

> Der Schweizer zählt zu den erfolgreichsten Tennisspielern aller Zeiten. Während seiner einmaligen Karriere gewann er bislang unter anderem 20 *Grand Slam*-Turniere, mehr als jeder andere Spieler vor ihm. Fünfmal wurde er darüber hinaus zum Weltsportler gewählt – ebenfalls ein Rekord.

Vielleicht reibst du dir gerade verwundert die Augen. Roger Federer, der schwerelose Maestro, spricht von harter Arbeit und vielen Trainingsstunden? Klingt das nicht eher nach einem Statement von Rafael Nadal, Federers ewigem Widersacher und freiwilligen Masochisten aus Spanien? Der Kontrast der Aussage und der eleganten Spielweise des Weltstars sollte dir zu denken geben. Roger Federer gilt sportartübergreifend als einer der ästhetischsten Athleten überhaupt. In einem *Grand Slam*-Finale sieht sein Spiel auch im fünften Satz nicht nach harter Anstrengung aus.

Das ist aber eben nur eine Seite der Medaille – die öffentlich sichtbare. Federers Leichtigkeit, seine grandiose Technik und seine effizienten Bewegungen sind nicht einfach in einer Art Tennisgenie-Urknall entstanden. Sie sind das Ergebnis jahrelanger Arbeit, zigtausendfacher Wiederholungen der gleichen Bewegungen und vieler kleiner und großer Kurskorrekturen auf dem Weg.

Federers Schläge mögen schöner aussehen als die der Konkurrenz, entstanden sind sie in jedem Fall im gleichen Maschinenraum. Das ist eine gute Nachricht für alle, die vor Ehrfurcht zu erstarren drohen, wenn sie den Meistern ihres Fachs zusehen.

12. OKTOBER

An diesem Tag im Jahr 2019 gewann Anne Haug den Ironman auf Hawaii.

»Wenn man sich von Rückschlägen nicht aufhalten lässt, ist alles möglich.«

ANNE HAUG

> Ist eine deutsche Triathletin und Ironman-Gewinnerin. Bei der Wahl zu Deutschlands Sportlerin des Jahres 2019 belegte sie hinter der Weitspringerin Malaika Mihambo den zweiten Platz.

Die Triathletin Anne Haug weiß, wovon sie spricht. Als Kind litt sie unter einer Chlorallergie. Zudem hatte sie, wie sie selbst mehrmals sagte, einfach kein Talent für das Schwimmen, immerhin eine der drei Teil-Disziplinen im Triathlon. Über 16 lange Jahre dauerte es, bis sie dank eisernem Willen, enormer Widerstandsfähigkeit und täglicher Überwindung an die Weltspitze gelangte.

Ein Athlet muss zudem unvorhersehbare Rückschläge überwinden. Das beste aktuelle Beispiel ist die Corona-Krise samt aller damit verbundenen Verbote und Auflagen. Plötzlich konnte kein Schwimmtraining mehr stattfinden – für Triathleten eine schwierige Situation.

Wie reagierte Anne Haug? Statt zu hadern, montierte sie Gummibänder um ihr Treppengeländer und simuliert so für ihre Muskeln durch Zugseiltraining das Schwimmen. Zusätzlich macht sie auf kleinen Hockern regelmäßig Trockenschwimmübungen. Optimal? Weit davon entfernt. Aber ein Champion lässt sich von Rückschlägen nicht unterkriegen, sondern findet einen Weg.

13. OKTOBER

»The mark of great sportsmen is not how good they are at their best, but how good they are their worst.«

MARTINA NAVRATILOVA

> Die Tschechoslowakin war 332 Wochen lang war die Nummer Eins der Tennisweltrangliste und gewann insgesamt 59 Grand Slam-Turniere im Einzel, Doppel und Mixed. Ihren letzten Titel gewann sie als 49-Jährige. Seit vielen Jahren setzt sie sich für die Rechte Homosexueller ein.

Martina Navratilova gewann von 1982 bis 1986 in fünf aufeinanderfolgenden Jahren im Einzel 428 von 442 Matches. Das entspricht einem unglaublichen Durchschnitt von nur drei Niederlagen pro Jahr. 1983 gewann sie 86 Tennismatches und verlor nur eine Partie. Das Jahr eines Tennisspielers ist wie das der meisten Sportler lang, entbehrungsreich und voller Höhen und Tiefen. Turnier folgt auf Turnier. Woche für Woche der gleiche Rhythmus: Flugreisen, Hotels, Training, Wettkampf und alles wieder von vorne. Ein Leben in der Endlosschleife.

Martina Navratilovas Leistung ist herausragend und einmalig, denn auch für einen Top-Star wie sie beginnt ein Tennisturnier nicht im Scheinwerferlicht des Halbfinales oder Finales. Es bedeutet, in unglamourösen ersten Runden gegen hungrige Gegner zu spielen, die die Sensation schaffen wollen, zu siegen. Es bedeutet, wenige Ruhepausen zu haben und trotz schwankender Tagesform immer wieder der Favoritenrolle gerecht werden zu müssen.

Am Ende zählt es, zu siegen, egal wie. Ein Champion wie Martina Navratilova weiß, dass man nicht immer glänzen kann. Schlechte Tage erfordern eisernen Willen, harte Arbeit und viel Disziplin – nicht aber Überheblichkeit und halben Einsatz. Für ein Finale kann sich jeder motivieren, in einer ersten Runde fällt das schwerer. An diesen Tagen zeigt sich, aus welchem Holz du geschnitzt bist.

14. OKTOBER

»The problem is not to find the answer, it's to face the answer.«

TERENCE MCKENNA

> US-amerikanischer Autor, Sprachwissenschaftler und Bewusstseinsforscher.

Der Wahrheit ins Auge zu blicken, kann ganz schön schwer sein. Doch wenn wir uns für eine gewisse Zeit mit einem Problem beschäftigen, kommen wir früher oder später meistens zu einer Lösung. Schwieriger kann es sein, die Lösung wirklich zu akzeptieren, vor allem bei schwerwiegenderen Fragen oder Problemen. Manchmal sind Wahrheiten unkomfortabel oder schmerzhaft, und daher sind wir nicht bereit, sie einzugestehen. Das kostet Kraft, ist aber notwendig.

Denn genau wie zermürbende Tempoläufe die Ausdauer verbessern oder hartes Krafttraining den Muskel größer werden lässt, verhält es sich im Leben: Schmerz führt zu Wachstum. Ganz nach der lateinischen Redewendung: *Per aspera ad astra* – »durch Mühsal gelangt man zu den Sternen«.

TRAININGSPROGRAMM HERBST

»Um ein guter Marathonläufer zu werden, musste ich einige Dinge in meinem Leben ändern.«

Haile Gebrselassie, ehemaliger äthiopischer Langstreckenläufer

Challenge für deinen Körper: Sport im Alltag
Den ganzen Tag im Büro sitzen, mit dem Auto ins Fitnessstudio, trainieren, duschen, wieder ins Auto und ab auf die Couch? Für viele Sportler ist das Routine. Versuche, eine Zeit lang etwas anderes zu probieren. Statt Sport in deinen Alltag zu integrieren, probiere es mal andersherum: Integriere den Alltag in deinen Sport. Fahr mit dem Fahrrad ins Büro, geh zu Fuß ins Training oder triff dich mit Freunden zum Spazierengehen. Schreibe fünf Möglichkeiten auf, die zu dir passen, und setze sie um!

Challenge für deinen Geist: Hindernisse aus der Vergangenheit
Gehe eine längere Zeit in dich und in deiner Erinnerung all die Momente deines Lebens als Athlet und Nicht-Athlet durch, in denen du bereits Hindernisse aus dem Weg geräumt hast. Schreibe alle Beispiele auf, die dir einfallen, unabhängig davon, wie lange sie zurückliegen oder wie viel oder wenig Überwindung sie dich gekostet haben. Dann faltest du deine Notizen zusammen und steckst sie ein. Wann immer du vor einer sportlichen Herausforderung in deinem Leben stehst, kannst du darauf zurückgreifen.

Challenge für deine Interaktion: Gemeinsames Ziel
Sprich mit deinen Freunden, Trainingspartnern oder Teamkollegen und definiere mit ihnen ein gemeinsames sportliches Ziel, das nicht zu weit in der Zukunft liegt. Abhängig von deiner Sportart und deiner Fitness kann das die Anmeldung zu einem Event (Marathon, Triathlon, Turnier) sein oder auch ein körperliches Ziel (zehn Kilogramm abzunehmen). Wichtig ist, dass ihr euch kein allzu leichtes Ziel vornehmt. Stellt gemeinsam einen Trainingsplan auf und motiviert euch in den kommenden Wochen und Monaten gegenseitig. Wenn ihr euer Ziel erreicht habt, könnt ihr zusammen feiern.

15. OKTOBER

Heute ist der internationale Hände-Waschtag der Weltgesundheitsorganisation.

»Give a man a mask and he'll show you his true face.«

MEHRERE QUELLEN

> Vom heutigen Zitat gibt es einige Variationen aus verschiedenen Quellen. Am ehesten ist es dem irischen Schriftsteller Oscar Wilde zuzuordnen.

Masken hätten wir noch vor einiger Zeit lediglich mit dem *Phantom der Oper* oder einem schicken venezianischen Ball in Verbindung gebracht. Seit der Corona-Pandemie bestimmen Gesichtsbedeckungen jedoch unseren Alltag in einem nie für möglich gehaltenen Ausmaß. Doch im heutigen Zitat geht es nicht um Infektionsschutz, sondern um das Gedankenspiel: Wer bist du, wenn dich niemand sieht?

Wer bist du eigentlich, wenn dir niemand zuschaut, während du die letzten Sätze im Kraftraum angehst oder den Weg nach Hause antrittst. Wer bist du, wenn eigentlich noch ein Trainingslauf ansteht, es aber schon seit Stunden heftig regnet. Tust du nur dann das Richtige, wenn jemand dich sieht? Wenn du Zeugen hast, andere an deiner Leistung teilhaben lassen und du Lorbeeren für deine Taten ernten kannst? Oder reicht es dir, dein eigener Zeuge zu sein?

16. OKTOBER

An diesem Tag im Jahr 1968 fand bei den Olympischen Spielen in Mexico City eine Protestaktion der Medaillengewinner Tommie Smith und John Carlos statt.

»If I win, I am American, not a black American. But if I did something bad, then they would say I am a Negro. We are black and we are proud of being black. Black America will understand what we did tonight.«

TOMMIE SMITH

> Der ehemalige US-amerikanische Leichtathlet und American-Football-Spieler gewann bei den Olympischen Spielen 1968 die Goldmedaille und blieb als erster Mensch über 200 Meter unter der Schallmauer von 20 Sekunden.

Tommie Smith gewann am Morgen des heutigen Tages bei den Olympischen Spielen 1968 über 200 Meter die Goldmedaille. Die Medaillenzeremonie ging später als eine der berühmtesten Protestaktionen in die Geschichte des 20. Jahrhunderts ein. Während die US-Hymne erklingt reckten Smith und der Drittplatzierte John Carlos reckten ihre Faust in einem schwarzen Handschuh in den mexikanischen Himmel. Als Erinnerung an die allgemeinen Menschenrechte und gegen vorherrschende Rassenpolitik.

Niemand würde sich wundern, wenn seine Sätze aus dem Jahr 2020 stammen würden. Die grausame Ermordung von George Floyd, die Black Lives Matter-Bewegung, sowie die sich die vorherrschende Ungleichbehandlung von dunkelhäutigen Menschen belegen, dass das oben aufgeführte Statement inhaltlich noch immer erschreckend aktuell ist. Nicht nur in den USA, sondern auf der ganzen Welt und vor der eigenen Haustür.

Von allein wird das Rassismusproblem auch weiterhin nicht verschwinden. Als Athleten können wir jedoch vorangehen und uns mit unseren sportlichen Brüdern und Schwestern solidarisieren, egal welche Hautfarbe, Abstammung oder Orientierung sie haben. Wir sind gefordert. Jetzt und für immer.

17. OKTOBER

»Beide sagten dasselbe: ›Du bist amputiert, lass dich nicht davon aufhalten. Tue das, was du tun möchtest‹.«

Beatrice Vio

> Ist eine italienische Rollstuhl-Fechterin. Beatrice – besser bekannt unter ihrem Spitznamen »Bebe« (Baby) – ist Europameisterin, Weltmeisterin und Goldmedaillengewinnerin bei den Paralympics 2016 in Rio de Janeiro.

Die beiden, von denen im Zitat die Rede ist, sind keine Geringeren als Oscar Pistorius und Alessandro Zanardi, Legenden im paralympischen Sport. Ihr Rat ist gut gemeint und aufrichtig, die eigentliche Herausforderung stellt seine Umsetzung in konkrete Taten dar.

Beatrice Vio, von ihren italienischen Landsleuten unter dem Namen Bebe gleichermaßen bekannt und verehrt, mussten im Alter von elf Jahren in Folge einer schweren Meningitis knieabwärts beide Beine und Unterarme amputiert werden. Als reiche das nicht als Leid für drei Leben aus, hinterließ die Krankheit auch noch große Narben in ihrem Gesicht.

Für Bebe Vio, die mit fünf Jahren das erste Mal mit Fechten in Berührung kam, war Sport die entscheidende Therapie. Ihre Hoffnung und ihr Wunsch, trotz derartiger Schicksalsschläge wieder fechten zu können, verkürzten den Krankenhausaufenthalt der tapferen blonden Norditalienerin deutlich. »Im Krankenhaus zu liegen, kam mir wie Zeitverschwendung vor«, erinnert sie sich an ihre schwere Zeit. Vier Monate nach der Operation stieg sie wieder ins Training ein. Wenige Monate später nahm sie bereits an ihrem ersten Para-Fechtturnier teil. Beatrice Vio ist eine italienische Sportheldin und ein Fixstern, an dem man sich als Athlet orientieren kann. Sie ist der lebende Beweis dafür, was möglich ist, wenn man sich weigert, aufzugeben.

18. OKTOBER

Heute ist der Europäische Tag gegen Menschenhandel.

»Discipline is choosing between what you want now, and what you want most.«

ABRAHAM LINCOLN

> Der Republikaner führte als 16. Präsident die USA durch den Sezessionskrieg zwischen Nord- und Südstaaten und vereinte das im Bürgerkrieg stehende Land. Er war treibende Kraft hinter dem 13. Verfassungszusatz, der 1865 die bis dahin offiziell erlaubte Sklaverei abschaffte.

Der amerikanische Ökonom und Sozialwissenschaftler Thomas Schelling leistete als außenpolitischer Berater einen bedeutenden Beitrag zur weltweiten Konfliktlösung und internationalen Kooperation der Nachkriegszeit. So bedeutend, dass er 2005 für seine Arbeit mit dem Wirtschaftsnobelpreis ausgezeichnet wurde. Knapp 30 Jahre zuvor hatte Schelling die Idee geprägt, dass in uns Menschen zwei Persönlichkeiten leben. Auf der einen Seite das gegenwärtige Selbst, das eine bestimmte Sache möchte, zum Beispiel leckere Schokolade. Auf der anderen Seite das zukünftige Selbst, das ein ganz anderes Ziel anstrebt, zum Beispiel endlich die letzten überschüssigen Pfunde für den Sommer zu verlieren. Beide Persönlichkeiten existieren. Jedoch nie gleichzeitig. In Momenten der Versuchung haben wir uns also die Frage zu stellen: Welcher dieser beiden Persönlichkeiten geben wir den Vorrang? Wählen wir die eine, hat die andere keine Chance.

19. OKTOBER

»In digital world sport provides opportunity to bring people together.«

EDWIN MOSES

> Der ehemalige US-amerikanische Hürdenläufer, zweifache Olympiasieger und Weltmeister blieb fast zehn Jahre lang auf seiner Paradestrecke des 400-Meter-Hürdenlaufs ungeschlagen.

Wir können das Rad der Zeit nicht mehr zurückdrehen. Die neuen Technologien, die digitale Kommunikation und die sozialen Medien werden sich verändern und anpassen, aber nicht aus unseren Leben verschwinden. Wahrscheinlicher ist, dass sie künftig einen noch größeren Platz in unserem Leben einnehmen. In nicht allzu ferner Zukunft wird es niemanden mehr geben, der kein Digital Native ist, das heißt eine Person, die mit den Informationstechnologien und dem Internet aufgewachsen ist und die Welt ohne digitale Medien nicht mehr kennt. Leben ohne Internet und Smartphone? Wie war das überhaupt möglich?

Auch der Sport ist natürlicher Bestandteil der digitalen Transformation. Im Fall von eSports und Anwendungen im *Virtual Reality*-Bereich gestaltet der Sport die neue Welt sogar aktiv mit. Andererseits ist und wird der Sport ein wichtiges analoges Gegengewicht zu allen digitalen Entwicklungen bleiben. Traditionelle und neue Sportarten bringen uns in Kontakt mit der Natur und/oder mit unseren Mitmenschen. Der Spaß durch Sport, die ausgeschütteten Endorphine, die kleinen und großen Momente – all das ist durch keine Technik der Welt zu ersetzen.

Trotzdem sollten wir keine Berührungsängste haben und eher Chancen nutzen, statt vor Gefahren zu warnen. Neue Technologien werden uns Sportlern helfen, uns noch einfacher auszutauschen und zu verabreden. Sie verbinden uns mit anderen Sportlern weltweit. Sie werden Trainingseinheiten und Wettkampfresultate und auch unsere Erinnerungen an sportliche Ereignisse festhalten. Es gibt viele Gründe, sich auf die digitale Transformation zu freuen und sie aktiv mitzugestalten.

20. OKTOBER

An diesem Tag im Jahr 1968 gewann Dick Fosbury in Mexico City die Goldmedaille im Hochsprung.

»I was told over and over again that I would never be successful, that I was not going to be competitive and the technique was simply not going to work. All I could do was shrug and say ›We'll just have to see‹.«

DICK FOSBURY

> Der ehemalige US-amerikanische Leichtathlet gewann 1986 in Mexico City die olympische Goldmedaille im Hochsprung. Er erfand die nach ihm benannte Hochsprung-Technik *Fosbury-Flop*.

Was hat ein Rollkoffer mit dem Fosbury-Flop zu tun? Bei beiden fragt man sich: Warum ist nicht früher jemand auf diese Idee gekommen? Der Rollkoffer wurde 1972 patentiert. Dick Fosbury sprang 1968 erstmals rückwärts über die Latte. Seine Technik setzte sich daraufhin schnell als Standard durch, während zuvor der Schersprung (mit aufrechtem Oberkörper über die Latte) oder der Rollsprung (bäuchlings über die Latte) dominierten. So wie heutzutage nahezu alle reisenden Menschen ihre Koffer von A nach B rollen, statt sie mühsam zu tragen, springen die Hochspringer der Weltspitze heute so über die Latte wie es Dick Fosbury bei den Olympischen Sommerspielen 1968 in Mexico City vormachte.

Wir Menschen sind seltsam. Wer sich über Regeln hinwegsetzt und einen eigenen Weg geht, wird, wie es auch Dick Fosbury geschah, zunächst belächelt, dann kritisiert oder sogar für verrückt erklärt. Als Revolutionär oder Innovator im Sport brauchst du ein dickes Fell, um dich von den vielen Kritikern nicht von deinem Weg abbringen zu lassen.

Von Menschen wie Dick Fosbury kannst du lernen, deinen eigenen Kopf zu benutzen. Du darfst alles in Frage stellen, um zu eigenen Lösungen zu kommen, sogar die technischen Grundlagen deiner Sportart. Vielleicht gibt es ja tatsächlich einen besseren Weg. Was könnte der *Fosbury-Flop* oder Rollkoffer deiner Sportart sein?

21. OKTOBER

»If you love life, don't waste time, for time is what life is made up of.«

BRUCE LEE

> Der weltbekannte Sino-Amerikaner war *Martial Arts*-Kämpfer, Lehrer, Schauspieler und Philosoph. Das *Time Magazine* zählte ihn zu den 100 wichtigsten Personen des 20. Jahrhunderts.

Noch heute, fast fünf Jahrzehnte nach seinem Tod, ist Bruce Lee, der »King of Kung Fu«, für viele Menschen der Inbegriff des Kampfsports. Ein Sportler, der in seinen Filmen viele philosophische Gedanken ausdrückte. Dabei wurde er nur 32 Jahre alt. Doch selbst in seiner kurzen Zeit schaffte Lee bleibende Werke für die Nachwelt. Ihm war bewusst, dass Zeit das kostbarste Gut in unserem Leben ist.

Aus einer anderen Perspektive beleuchtete der stoische Philosoph Seneca den Gedanken Lees schon 2000 Jahre zuvor: *»Es ist unser größter Fehler zu denken, dass der Tod vor uns liegt. Der größte Teil des Todes ist bereits passiert, denn alle Zeit, die schon vergangen ist, gehört schon dem Tod.«*

»Niemand möchte sterben. Nicht einmal Menschen, die in den Himmel möchten, wollen sterben, um dorthin zu gelangen. Und doch ist der Tod unausweichlich«, erkannte Apple-Gründer Steve Jobs, eine prägende Figur unserer Zeit.

Von allen drei können wir lernen: Unsere Zeit ist wertvoll und einzigartig. Wie wir unsere Sekunden, Minuten und Stunden verbringen, bestimmt, wie wir leben.

22. OKTOBER

»Ich weiß, dass einige Spieler gerne im Mittelpunkt stehen, und ich gebe zu, dass ich auch Ruhm mochte, als ich zum ersten Mal ein Spieler wurde. Aber dieses Gefühl hielt nur drei Monate an. Dann wurde mir klar, wie es wirklich war, die ganze Zeit im Mittelpunkt der Aufmerksamkeit zu stehen. Es ist nicht alles gut.«

MARIO BALOTELLI

> Ist ein italienischer Fußballprofi mit ghanaischen Wurzeln. In seiner Karriere war er unter anderem bereits für Inter Mailand, Manchester City, AC Mailand und den FC Liverpool aktiv. Außerdem spielte er von 2010 bis 2018 in 36 Länderspielen für die italienische Nationalmannschaft.

Mario Balotelli kennt die Nebenwirkungen großen Erfolgs. Auf der einen Seite ist er ein Starstürmer, der die deutschen Titelhoffnungen im Halbfinale der Europameisterschaft 2012 mit zwei Toren jäh beendete und sein Land Italien ins Finale führte. Auf der anderen Seite ist er ein dunkelhäutiger Spieler, dem in den Fußballstadien Europas immer wieder rassistische Beleidigungen und Schmährufe zugerufen werden. Mehrere Male verließ er nach laut imitierten Affenstimmen von den Rängen das Feld. Die Beleidigungen kommen von den gleichen »Fans«, die sonst seine Tore für die italienische Nationalmannschaft bejubeln.

Mario Balotelli kennt beide Seiten der Erfolgsmedaille. Er weiß, wie wichtig es ist, Rassisten die Stirn zu bieten: »*Rassismus kann man nicht einfach löschen. Es ist wie mit dem Rauchen. Man kann nicht aufhören zu rauchen, wenn man nicht möchte, und man kann Rassismus auch nicht stoppen, wenn die Leute nicht wollen. Aber ich werde alles tun, um zu helfen.*«

23. OKTOBER

An diesem Tag im Jahr 1940 wurde der Brasilianer Pelé als Edson Arantes do Nascimento geboren.

»Ich werde immer zu einzelnen Spielern befragt. Die einzige Möglichkeit zu gewinnen, ist als Team. Beim Fußball geht es nicht um einen, zwei oder drei Starspieler.«

PELÉ

> Der ehemalige brasilianische Fußballstar Edson Arantes do Nascimento wurde vom Fußball-Weltverband FIFA zusammen mit dem Argentinier Diego Maradona zum besten Spieler des 20. Jahrhunderts gewählt.

Ein Fußballfeld darf laut Weltverbandsrichtlinien zwischen 100 und 110 Meter lang und 64 bis 75 Meter breit sein. Eine viel zu große Fläche für einzelne Starkicker, Traumduos oder magische Dreiecke. Ohne starke Mitspieler links, rechts, vorne und hinten wären sie völlig verloren. Individuelle Klasse entscheidet einzelne Spiele, aber Mannschaften, in denen die Spieler füreinander durchs Feuer gehen, gewinnen Turniere und Meisterschaften. Cristiano Ronaldo und Lionel Messi gewinnen kein einziges Spiel im Alleingang, trotz aller Traumtore, Dribblings und Schlagzeilen, die hartnäckig genau das behaupten.

Ohne talentierte und zuverlässige Mitspieler, die den Stars in jedem Spiel den Rücken freihalten, grätschen, kämpfen, passen und Lücken schließen, wird niemand zum Weltfußballer. Das Ganze ist mehr als die Summe seiner Teile. Das kannst du von Aristoteles lernen. Oder vom Jahrhundertfußballer Pelé.

24. OKTOBER

»Die Definition von Wahnsinn ist, immer wieder das Gleiche zu tun und andere Ergebnisse zu erwarten.«

MEHRERE QUELLEN

> Dieses Zitat wird immer wieder Albert Einstein zugeschrieben, stammt aber sehr wahrscheinlich nicht von dem berühmten Physiker. Er ist einer der bedeutendsten Wissenschaftler aller Zeiten. Der Nobelpreisträger für Physik brachte mit seiner allgemeinen und speziellen Relativitätstheorie und seinen Forschungen zur Gravitation sowie zur Struktur von Raum, Zeit und Materie die theoretische Physik auf ein neues Level.

Du bist wieder da. Nach der Enttäuschung stehst du wieder aufrecht auf dem Trainingsplatz, auf dem du in deinem Leben schon so viel Blut, Schweiß und Tränen gelassen hast. Die Niederlage hat wehgetan. Auch noch zwei Wochen nachdem du mit hängenden Schultern vom Platz geschlichen bist, spürst du bei dem Gedanken daran, verloren zu haben, einen Stich. Schon wieder verloren! Genau wie im vergangenen Jahr und im Jahr zuvor. Trotz all der Mühen und Anstrengungen in der Vorbereitung. In den letzten Tagen hast du zusammen mit deinem Coach immer wieder nach Gründen gesucht. Wobei eigentlich nur er nach Gründen gesucht hat. Du warst dazu mental und körperlich noch viel zu fertig.

Seit der Besprechung vor ein paar Stunden steht nun die neue Marschroute bis zum nächsten Wettkampf fest. Das Credo: noch härter und intensiver trainieren. »Nicht nötig, daran lag es nicht«, so die lapidare Antwort auf deine Bedenken, dass sich am Trainingsinhalt nichts ändert. Doch eine Stimme in dir hat Zweifel, möchte dieses Mal einen radikaleren Schnitt, ein neues Konzept, einen anderen Weg ausprobieren. Diese Stimme ist das Bauchgefühl, dem wir oft zu wenig Beachtung schenken. Meist hören wir dann doch wieder auf die Autoritäten – Trainer, Experten, Eltern. Deine eigene Stimme ist allerdings genauso wichtig. Vergiss das nicht!

25. OKTOBER

An diesem Tag im Jahr 1881 wurde Pablo Picasso geboren.

»Action is the foundational key to all success.«

PABLO PICASSO

> Der spanische Maler, Bildhauer, Grafiker und künstlerische Allrounder gilt als einer der einflussreichsten und bekanntesten Künstler des 20. Jahrhunderts.

Hoffentlich hilft dir dieses Buch dabei, Inspiration und Motivation auch für die Tage zu finden, an denen du lieber im Bett bleiben würdest, statt dich durch den Wald, das Schwimmbecken oder die Loipe zu kämpfen. Tage, an denen dein innerer Gegner eher einem zähnefletschenden statt einem niedlichen Schweinehund ähnelt.

Die wahre Genugtuung stellt sich allerdings erst dann ein, wenn du deine Vorhaben auch wirklich umsetzt. Wir wissen schon: Wir – die Autoren – haben den leichten Part. Passende Zitate auszuwählen und darüber zu schreiben, macht Spaß. Du dagegen stehst vor der wesentlich größeren Herausforderung: Die gelesenen Worte in konkrete Aktionen zu übersetzen.

Jetzt ist ein guter Zeitpunkt, das Buch zur Seite zu legen. Zieh deine Schuhe und Sportsachen an und lege los. Erfolgreiche Athleten lernen, lesen und bilden sich konstant weiter. Sie vergessen dabei nicht, was sie erst zu Athleten macht: Taten folgen zu lassen.

26. OKTOBER

»To uncover your true potential, you must first find your own limits and then you have to have the courage to blow past them.«

PICABO STREET

> Ist eine ehemalige US-amerikanische Skirennläuferin und olympische Goldmedaillengewinnerin. In ihren Paradedisziplinen Abfahrt und Super-G war sie eine der erfolgreichsten Skiläuferinnen der 1990er-Jahre. Zweimal konnte Street die Abfahrtswertung des Skiweltcups gewinnen.

An die Grenzen zu gehen, kann schmerzhaft sein. Physisch und emotional. Es erfordert viel körperliche Kraft und mentales Durchhaltevermögen. Diese Grenzerfahrung ist das Gegenteil der Komfortzone. Doch nur wenn du dich hin und wieder traust, deinem Leistungslimit näherzukommen kannst du dein wahres Potenzial entdecken. Wahrscheinlich hast du noch gar keine Vorstellung davon, zu welchen Leistungen du wirklich in der Lage bist. Ob du nun ein 18-jähriger angehender Sprintstar oder eine 71-jährige Rentnerin vor dem ersten Stadtlauf bist: Woher willst du wissen, wo deine Grenze ist, wenn du es nicht ausprobierst. Mutig und unvoreingenommen. Oder um es in den Worten von Bill Gates zu sagen, einem Mann, der mit 31 Jahren Milliardär und mit 39 Jahren der reichste Mensch der Welt war: *»Wenn ich eine feste Vorstellung einer Ziellinie gehabt hätte, hätte ich sie schon vor Jahren überschritten.«*

27. OKTOBER

An diesem Tag im Jahr 1858 wurde Theodore Roosevelt geboren.

»It is not the critic who counts; not the man who points out how the strong man stumbles, or where the doer of deeds could have done them better. The credit belongs to the man who is actually in the arena, whose face is marred by dust and sweat and blood.«

THEODORE ROOSEVELT

> Der 26. und bei seinem Amtsantritt jüngste Präsident der Vereinigten Staaten von Amerika wurde 1906 mit dem Friedensnobelpreis ausgezeichnet.

Dieses Zitat spricht alle Sportler an, die sich dem Wettkampf stellen und sich dadurch verletzlich machen, ob in der Kreisliga vor zwei oder bei Olympischen Spielen vor 90 000 Zuschauern. In der Arena macht man Fehler, fällt hin und bleibt oftmals hinter den eigenen Erwartungen. Aber auf dieser Bühne entsteht eben auch erst das Wachstum, das Sportler benötigen, um alles aus sich herauszuholen und die eigenen Grenzen zu durchbrechen.

Die Sätze Roosevelts wirken wie ein Schutzschild gegen Kritiker, Theoretiker und Schlaumeier, die immer alles besser wissen. Sie immer wieder zu lesen, impft gegen alle Neider, Angsthasen und Besserwisser. Die wahren Helden sind die, die sich in die Arena trauen.

GASTBEITRAG

28. OKTOBER

»Ich warte die B-Probe ab.«

JOHANN MÜHLEGG, ALLGÄUER SKILANGLÄUFER,
WELTMEISTER UND DOPINGSÜNDER BEI DEN OLYMPISCHEN
WINTERSPIELEN 2002 IN SALT LAKE CITY

> Der folgende Text ist ein Gastbeitrag von Norbert König, einem der bekanntesten deutschen Fernseh- und Sportmoderatoren (unter anderem *ZDF SPORTreportage, ZDF SPORT-Extra, heute, das aktuelle Sportstudio*). Seit 1988 berichtet König zudem von allen Olympischen Winter- und Sommerspielen. Weitere Infos unter www.norbertkoenig.de und www.sport-speaker.com.

Können Sie mir und damit Millionen Fernsehzuschauern ins Gesicht sagen, dass Sie nicht betrogen haben?« Johann Mühlegg konnte das nicht. Er konnte nicht die Wahrheit sagen, aber er wollte auch nicht lügen. Johann Mühlegg, mit übermenschlichen Leistungen und Riesenvorsprung Sieger in drei olympischen Rennen über 20, 30 und 50 Kilometer, blieb gebetsmühlenartig bei seinem »Ich warte die B-Probe ab«. Wohlwissend, dass diese B-Probe kein anderes Ergebnis bringen würde als die Bestätigung des positiven Tests auf das leistungssteigernde Dopingmittel Darbepoetin.

Zwei Jahre Sperre, Karriere beendet, das schmutzige Gold aberkannt. Einer der größten Skandale der Sportgeschichte. Johann Mühlegg ist in der Versenkung verschwunden. Angeblich ist er Immobilienhändler in Brasilien. Sein bis dato letztes bekanntes Statement lautet: »Ich will über das, was gewesen ist, nicht sprechen. Ich habe diese Welt für immer verlassen.«

Der Journalist, der im Februar 2002 die Frage stellte, ist in dieser Welt geblieben. Er hat zahlreichen Athleten gegenübergestanden, nicht wissend, manchmal zweifelnd, ob sie aufrichtig und ehrlich ihre bestmögliche Leistung abgerufen oder mit unerlaubten Mitteln nachgeholfen haben. Damit muss und kann er leben. Viele Sportler aber sind um einzigartige Glücksmomente betrogen worden. Viele andere leben mit der Lüge, vielleicht ein Leben lang. Ein hoher Preis.

29. OKTOBER

»Pech war nicht im Spiel. Pech ist, wenn man sich den Fuß bricht.«

ERNST HAPPEL

> Der sehr erfolgreiche, ehemalige Fußballspieler und -trainer aus Österreich war der erste Trainer, der die Champions League (damals unter dem Namen Europapokal der Landesmeister) mit zwei Vereinen (Feyenoord Rotterdam und Hamburger SV) gewinnen konnte.

Ehrlichkeit kann wehtun, besonders, wenn man gerade ein wichtiges Spiel verloren hat oder im entscheidenden Moment hinter den eigenen Zielen und Erwartungen geblieben ist. Als Sportler hast du in diesen Momenten die Wahl. Willst du ehrlich zu dir sein oder auf einen der »falschen Freunde« setzen, die dir in Form von mundgerechten Ausreden zur Verfügung stehen? Von der Verletzung, die dich angeblich zurückgehalten hat, über die schlechten Wetterverhältnisse, die dir komischerweise mehr geschadet haben als der Gegenseite, bis hin zum Schiedsrichter, der ganz klar parteiisch war.

Du musst dich entscheiden: Authentisch die Wahrheit sagen und damit das Fundament für nachhaltige Verbesserung legen oder irgendeine Geschichte auftischen, die kurzfristig dein Gesicht wahren soll, dich aber mittelfristig in größere Schwierigkeiten bringen wird. Für wahre Athleten gibt es nur eine Antwort. Pech ist fast nie die Ursache des eigenen Scheiterns. Außer man hat sich wirklich den Fuß gebrochen.

30. OKTOBER

An diesem Tag im Jahr 1960 wurde Diego Armando Maradona geboren.

»Drogen kann man nicht in den Griff bekommen, denn es sind die Drogen, die einen im Griff haben. Wer sich hinstellt und sagt ›Ich habe die Drogen im Griff‹, der lügt.«

DIEGO ARMANDO MARADONA

> Der Argentinier, einer der größten Fußballer aller Zeiten, gewann zusammen mit Pelé die FIFA-Auszeichnung für den besten Spieler des 20. Jahrhunderts. Zudem wurde er 1986 mit Argentinien Weltmeister und bei diesem Turnier als bester Spieler ausgezeichnet. 2020 starb er in seinem Heimatland.

Selbsterkenntnis ist bekanntlich der erste Schritt zur Besserung. Diego Armando Maradona hat während und nach seiner einmaligen Karriere laut eigener Aussage einige Fehler gemacht. Eines musste er sich im Gegensatz zu anderen Profisportlern jedoch nie vorwerfen lassen: Schönfärberei.

Wenn ein Mensch Drogen oder Alkohol konsumiert, um irgendwie den Tag zu überstehen, hilft nur ein radikaler Lebenswandel. Neben schonungsloser Ehrlichkeit sind kompromisslose Konsequenz, kompetente Hilfe von außen und die Unterstützung von Freunden und Familie erforderlich.

Es gibt sehr viele bittere Geschichten von einstigen Helden, die während oder nach ihrer Karriere süchtig wurden. Die ihre Abhängigkeit spät oder gar nicht erkannt haben. Selbst aus den besten Anekdoten »von damals« werden traurige Geschichten, wenn sie nur noch im Suff oder Drogenrausch zum Besten gegeben werden. Wie im Sport ist es allerdings für ein Comeback nie zu spät. Lass dir helfen, bevor das Loch, das du dir gräbst, zu tief geworden ist, um selbst wieder herauszuklettern.

31. OKTOBER

Am heutigen Tag im Jahr 2003 verlor die Surferin Bethany Hamilton ihren linken Arm bei einer Haiattacke.

»Courage doesn't mean you don't get afraid. Courage means you don't let fear stop you.«

BETHANY HAMILTON

> Ist eine US-amerikanische Surferin. Nach der Haiattacke gewann sie zunächst mehrere nationale und internationale Juniorentitel und surft seit 2008 als Vollzeitprofi auf der ASP World Qualifying Series. Sie ist Autorin des Buches *Soul Surfer: Meine Geschichte*.

Am heutigen Tag des Jahres 2013 ging die 13-jährige Bethany Hamilton für ein paar frühmorgendliche Surfstunden vor der Küste Hawaiis ins Meer. Wenig später wurde das junge Mädchen von einem fast viereinhalb Meter langen Hai attackiert. Wo Sekunden zuvor noch ihr linker Arm war, klaffte nun eine riesige Wunde. Als sie kurz darauf in das nahegelegene Krankenhaus gebracht wurde, hatte sie schon 60 Prozent ihres Bluts verloren. Im Operationssaal konnten die Ärzte zwar ihr Leben retten, ihren Arm hatte sie verloren. Und ohne ihren linken Arm würde sie für den Rest ihres Lebens auf Hilfe angewiesen sein. Ein traumatisches Erlebnis, das für das vielversprechende Surftalent das frühe Karriereende bedeutete. Soweit zumindest die Theorie.

In Wirklichkeit stand Bethany nur 26 Tage nach der Haiattacke wieder auf ihrem Surfbrett. Nicht einmal zwei weitere Monate später nahm sie wieder an einem offiziellen Wettbewerb teil. Schließlich schaffte sie auch noch den Durchbruch in die Weltspitze des Surfsports. Und wie? Nicht durch Furchtlosigkeit. Im Gegenteil: Wer den Angriff eines Hais überlebt, hat Angst vor einer erneuten Attacke. Vielmehr stellte sich Bethany Hamilton ihrer Angst, und so gelang es ihr auch, sie zu überwinden. Niemand weiß, was sich hinter der Angst verbirgt. Es lohnt sich aber, genau das herauszufinden.

NOVEMBER

1. NOVEMBER

»When one teaches, two learn.«

ROBERT HEINLEIN

> Zu den bekanntesten Werken des US-amerikanischen *Science-Fiction*-Schriftstellers gehören die Bücher *Starship Troopers* und *Stranger in a strange land*. Viele seiner Geschichten wurden verfilmt.

Jede Wiederholung macht dich besser. Was für Kniebeugen, Klimmzüge und Handstände gilt, trifft auch für den Bereich zwischen deinen Ohren zu. Wenn du jemandem etwas beibringst, zum Beispiel eine bestimmte Taktik, Technik oder Übung aus deiner Sportart, festigt sich das vermittelte Wissen auch in dir. Einer erklärt, zwei lernen – eine Erfolgsformel. Das Wiederholen und Vorführen in deinen eigenen Worten und Bewegungen hilft dir als Lehrer mindestens ebenso sehr wie deinem Schüler. Der sprichwörtliche Sinn gilt natürlich auch, wenn du nicht nur einem anderen, sondern einer ganzen Gruppe etwas erklärst.

Viele Athleten haben dennoch eine große Scheu davor, ihr Wissen und ihre Erfahrungen weiterzugeben. Zu groß ist die Angst, andere dadurch zu stark zu machen oder ihnen eine Abkürzung zu verraten, die ihnen selbst nicht zugänglich war. Tappe nicht in diese egoistische Falle. Es besteht kein Grund zur Beunruhigung. Die Kopie ist selten so gut wie das Original und du profitierst eher von deiner »Selbstlosigkeit«. Außerdem ist es Ausdruck wahrer Größe und Gelassenheit, anderen etwas beizubringen.

2. NOVEMBER

»Damit alles gut klappt, müssen die Spieler laufen wie die Tiere, aber mit dem Ball spielen wie die Kinder.«

PEP GUARDIOLA

> Ist ein ehemaliger Fußballspieler und heutiger -trainer. Bisher trainierte er höchst erfolgreich den FC Barcelona, FC Bayern München und aktuell Manchester City. Dieses Zitat des Spaniers stammt aus dem Buch *Herr Guardiola: Das erste Jahr mit Bayern München von* Martí Perarnau.

Pep Guardiolas Stil steht für fast schon erdrückenden Ballbesitz, der die gegnerischen Mannschaften von der ersten Minute an zermürbt. In ihren besten Zeiten haben seine Teams Ball, Raum und Gegner dermaßen kontrolliert, dass die Spieler der gegnerischen Mannschaften manchmal fast eine ganze Halbzeit lang nicht über die Mittellinie hinauskamen. Zumindest nicht in Ballbesitz.

Dahinter steckt ein Prinzip, das sich auch auf andere Sportarten übertragen lässt. Auf der einen Seite brauchen wir Leidenschaft. Den puren Willen. Diese völlig ergreifende Emotion, die uns unser Ziel bis zur letzten Sekunde verfolgen lässt. Auf der anderen Seite brauchen wir Gelassenheit, kindliche Unbekümmertheit und die pure Freude an der Sache. Völlig unabhängig von Ergebnissen und dem Gedanken an gestern oder morgen.

3. NOVEMBER

An diesem Tag im Jahr 2020 fand die Präsidentschaftswahl in den USA statt.

»My mother had a saying: you may be the first to do many things but make sure you are not the last.«

KAMALA HARRIS

> Nach der US-Wahl 2020 ist die Juristin die erste Vizepräsidentin in der Geschichte der USA. Zudem ist sie in diesem Amt die erste Person mit multiethnischem Hintergrund. Kamala Harris hat sowohl indisch-tamilische als auch jamaikanische Wurzeln.

Für Athleten ist nicht nur Flexibilität der Muskeln, sondern auch des Geistes gefragt. Neue Trainingsmethoden, besseres Material oder revolutionäre Taktik – ein guter Sportler sollte stets bereit sein, neues Territorium zu betreten, wenn er sich damit einen auch noch so kleinen Vorteil verschaffen kann. Besser zu neugierig als zu konservativ. Besser schnell ein neues Trainingssystem ausprobieren, als ewig abzuwarten. Besser taktisch spontan etwas ändern, als mit der alten Herangehensweise immer wieder die gleichen Resultate zu erzielen.

Sportarten sind keine statischen Gebilde und entwickeln sich ständig weiter. Stillstand bedeutet meist Rückschritt. Die Wissensvermittlung ist dank Internet schnell, günstig und global. Mach dir das zunutze und versuche, deinen Sport so mutig und progressiv zu verändern wie Kamala Harris gerade die amerikanische Politik.

4. NOVEMBER

Am heutigen Tag wurde im Jahr 2017 mit 457,49 Kilometern pro Stunde auf einer öffentlichen Straße ein Geschwindigkeitsrekord mit einem Auto aufgestellt.

»If you have everything under control, you're not moving fast enough.«

MARIO ANDRETTI

> Der italienisch-US-amerikanische Rennfahrer gewann bis dato als einer von zwei Sportlern Rennen in der Formel 1, der IndyCar-Rennserie, des World Sportscar Championship und des NASCAR (National Association for Stock Car Auto Racing).

Wir streben in unserem Leben nach Kontrolle. Wir verbringen viel Zeit damit, die verschiedensten Bereiche in Balance zu halten, um dabei die Zukunft nicht aus den Augen zu verlieren. Pläne und Gedanken sind wichtig. Wir dürfen uns aber nicht darin verlieren, mehr Zeit mit der Kontrolle, als mit dem eigentlichen Leben zu verbringen. So erkannte der kleine Prinz, eine Figur des Autors und Fliegers Antoine de Saint-Exupéry: *»Was vergangen ist, ist vergangen, und du weißt nicht, was die Zukunft dir bringen mag. Aber das Hier und Jetzt gehört dir.«* Die Gegenwart ist zum Leben da. Auch ohne Kontrolle sind wir imstande, erstaunliche Dinge zu tun.

5. NOVEMBER

»There are three types of baseball players. Those who make it happen, those who watch it happen, and those who wonder what happened.«

TOMMY LASORDA

> Der ehemalige Baseballspieler ist seit 1997 in der Baseball Hall of Fame. Seit seinem Karriereende ist er als Manager ein Urgestein der Major League Baseball. 2020 war seine 71. Saison mit den Los Angeles Dodgers. Du hast richtig gelesen, einundsiebzig!

Im Leben passiert es oft, dass wir vor einer Kreuzung nicht so recht wissen, ob nun rechts oder links der richtige Weg für uns ist. Manchmal ist aber auch genau das Gegenteil der Fall. Wir wissen genau, was zu tun ist, zieren uns aber vor der Umsetzung. Vielleicht steht ein unangenehmes Gespräch an, eine harte Trainingseinheit oder eine schwere Entscheidung, die nicht alle in unserem Umfeld glücklich macht.

Je länger wir solche Dinge in uns brodeln lassen, desto mehr Sorgen bereiten sie uns. Bis die Sorge größer ist als das eigentliche Problem. Doch durch Warten lösen Sorgen sich nicht automatisch in Luft auf. Zu welcher von Tommy Lasordas drei Kategorien möchtest du zählen? Zu den Aktiven, den Zuschauern oder zu denen, die sich darüber wundern, wie so etwas passieren konnte? Am besten handelst du so, wie es im Markenspruch des bekannten Sportartikelherstellers Nike heißt: »Just do it!« Mach's doch einfach!

6. NOVEMBER

»I don't have any time to stay up all night worrying about what someone who doesn't love me has to say about me.«

VIOLA DAVIES

> Als erste afro-amerikanische Schauspielerin und Produzentin gelang ihr das Kunststück, sowohl den Oscar, den Emmy als auch den Tony Award zu gewinnen.

Warum ist uns die Meinung anderer Menschen so wichtig? Warum schaffen wir es nicht, den einen negativen Kommentar zu ignorieren und uns stattdessen über die tausend positiven Stimmen zu freuen? Klar ist: Wir Menschen und Sportler sind soziale Wesen und wollen gemocht werden. Der Gedanke, dass irgendwo jemand sitzt und uns, aus welchen Gründen auch immer, nicht leiden kann, ist schwer zu ertragen.

Das Zitat von Viola Davies kann uns helfen, eine unproduktive Gedankenspirale schneller zu verlassen. Wir müssen nicht zwanghaft bei uns selbst Fehler suchen. Das funktioniert, indem wir uns fragen, in welcher Beziehung wir zu einem Kritiker stehen. Ist er tatsächlich an unserem Wohl interessiert? Oder handelt er eher aus einem anderen Motiv wie Neid, Frust oder eigener Unsicherheit? Wollen wir wirklich Menschen, die sich oft nicht einmal trauen, ihre eigene Identität preiszugeben, irgendeine Macht über uns geben?

Unsere Zeit ist dafür zu kostbar. Wir sollten akzeptieren, dass wir nicht von jedem gemocht werden können, und uns stattdessen auf die Menschen konzentrieren, die es gut und ehrlich mit uns meinen.

7. NOVEMBER

»Once you give them the power to tell you you're great, you've also given them the power to tell you you're unworthy. Once you start caring about people's opinions of you, you give up control.«

Ronda Rousey

> Gewann als erste US-amerikanische Judoka eine Olympiamedaille. Anschließend erlangte sie als *Mixed Martial Arts*-Kämpferin, Ringerin und Schauspielerin Berühmtheit.

Auf der Welle des Erfolgs zu reiten, ist ein großartiges Gefühl. Das darf man genießen und auskosten. Schließlich hast du dafür hart und entbehrungsreich gearbeitet, auf deine Chance gewartet und sie genutzt. Im Jahr 2015 wurde die Ringerin Ronda Rousey in einer Umfrage des US-Sportsenders ESPN zur »Besten weiblichen Athletin aller Zeiten« gewählt. Wie bei so vielen großartigen Sportlern war ihr Weg zuvor allerdings steinig.

Als Ringerin überhaupt ernstgenommen zu werden und auf sich aufmerksam zu machen, ist schon schwer genug. Um sich an ein Weltklasseniveau heranzutasten, musste sie sich zunächst gegen Jungen beweisen. Hinzu kommt, dass starke Judoka und Ringerinnen nicht unbedingt dem westlichen Schönheitsideal entsprechen.

Bevor Rousey also die »Beste aller Zeiten« werden konnte, war sie lange Zeit eine Außenseiterin. Im Team der Jungen hatte sie als Mädchen einen schweren Stand und ihre Altersgenossinnen hatten eher Angst vor ihr. Hätte sich die junge Ronda damals zu sehr von den Meinungen Außenstehender beeinflussen lassen, wäre sie nie die großartige Athletin geworden, die sie heute ist. Das bedeutet nicht, dass du zum Eisklotz ohne Gefühle werden musst und auf alle anderen pfeifst. Vielmehr ist es eine Erinnerung daran, mit Bedacht auszuwählen, wessen Meinungen für uns wichtig sind.

8. NOVEMBER

»Mir hat jemand einmal die Definition der Hölle aufgezeigt; an deinem letzten Tag auf Erden wird die Person, die du hättest werden können, die Person treffen, die du geworden bist.«

VERFASSER UNBEKANNT

> Trotz ausführlicher Recherche lässt sich das Zitat nicht zweifelsfrei zuordnen. Die Ausdrucksstärke der heutigen Worte schmälert sich dadurch jedoch nicht.

Hin und wieder bedarf es einem gewissenhaften Auseinandersetzen mit deinem aktuellen Ich und der Richtung, in die du dich gerade entwickelst. Es muss schließlich nicht das Lebensende sein, an dem wir feststellen, dass wir unser Potenzial nicht voll ausgeschöpft haben. Ziehe lieber in regelmäßigen Abständen Bilanz, um mit kleinen Korrekturen auf Kurs zu bleiben.

Nichts ist so schmerzhaft, wie sich kurz vor dem Lebensende die bittere Frage »Was wäre gewesen, wenn ...« zu stellen und darauf viele Antworten zu wissen.

9. NOVEMBER

»We must do our work for its own sake, not for fortune or attention or applause.«

Steven Pressfield

> Der erfolgreiche US-amerikanische Autor schrieb Sachbücher wie *The War of Art* und *Do the Work*, aber auch Romane, darunter *Die Legende von Bagger Vance* und *Gates of Fire*.

Ausnahmen bestätigen die Regel. Das gilt auch im Sport. So gibt es erfolgreiche Athleten, die ihre Sportart nicht einmal mögen. Sie selbst oder jemand anders hat früh gemerkt, dass sie ein begnadetes Talent für Tennis, Basketball, Reiten etc. haben. Danach haben sie es durchgezogen, das viele Training, die Turniere, die Reisen, ohne Begeisterung, aber dafür sehr professionell und zielstrebig. Viele Jahre später sind sie überdurchschnittlich gute Amateure oder sogar Profisportler. Das ist völlig legitim. Aber ist das auch erstrebenswert?

Nein, findet der amerikanische Autor Steven Pressfield. In seinem Buch *The War of Art* gibt er die Empfehlung, ein Thema wie die eigene Sportart territorial für sich zu besetzen. Entscheidungskriterium sind die eigene Leidenschaft und das Glücksgefühl bei der Ausübung. Der Gegenentwurf dazu ist die oben beschriebene hierarchische Vorgehensweise. Hier widmet man sich einer bestimmten Sportart aus rationalem Kalkül, zum Beispiel, weil man sich in der Zukunft einen Zugewinn von Geld oder Status erhofft.

Die folgende Frage kann deine wahren Motive offenlegen: Würdest du deine Sportart noch immer ausüben, wenn sich damit kein Geld verdienen ließe? Nur wenn die Antwort ja lautet, ziehst du aus deinem Sport langfristige Befriedigung für dein Leben und bist ein wahrer Champion.

10. NOVEMBER

»In a real sense, to grow in life, I must be a seeker of stress.«

Dr. Jim Loehr

> Der international bekannte US-amerikanische Mentaltrainer, Leistungspsychologe und Autor hatte einige sehr erfolgreiche Sportler als Kunden. Dazu zählen der Golfer Justin Rose und die ehemaligen Tennisspieler Jim Courier und Monaco Seles.

Erfolgreiche Sportler haben eine Gemeinsamkeit. Ausnahmsweise geht es nicht um ihr überdurchschnittliches Talent, das harte Training oder das konstruktive Verarbeiten von Niederlagen und Rückschlägen. Gemeinsam haben sie vor allem die Fähigkeit, sich in Situationen wohlzufühlen, die andere Menschen um jeden Preis zu vermeiden versuchen. Anders formuliert: Es geht um den produktiven Umgang mit Stress- und Drucksituationen. Entscheidend ist hier die innere Einstellung. Sportler stehen häufig unter Stress. Ausgelöst wird dieser Stress entweder durch gegnerischen Druck, durch den Versuch, der eigenen Erwartungshaltung gerecht zu werden, oder er ist eine Reaktion darauf, wenn im Wettkampf etwas nicht nach Plan läuft.

Herausragende wie durchschnittliche Athleten stehen vor der exakt gleichen Herausforderung: dem erfolgreichen Umgang mit Stress. Oft genug reagieren sie komplett unterschiedlich. Die einen nehmen Probleme und Herausforderungen als Chance und nicht als Bedrohung wahr, während andere mit sich und den Umständen hadern und sich in negativen Selbstgesprächen und Gedanken zu verlieren drohen. Stück für Stück, Turnier für Turnier und Jahr für Jahr entwickelt sich so ein immer besseres oder schlechteres Verhältnis zum Stress. Die Fähigkeit, Chancen, statt Bedrohungen wahrzunehmen, ist der gemeinsame Nährboden, auf dem Champions heranwachsen. Stell dich also gut mit dem Stress in deinem Athletenleben. Betrachte ihn als Freund und nicht als Feind.

11. NOVEMBER

»Ich bin keine Feministin, nur eine freie und unabhängige Frau.«

LELLA LOMBARDI

> Die ehemalige italienische Rennfahrerin war die einzige Frau, die bislang in einem Formel-1-Rennen in die Punkteränge fahren konnte (6. Platz beim Großen Preis von Spanien 1975).

Lella Lombardi. Dieser Name steht für mutige Grenzüberschreitungen in einer Welt voller Testosteron. Sie sorgte nicht nur in der Formel 1 für Furore, sie startete auch mehrfach bei den 24-Stunden-Rennen von Le Mans, bei NASCAR-Rennen, bei der Deutschen Tourenwagen-Meisterschaft sowie bei vielen weiteren Rennen.

Manche Männer sind verunsichert und fühlen sich latent bedroht, wenn Frauen in ihre bisherigen Domänen eindringen. Bereiche, in denen sie lange Zeit unter sich bleiben konnten. Statt Können und Leidenschaft anzuerkennen, werden Labels wie Emanze oder Feministin vergeben.

Ein starker, selbstbewusster männlicher Athlet dagegen freut sich immer über neue, starke Konkurrenz. Das Geschlecht ist zweitrangig. Wir Sportler sollten Vorreiter sein und Grenzen aufheben. Freiheit, Unabhängigkeit und Toleranz auszuleben, ist befriedigender und nachhaltiger als krampfhaft zu versuchen, alte Verhältnisse zu bewahren. Lella Lombardi war eine Pionierin. Ihre Nachfolgerinnen in allen Sportarten und Ländern sollten wir mit offenen Armen begrüßen.

12. NOVEMBER

»The most important quality any athlete needs is resilience.«

Kurt Fearnley

> Der Australier und Rollstuhlfahrer gewann mehrfach Medaillen bei den Paralympischen Spielen.

Das Wort Resilienz – sein Gegenteil ist Verwundbarkeit – hat seinen Ursprung im Lateinischen. Das Verb *resilire* bedeutet abprallen oder zurückspringen. Heute bezeichnet Resilienz die Fähigkeit, den Widrigkeiten des Lebens nicht bloß zu trotzen, sondern sie auch als Treibstoff für persönliche Entwicklung nutzen zu können.

Ein wandelndes Beispiel für jemanden, der diese Fähigkeit beherrscht, ist Kurt Fearnley. Der Australier kam mit dem seltenen kaudalen Regressionssyndrom zur Welt. Ihm fehlen bestimmte Teile seiner Wirbelsäule sowie sein Kreuzbein. Nach seiner Geburt im Jahr 1981 gaben die Ärzte ihm nur eine Woche zu leben. Trotz dieser schwierigen Startbedingungen kann Fearnley heute auf eine beeindruckende paralympische Karriere zurückblicken. Er gewann drei Goldmedaillen, sieben Silbermedaillen und drei Bronzemedaillen. Bemerkenswerterweise überlebte Fearnley zudem zwei schwere Autounfälle. Bei einem saß er sogar in seinem Rollstuhl. Auch für unglaubliche Ausdauerleistungen wie das Krabbeln über den 96 Kilometer langen Kokoda-Track in Papua-Neuguinea wurde er bekannt.

Fearnley ist Lehrer, TV-Experte, Buchautor und glücklicher Familienvater von zwei Kindern. Wenn das Leben dir Zitronen gibt, mach Limonade daraus. Oder orientiere dich an Kurt Fearnley, einem Mann, der Resilienz besser verkörpert als jede Definition.

13. NOVEMBER

»Seit es diese bunten Schuhe gibt, silber, blau und so weiter, da glauben manche Spieler, die laufen von ganz alleine, wie der kleine Muck. Die hab'n doch 'n Ritzel an der Dattel.«

EDUARD GEYER

> Der letzte Trainer der DDR-Fußballnationalmannschaft schaffte nach der Wende mit dem Verein Energie Cottbus Aufstiege aus der Regionalliga über die Zweite Bundesliga ins deutsche Fußballoberhaus.

»Ede« Geyer war ein knallharter Typ. Ein Trainer der vielbeschriebenen alten Schule. Laut eigener Aussage sei es bei der Bundeswehr im Vergleich zu seinem Training wie im Urlaub. Statt sich zu dehnen, wird gelaufen, dabei könne wenigstens keiner quatschen. Manch einer wird sich noch an diesen derben kultigen Trainer aus dem Osten erinnern.

Natürlich macht es Spaß, in schicken neuen Sportschuhen ins Training zu kommen. Wenn wir uns wohlfühlen, fällt es uns leichter, Leistung zu erbringen, nicht wahr? Bevor wir uns jedoch in der Welt der Ausschmückung verlieren oder dabei ertappen, dass wir mehr Zeit mit der Perfektion unseres Outfits als mit unserem Warm-up verbringen, sollten wir uns auf das konzentrieren, was wirklich zählt.

Die schönsten Schuhe bringen nichts, wenn die Leistung auf dem Platz nicht stimmt. Ist das Match verloren, sind auch deine farblich perfekt auf dein Shirt abgestimmten Socken kein Trost. Am coolsten sehen Sportler noch immer als Sieger aus.

14. NOVEMBER

»If you want to build a ship, don't drum up the people to gather wood, divide the work, and give orders. Instead, teach them to yearn for the vast endless sea.«

Antoine de Saint-Exupéry

> Der französische Journalist, Schriftsteller, Dichter und Flugpionier schrieb unter anderem *Der kleine Prinz*, eines der meistverkauften Bücher aller Zeiten.

Heutzutage ist das Wesentliche oft gut versteckt. Ablenkung lauert überall, ein Blick auf das Handy genügt. Ständig piept, blinkt und vibriert es und versetzt uns damit in gespannte Erwartung. Die vermeintliche Dringlichkeit ist zwar meist Illusion, aber die Neugier behält häufig die Oberhand gegenüber der Aufgabe, der wir uns gerade eigentlich widmen.

Athleten sind vielleicht besser als der Durchschnittsmensch, wenn es darum geht, trotz vieler Nebengeräusche auf Kurs zu bleiben. Diszipliniert zu trainieren, ist schließlich elementar wichtig, um im Sport voranzukommen. Dafür springen sie allerdings oft an anderer Stelle zu kurz.

Einen Trainingsplan Tag für Tag, Woche für Woche abzuarbeiten, ist gut. Wenn aber die große Vision fehlt, das Ziel der Träume schwammig ist oder nicht regelmäßig aktiv in Erinnerung gerufen wird, geht vielen Sportlern irgendwann die Puste aus und die Motivation verloren. Was bedeutet »besser werden« genau? Was wäre eine »gute Platzierung« beim Wettkampf. Warum tue ich mir genau dieses Training an?

Das langfristige Ziel darf dabei ruhig groß und ambitioniert sein. Im Idealfall führt es gleichzeitig zu leuchtenden Augen und Schwindelgefühlen. Eine attraktive Vision hilft, tägliches kräftezehrendes Training über einen längeren Zeitraum durchzuhalten.

15. NOVEMBER

»It is only once you've lost everything that you're free to do anything.«
Brad Pitt in seiner Rolle als Tyler Durden in *Fight Club*

> *Fight Club* von Regisseur David Fincher kam 1999 nach einer Romanvorlage des US-amerikanischen Autors Chuck Palahniuk in die Kinos und war ein großer internationaler Erfolg.

Du kannst deinen Sport wegen einer schwerwiegenden Verletzung nie mehr ausüben? Deine Karriere als Sportler ist unwiederbringlich zu Ende? Deine Einkünfte aus deiner Zeit als Sportler sind in »sicheren Geldanlagen« versunken? Studium, Ausbildung, Berufserfahrung? Alles Fehlanzeige?

Wie die Situation auch sein mag, du hast die Kraft in dir, noch mal ganz von vorne anzufangen, dich neu zu erfinden. Die Ausgangslage kannst du nicht mehr ändern. Damit zu hadern, ist Zeitverschwendung. Bedenke, dass du trotz allem gerade in diesem Moment das Traumleben Millionen anderer Menschen führst. Sie haben ihr letztes Hemd bereits an und würden alles dafür geben, mit deinen jetzigen Problemen zu tauschen.

Du kannst aber einfach nichts außer Sport? Die Ausgangslage dafür, etwas Neues zu lernen, war nie besser, günstiger und unkomplizierter als heute. Als Sportler hast du zudem generelle Fähigkeiten, die dir sowohl in der Selbstanstellung als auch als Angestellter helfen – Disziplin, Ehrgeiz, Teamfähigkeit und Kampfgeist. Erschaffe dir ein neues Leben, um das dich dein heutiges Ich beneiden wird. Was du da gelesen hast, findest du zu simpel und zu oberflächlich – auf dem Niveau von Glückskeksen? Vielleicht. Vielleicht ist es aber auch einfach die Wahrheit.

16. NOVEMBER

»Den Wert eines guten Coachs findest du nicht in den Antworten, sondern in den Fragen.«

NICOLA THOST

> Der folgende Text ist ein Gastbeitrag von Nicola Thost, Olympiasiegerin im Snowboard (Halfpipe) 1998 in Nagano. Seit einigen Jahren führt sie ihre Kunden durch Naturerlebnisse, Bewegung und individuelle Beratung als Coach zu mehr Lebensqualität, Erfolgserlebnissen und Zufriedenheit. Weitere Infos unter: www.nicolathost.net und www.sport-speaker.com.

»Passion is the strongest driver in life.«
Leben ist Begeisterung. Lebensfreude in Harmonie mit der Natur.

Ich glaube, dass wir alle eine Aufgabe im Leben brauchen, die uns begeistert. Etwas, wofür wir uns von ganzem Herzen einsetzen, wofür wir stehen, mit dem wir als Persönlichkeit wachsen, was unserem Leben einen Sinn gibt.

Die Leidenschaft zeigt dir, was du liebst und tun solltest. Sie dient als Kompass und Quelle deiner Inspiration.

Indem ich mir Ziele setze, gebe ich meinen Kräften eine Richtung, auf die sie sich konzentrieren können. Indem ich aktiv werde, um zu bekommen, was mir wichtig ist, wird eine zuversichtliche Lebensauffassung Wurzeln schlagen und individuelle Talente dürfen sich entfalten.

»Vision ist die Kunst, Unsichtbares zu sehen.« (Jonathan Swift)
Leben ist Bewegung. Die heilende Kraft der Berge.

Bewegung in der Natur bringt auch die Seele in Bewegung. Die Berge bieten Gelegenheit zu einer Vielfalt an Outdoor-Sportarten und sind eine unerschöpfliche Quelle für körperliche, mentale und seelische Ausgegli-

chenheit. Der Weg auf den Gipfel eines Bergs eröffnet neue Perspektiven, setzt Freude und Kraft frei und lässt blockierte Energien wieder fließen.

Je besser wir unsere Bedürfnisse kennen und je mehr individuelle Werkzeuge wir haben, unser Leben aktiv zu gestalten, umso mehr Lebensqualität begleitet uns bis ins hohe Alter. Statt von begrenzten Ressourcen zu zehren, wird schlummerndes Potenzial entfaltet und die Lebendigkeit kehrt zurück.

»Wenn der Geist ruhig ist wie stilles Wasser, sehen wir die Dinge, wie sie wirklich sind.« Thich Nhat Hanh

Leben ist Ruhe und Stille. Wie die Natur braucht auch der Mensch Ruhepausen und Stille, um fruchtbar zu sein.

Der Alltag mit all seinen Sinneseindrücken und Anforderungen verlangt uns viel ab. Achtsamkeit für die Botschaften von Körper, Geist und Seele kann unmöglich immer stattfinden. Nur wenn wir unsere Gedankenwellen auch zur Ruhe bringen, können wir wirklich hören, sehen und verstehen, was wir brauchen, wovon wir träumen, wo wir gerade stehen und warum wir manchmal anders reagieren als wir es uns eigentlich vorgenommen haben.

Naturerlebnisse und Rückzug in die Einfachheit helfen uns, Eindrücke zu verarbeiten und unsere Energiequellen wieder aufzutanken.

»Mut ist nicht die Abwesenheit von Angst. Mut ist die Erkenntnis, dass etwas wichtiger ist als die Angst.« (Franklin D. Roosevelt)

Leben ist Veränderung. Die Stimme des Herzens hören.

Mit dem Erwachsenwerden scheint die Angst vor dem Scheitern größer zu werden als der Entdeckergeist. Wir vergessen, dass wir Dinge erst falsch machen dürfen, um irgendwann besser zu werden. Kopf und Bauch wollen Sicherheit um jeden Preis, das Leben aber verlangt Mut. Die Impulse des Herzens erkennt man daran, dass sie an Wachstum orientiert sind.

Mut ist Herzenssache: Ich muss mir »ein Herz fassen« und Entscheidungen wagen, auch wenn nicht alle Zweifel beseitigt sind oder ich keine Lust habe. Wenn wir Herausforderungen als Chance annehmen, können wir Veränderungen in neue Richtungen anregen und unser Leben neugestalten.

17. NOVEMBER

»Die Möglichkeit, dich selbst zu erobern, ist zweifelsohne das Kostbarste, was der Sport dir schenkt.«

OLGA KORBUT

> Die Turnerin, vierfache Olympiasiegerin und zweifache Silbermedaillengewinnerin für die Sowjetunion in den Jahren 1972 und 1976 prägte durch ihren Stil eine neue Popularität des Turnsports.

Nach drei Goldmedaillen bei den Olympischen Spielen 1972 in München wurde Olga Korbut von US-Präsident Nixon ins Weiße Haus eingeladen. Danach gab sie preis: »*Er sagte mir, dass meine Leistung in München mehr dazu beigetragen habe, die politischen Spannungen während des Kalten Kriegs zwischen unseren beiden Ländern abzubauen, als es die Diplomaten in fünf Jahren konnten.*« Trotz dieser Worte, die der Präsident an sie richtete, sieht Korbut erstaunlicherweise das wirklich Kostbare des Sports darin, sich selbst entwickeln zu können.

Wir dürfen nicht den Fehler machen, uns im Sport zu sehr von externen Einflüssen leiten zu lassen. Vergiss nie:

Du bist mehr als deine Bestleistungen und Trophäen. Wir neigen dazu, uns selbst danach zu bewerten, was wir erreicht haben. Stützen wir unser Selbstwertgefühl zu sehr auf unsere Ergebnisse, fallen wir in ein tiefes Loch, wenn sie ausbleiben.

Du machst deine Sportart, weil du sie liebst. Lass dir von Druck oder Kritik nicht den Grund nehmen, wegen dem du einmal begonnen hast.

Nur du bist für deine Zukunft verantwortlich. Die Umstände sind vielleicht nicht die besten, aber wann sind sie das jemals? Gib dein Bestes, egal was dir passiert ist oder dir noch passieren wird.

18. NOVEMBER

»I've never played for a draw in my life.«

SIR ALEX FERGUSON

> Der ehemalige Fußballtrainer und -spieler aus Schottland war von 1986 bis 2013 Coach von Manchester United und gewann in seiner Karriere mehr Titel und Trophäen als jeder andere Trainer bis zum heutigen Tag. 1999 schlug die Queen ihn zum Ritter.

26 Jahre lang war Sir Alex Ferguson Team-Manager von Manchester United. Das ist eine sehr lange Zeit dafür, in jedem Spiel auf Sieg zu spielen. Wenn man die insgesamt 38 Titel, darunter 13 Premier-League-Meisterschaften und zwei Champions-League-Titel betrachtet, kann es aber nicht die schlechteste Taktik gewesen sein.

Was kannst du daraus als Leser dieses Buchs für dich selbst mitnehmen? Vielleicht, dass du dir in deiner Karriere stets hohe Ziele setzen solltest. Es lohnt sich, selbst dann das Optimum anzustreben, wenn du es nicht erreichst. Als Trainer oder Spieler einer Sportmannschaft heißt das zum Beispiel: Wir stehen auf dem Platz, um zu gewinnen, egal wie der Gegner heißt und wie aussichtslos die Ausgangslage ist.

In anderen Sportarten geht es vielleicht nicht um das Gewinnen, sondern um persönliche Bestzeiten, -weiten und -höhen oder eine bessere Ranglistenposition. Das Prinzip bleibt das gleiche. Setz dir eher zu hohe Ziele. Wenn du das konsequent anwendest, fällt deine Bilanz im Nachhinein wahrscheinlich positiver aus, als du es selbst für möglich gehalten hättest.

19. NOVEMBER

Heute ist der Welttag der Philosophie.

»Es ist nicht wenig Zeit, die wir haben, sondern es ist viel Zeit, die wir nicht nutzen.«

SENECA

> War ein römischer Gelehrter und gilt als einer der wichtigsten Vertreter der stoischen Philosophie. Seneca war ein mächtiger und reicher Mann. Er wurde einflussreicher Ratgeber von Kaiser Nero, der ihn allerdings einer Verschwörung beschuldigte und schließlich zur Selbsttötung zwang.

Keine Frage. Das Sportlerleben ist manchmal hart. Es ist aber nicht nur körperlich anstrengend. Der innere Schweinehund will täglich bezwungen werden. Die investierte Trainingszeit steht oft in keinem gesunden Verhältnis zu den kurzen Momenten des Ruhms im Wettkampf. Daher ist die Versuchung groß, nach getaner schweißtreibender Arbeit einfach die Füße hochzulegen. Zu scrollen und zu streamen, bis der Körper, von der Dauerberieselung müde und träge geworden, das Signal zum Schlaf gibt.

Doch aktive Regeneration gibt es nicht nur für den Körper, sondern auch für den Geist. Mach was draus. Gib deinem Kopf etwas zu tun, statt ihn auf stumm zu stellen. Lass Smartphone und Fernbedienung öfter mal liegen und bilde dich weiter, widme dich in deiner sportfreien Zeit einem bildschirmfreien Hobby. Lerne täglich etwas Neues. Etwas, das nichts mit deinem Sport zu tun hat oder nicht in den sozialen Medien auftaucht.

Sofern du kein zwangsrekrutierter Athlet des nordkoreanischen Olympiateams bist, hast du genug Zeit. Du kannst alles in einem Tag unterbringen: Training, Weiterbildung und auch Berieselung. Lass die Chance nicht ungenutzt. Dein Körper wird irgendwann nicht mehr zu Spitzenleistungen in der Lage sein. Für deinen Geist dagegen gibt es kein Ablaufdatum.

20. NOVEMBER

»I didn't loose the gold. I won the silver.«

MICHELLE KWAN

> Die ehemalige US-amerikanische Eiskunstläuferin gilt als eine der besten der Geschichte. Sie gewann fünf Weltmeisterschaften, die Silbermedaille bei den Olympischen Spielen 1998 in Nagano, die Bronzemedaille bei den Olympischen Spielen 2002 in Salt Lake City und war eine der weltweit am besten bezahlten Athletinnen ihrer Zeit.

The winner takes it all.« »Der undankbare vierte Platz.« »Zweiter Platz ist erster Verlierer.« »Am Ende stand sie mit leeren Händen da.« »Nur der Sieg zählt.« Unsere Medienlandschaft ist voll von vorschnellen und oberflächlichen Sprüchen zur Bewertung sportlicher Leistungen. Auch der gemeine Sportfan vor dem Fernseher ist bei Großereignissen wie Europa- und Weltmeisterschaften sowie Olympischen Spielen gerne kritischer Richter. Wer siegt, findet seine Zustimmung. Alle anderen haben eben im entscheidenden Moment versagt. Dass die größte eigene sportliche Leistung während der Übertragung der Gang zum Kühlschrank war, tut nichts zur Sache.

Als Gold-Favorit und Darling der Nation vor eigenem Publikum nur die Silbermedaille holen? Eigentlich undenkbar. Sehr real wurde dieses Schicksal für die US-amerikanische Eiskunstläuferin Michelle Kwan bei den Olympischen Spielen 1998 in Nagano. Nach Platz Eins im Kurzprogramm und trotz fehlerloser Kür stand am Ende nicht sie, sondern ihre Landsfrau und Teamkollegin Tara Lipinski ganz oben auf dem Treppchen.

Mit ihrem Ausspruch »Ich habe nicht Gold verloren, sondern Silber gewonnen«, zeigte Michelle zugleich Größe und Respekt für die Leistung der Goldmedaillengewinnerin und aller anderen Teilnehmerinnen und für die Olympischen Spiele insgesamt. Vergiss als Sportler nicht, dass du selbst die Deutungshoheit über die eigene Leistung hast. Niemand kann dir verwehren, stolz auf eine gute Platzierung zu sein.

21. NOVEMBER

An diesem Tag im Jahr 2007 outete sich Balian Buschbaum.

»Das Thema Glück kann ich auf meiner Liste abhaken. Ich weiß, egal was jetzt kommt, nichts kann mich mehr umhauen.«

BALIAN BUSCHBAUM

> Bis zum 21. November 2007 war er unter dem Namen Yvonne Buschbaum eine sehr erfolgreiche Stabhochspringerin. Allerdings wusste er schon sehr lange, dass er ein Mann ist. Ein Mann, der mit weiblichen Geschlechtsmerkmalen geboren wurde. In der Folge unternahm er den für ihn einzig konsequenten Schritt und unterzog sich einer Geschlechtsangleichung.

Zu sich und zur eigenen Wahrheit zu stehen, erfordert mehr Mut und ist deutlich schwieriger, als mit einem Stab halsbrecherisch über eine Latte zu springen. Diese Erfahrung hat Balian Buschbaum gemacht. Bis zum 21. November 2007 war er unter dem Namen Yvonne Buschbaum eine sehr erfolgreiche Stabhochspringerin. Zwar war Buschbaum in der richtigen Sportart, allerdings im falschen Körper. Gespürt hatte er es schon sehr lange, dass er sich trotz eines weiblichen Körpers wie ein Mann fühlt.

27 Jahre mögen eine lange Zeit sein, um endgültig zu sich selbst zu finden. Allerdings finden viele andere Menschen ein ganzes Leben nicht zu ihrer Wahrheit. Sie verharren in unglücklichen Partnerschaften. Sie arbeiten jahrzehntelang in Bereichen und für Chefs, die sie nicht einmal mögen. Gegen ihr Herz, für Geld. Sie bleiben in Abhängigkeiten und manchmal eben auch in Körpern, die sich nicht richtig anfühlen.

Balian Buschbaum hatte den Mut, die Wahrheit auszusprechen. Sein neuer Vorname steht symbolisch für den Neubeginn. Balian war der Protagonist, der sich im Film *Königreich der Himmel* aus dem Jahr 2005 auf eine lange Reise begibt, nachdem er alles verloren hat.

Balian Buschbaum ist ein Vorbild für alle Sportler und Menschen, die spüren, dass etwas falsch ist, sich aber bislang noch nicht getraut haben zu diesem Gefühl zu stehen. Wann springst du in dein neues Leben?

22. NOVEMBER

Heute im Jahr 1963 wurde John F. Kennedy erschossen.

»He who acts where others talk gets ahead in life.«

JOHN F. KENNEDY

> In die Amtszeit des 35. Präsidenten der Vereinigten Staaten von Amerika fielen viele Ereignisse weltgeschichtlicher Bedeutung, wie zum Beispiel die Kuba-Krise, der Bau der Berliner Mauer und der Beginn der bemannten Raumfahrt.
> Anmerkung der Autoren: Es ist umstritten, ob das Zitat tatsächlich von John F. Kennedy stammt.

Unsere Zeit macht es dir leicht, den Blick auf das Wesentliche zu verlieren. Als Sportler kann man sich zu Tode recherchieren: bei der unendlichen Suche nach besserer Ausrüstung, verfeinerten Trainingsmethoden oder der Umsetzung neuester Erkenntnisse aus der Ernährungswissenschaft. Das Ziel der Recherche ist Optimierung, das Ergebnis allerdings zu oft Prokrastination, das Verschieben auf später.

Nicht die allerletzten Prozentpunkte sind für deinen Erfolg maßgeblich entscheidend, sondern die Basisarbeit – im Fitnessstudio, auf der Driving Range beim Golfen, gegen den Boxsack. Jede Wiederholung bringt dir Sicherheit und lässt dich in einer Drucksituation cool bleiben. Erst wenn das Fundament stabil ist, kannst du dich der Verzierung widmen. Konzentriere dich also auf deine Basis und lass die anderen reden, googeln und im Geist nach Vollendung streben. Sei ein Mensch der Tat! Pack es an, mach den ersten Schritt – immer wieder und Tag für Tag. Denn selbst ein Marathon ist nichts anderes als eine nahezu unendliche Aneinanderreihung gleicher Schritte. In einem Jahr wirst du dir wünschen, genau heute angefangen zu haben.

23. NOVEMBER

»The secret to a long and healthy life is to be stress-free. Be grateful for everything you have, stay away from people who are negative, stay smiling, and keep running.«

FAUJA SINGH

> Der indisch-britische Langstreckenläufer absolvierte als 100-Jähriger den Toronto Marathon, womit er den inoffiziellen Weltrekord für den ältesten Läufer überhaupt aufstellte.

Der Weltbank zufolge liegt die durchschnittliche Lebenserwartung in Indien heutzutage bei ungefähr 69 Jahren. Als seine Frau 1992 starb, war Fauja Singh bereits deutlich älter. Mit seinen 81 Jahren lebte er damals schon wesentlich länger, als er statistisch gesehen hätte erwarten dürfen. Bis dahin betrieb er einen kleinen Bauernhof. Nach dem Tod seiner Frau entschied er sich, zu einem seiner Kinder nach London zu ziehen. Doch nicht um dort sein Leben langsam ausklingen zu lassen – ganz im Gegenteil. Er begann dort mit dem Lauftraining.

Das führte dazu, dass er im Jahr 2000 mit 89 Jahren beim London Marathon an den Start ging. Er schaffte es bis ins Ziel und nahm in den nächsten 13 Jahren an vielen weiteren Langstreckenläufen teil. 2011 beim Marathon in Toronto war er 100 Jahre alt. Seine Laufkarriere beendete er erst 2013, erklärte bei seinem Rücktritt jedoch, zum Vergnügen, für die Gesundheit und zum Sammeln von Spenden wolle er weiterlaufen. Singhs wahres Alter ist umstritten. Seine Vorschläge für ein langes und erfülltes Leben sind zeitlos.

24. NOVEMBER

»We only have two things that we share in this life; we are born and we die. And what we do in between those times, we've got to be happy. I don't let the outside world deter me.«

Dawn Fraser

> Die australische Schwimm-Ikone gewann 1956, 1960 und 1964 sagenhafte dreimal hintereinander olympisches Gold über 100 Meter Freistil. Nach ihrer Karriere war sie als Politikerin aktiv und unter anderem drei Jahre Mitglied des New South Wales Parlament.

Die Selbstbestimmung unseres Lebens im westlichen Europa ist ein Privileg, das viele Menschen in anderen Teilen dieser Welt nicht haben. Umso größer ist deine Verantwortung gegenüber dir selbst, diese Freiheit zu nutzen, um zu tun, was du wirklich möchtest und was dich glücklich macht. Um herauszufinden, was das ist, bedarf es Selbstreflektion. Die Beeinflussung durch dein Umfeld bringt dich der Lösung nicht näher.

Als weiterer Gedankenanstoß dient auch eine nachdenkliche Botschaft von Heath Ledger. Der australische Schauspieler kam 2008 auf tragische Weise ums Leben. *»Jeder, den du triffst, fragt dich nur, ob du einen Beruf, einen Partner oder ein Haus hast. Als wäre das Leben eine Einkaufsliste. Aber niemand fragt dich jemals, ob du glücklich bist«*.

25. NOVEMBER

Heute ist der internationale Tag zur Beseitigung von Gewalt gegen Frauen (UN).

»If I can show that a woman can run 26 miles, and run it well – stride for stride with the men – that is going to throw all the rest of the prejudices and all the misconceptions and all of the so-called reasons for keeping women down that have existed for the past how many centuries?«

ROBERTA BOBBI GIBB

> Um als erste Frau überhaupt den Boston Marathon zu laufen, versteckte sich die in Boston geborene US-Amerikanerin 1966 bis kurz vor dem Start im Gebüsch nahe der Startlinie.

Ab einer gewissen Distanz verabschieden sich die weiblichen Geschlechtsorgane aus dem Körper. Dies war noch Mitte des vergangenen Jahrhunderts eine populäre pseudo-medizinische Meinung zu Frauen und Ausdauersport. Bis in die 1970er-Jahre gab es für Frauen weltweit ein offizielles Startverbot bei Marathons. Damals glaubte man, sie seien körperlich nicht fähig, 42 Kilometer am Stück zu laufen. Aus heutiger Sicht verrückt, oder? Dennoch sehen wir auch heute noch immer viele Beispiele, dass Frauen aus zum Teil irrwitzigen Gründen nicht die gleichen Rechte zugestanden werden wie Männern.

Gewalt gegen Frauen ist laut den Vereinten Nationen die häufigste Menschenrechtsverletzung weltweit. In vielen Ländern dürfen Frauen nicht einmal für sich selbst entscheiden. Hierzulande geht es um andere Baustellen, darunter die ungleiche Bezahlung.

Nachdem Roberta Bobbi Gibb 1966 als erste Frau – wenn auch inoffiziell – den Boston Marathon lief, dauert es noch weitere sechs Jahre, bis Frauen endlich auch das offizielle Startrecht erhielten. Wir müssen alle zusammen die Barrieren niederreißen, bis keine mehr da sind.

26. NOVEMBER

»People don't want to do new things if they think they're going to be bad at them or people are going to laugh at them. You have to be willing to subject yourself to failure, to be bad, to fall on your head and do it again, and try stuff that you've never done in order to be the best you can be.«

LAIRD HAMILTON

> Gilt als der beste *Big Wave-Surfer* aller Zeiten. Neben seiner Bekanntheit als Surfer ist Hamilton auch eine Ikone in den Bereichen Fitness, gesunde Ernährung und Langlebigkeit. Er ist verheiratet mit Gabrielle Reece, einer Profi-Volleyballspielerin, mit der zusammen er drei Kinder hat.

Jeder Superstar war einmal Anfänger. Kein Meister fällt vom Himmel, ohne mehr als einmal das eigene Können in Frage gestellt zu haben. Ohne etwas Neues zu lernen, das anfangs extrem schwierig scheint.

Was Laird Hamilton so treffend formulierte, gilt für alle Sportler. So auch für Dominic Thiem, einen der besten Tennisspieler der Welt. Die Rückhand des österreichischen Stars gilt in der Tenniswelt als eine der ästhetischsten und auch gefährlichsten. Er spielt den Schlag einhändig und am liebsten offensiv mit viel Druck. Das war allerdings nicht immer so. Als Kind spielte er seine Rückhand noch mit beiden Händen. Seine Matches gewann er damals nicht durch selbstgemachte Punkte. Er provozierte mit seiner defensiven Spielanlage lieber die Fehler seiner Gegner.

Als Thiem elf Jahre alt war, beschloss sein damaliger Trainer Günter Bresnik trotz bis dahin guter Ergebnisse und Ranglistenposition, radikale Veränderungen in Technik und Taktik: Dazu gehörten die Umstellung von beidhändiger zu einhändiger Rückhand und eine deutlich mutigere, offensivere Spielweise. Viele Niederlagen, Frust, Unverständnis und Spott von allen Seiten waren die kurzfristigen Konsequenzen. Im Rückblick waren aber genau diese radikalen Änderungen der entscheidende Schlüssel für Thiems Aufstieg.

27. NOVEMBER

An diesem Tag im Jahr 1940 wurde Bruce Lee geboren.

»I fear not the man who has practiced 10 000 kicks once, but I fear the man who has practiced one kick 10 000 times.«

Bruce Lee

> In seinen Filmen, die viele Kassenrekorde brachen, präsentierte er die Kampfkünste auf eine neuartige Weise. Er verstarb 1973 im Alter von nur 32 Jahren, prägt und inspiriert aber bis zum heutigen Tag Menschen auf der ganzen Welt.

Viele Sportler konzentrieren sich im Training darauf, Schwächen zu beseitigen. Das ist nicht falsch. Es ist aber gefährlich, wenn dabei dann die Stärken vernachlässigt werden. Ein kompletter Athlet zu werden, mag ein erstrebenswertes Ziel sein. Ob das allerdings auch der sinnvollste Weg zum maximalen Erfolg ist, darf zumindest bezweifelt werden. Was bringt es, 20 verschiedene Techniken auf mittlerem Niveau ausüben zu können, wenn man eine Spezialität auf Weltklasse-Niveau beherrscht.

Jeder Verteidiger in Europa wusste, dass der ehemalige Spieler des FC Bayern München Arjen Robben vor dem gegnerischen Strafraum von rechts nach innen ziehen und dann mit links schießen wird. Seine zahlreichen Tore belegen jedoch: Aufhalten konnte ihn trotzdem keiner. Jeder Gegner von Steffi Graf – von der Presse mit dem Spitznamen »Fräulein Vorhand« bedacht – kannte die bevorzugte Spielweise des deutschen Tennisstars, die eigene Rückhand bei jeder Gelegenheit zu umlaufen, um mit der starken Vorhand zu punkten. Genutzt hat dieses Wissen den wenigsten.

Die Stärken der meisten Spitzensportler sind bekannt. Gegen Perfektion lässt sich aber wenig ausrichten. Auf dem Weg zum perfekten oder zumindest besseren Athleten sind es die täglichen Wiederholungen der gleichen Schritte und Techniken, die uns für Gegner gefährlich machen. Wenn deine Stärken richtig stark sind, brauchst du dich um deine Schwächen etwas weniger zu sorgen.

28. NOVEMBER

»Der Sport ist keine heile Welt, aber eine Welt, die heilen kann.«

GERHARD UHLENBRUCK

> Der renommierte deutsche Immunologe ist emeritierter Professor, Sportler und Träger des Bundesverdienstkreuzes. In seinen Arbeiten behandelte er auch die Themen Prävention durch Sport und Lauftherapie ausführlich und hielt dazu als Gastdozent an der Deutschen Sporthochschule Vorträge.

Nach Korruptionsskandalen, Mauscheleien und schmutzigen Geschäften muss man in der großen Sportwelt nicht lange suchen: Ein Blick in die Zeitung genügt. Investigative Journalisten, ehrliche Hinweisgeber oder manchmal auch Zufälle liefern uns eindeutige Beweise, wie es »da oben« zugeht, unter der glitzernden Oberfläche wichtiger Organisationen.

Überrascht sollten wir nicht sein. Überall wo es um das große Geld, Status und Eitelkeiten geht, passiert Ähnliches. Menschliche Schwächen verschwinden nicht einfach auf magische Weise, nur, weil es um Sport geht. Auf der anderen Seite macht der Sport, auch in Form fragwürdig strukturierter Verbände, an vielen Stellen auch menschliche Stärken erst sichtbar, bringt Individuen, Gruppen und manchmal sogar ganze Nationen näher zusammen. Wie geht man damit um?

Vielleicht hilft es, sich auf die Aspekte im Sport zu konzentrieren, auf die man selbst Einfluss hat. Fair und ehrlich zu sein, den Gegner zu respektieren und sich an die Regeln, statt nur an den eigenen Vorteil zu halten. Möchte man aktiv mehr verändern, kann man sich selbst engagieren und Organisationen Stück für Stück aus dem Inneren verbessern, statt sich immer nur über »die da oben« zu beschweren.

29. NOVEMBER

»Ich habe niemals in meiner Karriere einen anderen Rennfahrer betrogen. Das ist Fakt.«

JAN ULLRICH

> Der ehemalige Radrennfahrer ist Gewinner der Tour de France und Goldmedaillengewinner bei den Olympischen Spielen in Sydney. Aufgrund seiner Verwicklung in einen Dopingskandal wurde er von der Tour de France ausgeschlossen. Der internationale Sportgerichtshof sprach ihn 2012 schuldig und annullierte alle seine Erfolge nach 2005.

Stimmt, möchte man Jan Ullrich antworten. Denn alle waren genauso gedopt wie du. Aber so einfach ist das nicht. Jan Ullrich wurde von der deutschen Öffentlichkeit zunächst als Sportheld in den Himmel gehoben und dann einige Jahre später als gebrandmarkter Dopingsünder fallengelassen. Natürlich hat Jan Ullrich nachgeholfen. Um seine Leistung von einem außergewöhnlichen auf ein übermenschliches Niveau zu bringen. Dass das im damaligen Spitzenradsport bei den meisten Fahrern gängige Praxis war – und vielleicht immer noch ist –, spricht ihn aber nicht von seiner »Schuld« frei. Wahr ist aber auch, dass wir uns als Sportler zunächst an die eigene Nase fassen sollten, bevor wir andere kritisieren. Ein bis zwei Schmerztabletten vor dem Marathonstart, um die nervige Ferse nicht zu spüren, ein kleines Aufputschmittel vor dem entscheidenden Aufstiegsspiel, ein Beruhigungsmittel für die ruhige Hand im Wettkampfstress? Doping ist längst überall verbreitet, im Freizeit- und Leistungssport ebenso wie in sportfernen Bereichen, die Mittelbeschaffung allgegenwärtig. Das Internet bietet pharmazeutische Lösungen zu jedem Problem.

Versetze dich in die Haut eines Radrennfahrers. Dein Einkommen hängt von deinen Resultaten ab. Du weißt, alle helfen nach. Jeder will das höllische Tempo bis zum Schluss mitgehen können. Nein sagen ist nun sicher nicht mehr so einfach.

30. NOVEMBER

»Normalität ist wie eine asphaltierte Straße. Es ist bequem darauf zu gehen, aber Blumen wachsen dort keine.«

Vincent van Gogh

> War ein niederländischer Zeichner und Maler und gilt als Begründer der modernen Malerei, dessen Gemälde regelmäßig zu Höchstpreisen verkauft werden. Zu Lebzeiten hatte van Gogh jedoch kaum etwas von seinem Ruhm, lebte er doch die meiste Zeit in großer Armut.

Jeder noch so große Kunstbanause kann etwas mit dem Namen Vincent van Gogh anfangen. Das ist doch der Irre, der eines Morgens ohne Ohr aufwachte. Ohne jegliche Erinnerung daran, was passiert war. Der sich zu Lebzeiten in Bordellen regelmäßig mit Syphilis ansteckte. Van Gogh war nicht nur ein Wahnsinniger, er war auch Genie. Seine Werke machten ihn zu einem der größten Künstler aller Zeiten. Während seines Lebens schuf er rund 900 Gemälde und über tausend Zeichnungen. Obwohl er schon mit 37 Jahren starb und den Großteil seiner Werke erst mit über 30 Jahren produzierte. Vincent van Gogh war vieles, normal war er nicht.

Das ist kein Aufruf dazu, dir mit dem Küchenmesser Gliedmaßen abzutrennen, um als herausragender Sportler in Erinnerung zu bleiben. Vielmehr ist es die Aufforderung, deinen Weg zu betrachten und dich ehrlich zu fragen: Ist er zu leicht? Oder stellt er dich vor Herausforderungen, an denen du wachsen kannst? Hin und wieder tut es gut, den Tempomaten einzuschalten und einfach nur zu cruisen. Doch um dich wirklich zu verbessern, musst du die breite Hauptstraße ab und zu verlassen und den Schotterweg entlanglaufen. Suche aktiv die Herausforderung, und nicht die Normalität.

DEZEMBER

1. DEZEMBER

Heute ist der Welt-Aids-Tag der Vereinten Nationen.

»For me, it always goes back to something I learned in basketball. There's winning and there's losing, and in life you have to know they both will happen. But what's never been acceptable to me is quitting.«

EARVIN »MAGIC« JOHNSON

> Ist ein ehemaliger US-amerikanische Basketballspieler. Mit den Los Angeles Lakers prägte er die NBA der 1980er-Jahre.

Mit was für einer beeindruckenden Karriere Magic Johnson gesegnet war! Fünf NBA-Meisterschaften in acht Jahren. Olympisches Gold mit dem Dream Team 1992. Hinzu kommen zahlreiche individuelle Auszeichnungen und ein Platz in der Basketball Hall of Fame. Doch dann folgte der tiefe Absturz, nachdem am heutigen Tag im Jahr 1991 seine HIV-Infektion bekannt wurde. Das Stigma der Krankheit, noch verstärkt durch das damals mangelnde Wissen über HIV und AIDS, zwangen ihn zum unfreiwilligen Karriereabbruch. Wie einfach wäre es in der Folge für Johnson gewesen, in Selbstmitleid und mit Schuldzuweisungen sein Leben an sich vorbeiziehen zu lassen.

Höhen und Tiefen sind elementare Bestandteil des Sports und des Lebens. Damit müssen wir alle leben. Dass man sich von Niederlagen nicht unterkriegen lassen muss, beweist Magic Johnson nach wie vor eindrucksvoll. Er zählt heute zu den Mitbesitzern der Los Angeles Lakers, eines der stärksten und bekanntesten Basketballteams weltweit, und er setzt sich nachhaltig und mit großem Erfolg für die HIV-Prävention und -Aufklärung ein.

2. DEZEMBER

»Mein Großvater sagte mir einst, dass es zwei Sorten von Menschen gäbe. Die, die arbeiten, und die, die sich die Lorbeeren für diese Arbeit einheimsen. Er sagte mir, ich solle versuchen, in der ersten Gruppe zu sein; es gäbe dort viel weniger Konkurrenz.«

INDIRA GANDHI

> Die indische Politikerin ist bis zum heutigen Tag die einzige Frau, die das Ministerpräsidentenamt ihres Landes innehatte. Sie gilt als eine der wichtigsten Führungspersönlichkeiten des 20. Jahrhunderts.

Betreibst du deinen Sport ausschließlich, um andere zu beeindrucken? Das ist ein Rennen, welches du nicht gewinnen kannst. Wenn du dich ständig in den Vordergrund drängst, um Lob und Anerkennung für deine Leistungen zu bekommen, wirst du niemals den Zustand einer tiefen Ruhe und Zufriedenheit erreichen. Dieser stellt sich ein, wenn du deine bestmöglichen Leistungen ablieferst, ohne dafür Schulterklopfen zu erwarten.

Es ist menschlich, nach Anerkennung und Lob von außen zu streben. Unsere heutige Gesellschaft konditioniert dich genau dazu. Die sozialen Medien grüßen mit einem Like. Nichts ist jedoch auch nur annähernd so befriedigend, wie mit sich selbst im Reinen zu sein. Wenn du lernst, auch dann Befriedigung aus deinem Training, deiner harten und ehrlichen Arbeit zu ziehen, wenn dir keiner zuschaut, hast du die Goldmedaille schon gewonnen. Auch wenn nur du sie sehen kannst.

3. DEZEMBER

»You cannot get through a single day without having an impact on the world around you. What you do makes a difference, and you have to decide what kind of difference you want to make.«

JANE GOODALL

> Die Anthropologin und Verhaltensforscherin aus England wurde durch ihre Erforschung des Verhaltens von Schimpansen weltberühmt.

Als Sportler hast du viele Möglichkeiten, das Leben anderer Menschen positiv zu beeinflussen. Bist du aktiver Athlet, kannst du Vorbild sein. So einfach ist das. Dafür musst du nicht die Weltspitze erreichen oder Schlagzeilen machen. Es reicht, wenn du dein engstes Umfeld durch deine Leidenschaft oder durch deine positiven Ergebnisse dazu inspirierst, selbst Sport zu machen.

Als Trainer kannst du dein Wissen und deine Erfahrungen an andere weitergeben. Du kannst Kindern, Erwachsenen und Senioren zu mehr Lebensfreude, Gesundheit und Leistungsfähigkeit verhelfen. Im Ehrenamt, als Angestellter oder Unternehmer im Sportbereich organisierst du Veranstaltungen, treibst wichtige Sponsorengelder auf oder stellst die Weichen für die Zukunft.

Selbst in einer sportfernen Umgebung ist ein Teil von dir Sportler. Du setzt dir ambitionierte Ziele, arbeitest diszipliniert, lernst mit Siegen und Niederlagen umzugehen und behandelst Kunden, Mitarbeiter, Angestellte und die Konkurrenz fair und respektvoll. Jeden einzelnen Tag hast du direkten Einfluss auf deine Umwelt. Nutze deine Talente, um die Welt ein kleines bisschen besser zu hinterlassen als du sie vorgefunden hast.

4. DEZEMBER

»Ein guter Trainer kann niemals Angst davor haben, gefeuert zu werden.«

PATRICK MOURATOGLOU

> Der französische Tennis-Coach führt in Südfrankreich eine Tennisakademie unter seinem Namen. Seit 2012 ist er der Trainer der US-amerikanischen Starspielerin Serena Williams.

Auf diesen Moment im Sommer 2012 hatte Patrick Mouratoglou lange gewartet. Nach einer überraschenden Niederlage in der Erstrunde bei den French Open suchte Tennissuperstar Serena Williams seinen Rat und fragte ihn, was aus seiner Sicht nun zu tun sei. Eine einmalige Chance für den französischen Trainer, der sich seit vielen Jahren kaum etwas mehr wünschte, als ihr Coach zu werden.

Statt ihr jedoch zu versichern, wie großartig sie sei und wie geehrt er sich fühle, begann er das inoffizielle Bewerbungsgespräch mit einem überraschenden Statement. Aus seiner Sicht sei sie – trotz 13 damals bereits gewonnener *Grand Slam*-Turniere eine Athletin, die unter ihren Möglichkeiten bliebe. Er erwarte sich von einer Spielerin mit ihren Fähigkeiten mehr. Sein Selbstbewusstsein und seine Ehrlichkeit wurden belohnt, er bekam den Job.

Kurz nachdem ihre Zusammenarbeit begonnen hatte, stellte er nach kleineren Vorfällen der Kategorie Starallüren schnell klar: Künftige Undiszipliniertheiten, wie zu spät zum Training zu kommen, ihn nicht zu grüßen oder ihm beim Training nicht mit voller Aufmerksamkeit zuzuhören, würden zum sofortigen Ende ihrer Zusammenarbeit führen. Nach dieser deutlichen Ansage gab es keine weiteren Probleme mehr. Die Bilanz liest sich eindrucksvoll: Serena Williams gewann zehn weitere *Grand Slam*-Titel sowie eine olympische Goldmedaille und kehrte dauerhaft auf Platz Eins der Weltrangliste zurück.

Ein Trainer, der vor großen Namen kuscht, verliert schnell den Respekt der Spieler. So wird er früher oder später seinen Posten los. Genau wie ein guter Sportler keine Angst vor Niederlagen haben sollte, darf ein guter Coach keine Angst davor haben, seinen Job zu verlieren. Zuverlässige Integrität führt langfristig zu mehr Erfolg als opportunistisches Handeln.

5. DEZEMBER

An diesem Tag im Jahr 2013 starb Nelson Mandela.

»Niemand wird mit dem Hass auf andere Menschen wegen ihrer Hautfarbe, ethnischen Herkunft oder Religion geboren. Hass wird gelernt. Und wenn man Hass lernen kann, kann man auch lernen zu lieben. Denn Liebe ist ein viel natürlicheres Empfinden im Herzen eines Menschen als ihr Gegenteil.«

NELSON MANDELA

> Er war der erste schwarze Präsident seines Landes und Wegbereiter der südafrikanischen Demokratie. Für sein politisches und gesellschaftliches Engagement erhielt er über 250 Auszeichnungen und wurde darüber hinaus 1993 mit dem Friedensnobelpreis ausgezeichnet.

Respekt. Fairness. Förderung von Gemeinsamkeiten und Kommunikation. Verbindung von Menschen, Kulturen und ganzen Ländern. Leidenschaft. Emotionen. Enttäuschung und Triumph. Ziele und Träume. Für all das und noch mehr steht der Sport. In seiner besten Form ist er ein Abbild einer Welt, in der man leben möchte. Sport schlägt Brücken, wo vorher Grenzen waren, und schenkt uns Hoffnung. Als Sportler bist du mit Millionen, wenn nicht Milliarden anderer Menschen verbunden. Sie mögen anders aussehen als du, andere Sprachen sprechen oder am anderen Ende der Welt leben. Dennoch lieben sie genau wie du den Sport und geben allein oder mit ihren Teams ihr Bestes. Sie laufen, springen, schießen, schwimmen, werfen, zielen, schwitzen, verlieren und gewinnen. Sie fallen hin und stehen wieder auf. Sport ist Liebe. Unsere Welt braucht den Sport. Unsere Welt braucht Athleten. Unsere Welt braucht dich.

6. DEZEMBER

»Verschwende keine Zeit mehr damit, darüber zu diskutieren, was einen guten Mann ausmacht. Sei einer.«

MARCUS AURELIUS

> Der römische Kaiser war auch Philosoph und ein bedeutender Vertreter der Stoa, einer philosophischen Lehrauffassung, nach der es gilt, durch emotionale Selbstbeherrschung, Gelassenheit und innere Ruhe nach Weisheit zu streben.

Was haben Pete Carroll und Bill Belichick gemeinsam? Beide sind seit vielen Jahren Cheftrainer im American Football. Carroll bei den Seattle Seahawks, Belichick bei den New England Patriots. Beide konnten mit ihren Teams schon den Super Bowl, das Finale der National Football League für sich entscheiden. Teilweise mehrfach. Beide sind aber auch dafür bekannt, die Lehren und Ansichten der Stoiker in ihre Coaching-Philosophie einzubauen. So wird überliefert, dass die englische Version des heutigen Zitats »*Waste no more time arguing what a good man should do. Be one.*« von beiden Trainern regelmäßig herangezogen wird.

Im modernen Zeitalter des Internets stehen dir alle notwendigen Informationen zur Verfügung, um ewig weiter zu tüfteln. Und wenn du schon dabei bist, kannst du in deiner Hosentasche direkt zum Smartphone greifen und deine großartigen Pläne mit der Welt teilen. Ein schickes Bild und ein flotter Motivationsspruch – und die Likes gehören dir.

Oder aber du setzt deine Pläne in die Tat um. Ohne Ausschweifungen und großes Tamtam. Die Devise für den heutigen Tag lautet: Weniger reden, mehr machen! Statt über deine Ziele zu reden, lass deine Resultate für dich sprechen.

7. DEZEMBER

»Alle Probleme der Menschheit resultieren aus der Unfähigkeit des Menschen, ruhig in einem Raum allein zu sitzen.«

Blaise Pascal

> War ein französischer Mathematiker, Physiker, Philosoph und Theologe. Sein Werk *Pensées* – zu Deutsch *Gedanken* – gilt als einer der am meisten gelesenen philosophischen Texte der europäischen Geschichte.

Fear of missing out beschreibt im Englischen einen Zustand der gesellschaftlichen Beklemmung oder zwanghaften Sorge, etwas zu verpassen und nicht mehr auf dem Laufenden zu bleiben. Neudeutsch FoMo genannt, ist es uns wahrscheinlich allen bekannt. Wir hetzen von einem Termin zum nächsten. Wir planen schon das nächste Ereignis, bevor das aktuelle überhaupt abgeschlossen ist, und hecheln einem schnelleren Tempo hinterher. Dabei geht die Kunst, Zeit mit sich allein zu verbringen, mehr und mehr verloren.

Es ist erstaunlich, wozu wir Menschen bereit sind, um das Alleinsein mit unseren Gedanken zu vermeiden. Der US-amerikanische Sozialpsychologe Timothy Wilson und seine Kollegen stellten in ihrer Studie *Social psychology. Just think: the challenges of the disengaged mind* aus dem Jahr 2014 mithilfe von Experimenten fest: Der Blick ins Innere fällt vielen Menschen so schwer, dass sie es vorziehen, sich selbst Elektroschocks zu verabreichen, statt 15 Minuten allein mit sich und ihren Gedanken ohne Ablenkung in einem Raum zu sitzen.

Die Worte von Blaise Pascal laden dich dazu ein regelmäßig und gezielt den Blick nach innen zu richten. Es kann uns jedoch helfen, die chaotische Welt um uns herum besser einzuordnen und herauszufinden, was wir und nicht diejenigen, die am lautesten nach uns rufen wirklich wollen. Du wirst erstaunt sein, wie spannend das ist und was dabei zutage kommt.

8. DEZEMBER

An diesem Tag im Jahr 1980 wurde John Lennon erschossen.

»Life is what happens to you while you're busy making other plans.«

JOHN LENNON

> War Musiker, Bandmitglied der legendären Beatles und Friedensaktivist. John Lennon wurde 1980 in New York von einem geistig verwirrten Attentäter erschossen.

Jetzt ist es offiziell: Die Olympischen Spiele wurden auf 2021 verschoben.« »Die Fußball-Europameisterschaft findet erst im nächsten Jahr statt.« Sätze wie diese erinnern daran: Dieses Buch entstand in einer Zeit, in der die Corona-Pandemie den Sport weltweit fast komplett zum Erliegen brachte. Dann richtete er sich mühsam wieder auf, und ob dies der Anfang einer völlig neuen Normalität im Breiten-, Leistungs- und Profisport ist, wird erst die Geschichte zeigen.

Das Corona-Virus hat uns als Sportler und Sportfans alle auf dem falschen Fuß erwischt. Es ließ Träume platzen und lehrte uns Demut. Selbstverständlichkeiten von früher sind Highlights von heute. Der Sport ist zwar die schönste Nebensache, aber ohne Gesundheit als Basis und die Freiheit, ihn ausüben zu können, seiner Essenz beraubt.

Das monatelange Training vor einem abgesagten Marathon, die leeren Vereinskassen durch ausbleibende Zuschauer, das ausgefallene Mannschaftstraining – durchkreuzte Pläne und Fremdbestimmtheit sind für niemanden schön.

Wir können nicht voraussehen, wie es mit unserer Welt weitergeht. Neben den großen Unbekannten gibt es für Sportler individuelle Hindernisse wie Verletzungen, Formschwächen oder Wetterkapriolen, die einen Strich durch Trainings- und Wettkampfrechnungen machen. Wir entscheiden niemals, was uns passiert. Wir haben aber immer selbst in der Hand, wie positiv oder negativ wir mit den großen und kleinen Schicksalsschlägen des Lebens umgehen.

9. DEZEMBER

»I had no money, no training facilities, no snow, no ski jumps, no trainer, but I still managed to ski jump for my country – and getting there was my gold medal.«

MICHAEL EDWARDS ALIAS »EDDIE THE EAGLE«

> Der ehemalige Skispringer trat bei den Olympischen Spielen 1988 in Calgary als erster Engländer seit 1928 in diesem Sport an. Er wurde sowohl über die 70-Meter- als auch über die 90-Meter-Schanze Letzter, aber seine mutigen Auftritte machten ihn zur Kultfigur.

Der Unterschied, ob man etwas wirklich will oder nicht, offenbart sich manchmal in genau sechs Paar Socken. Diese Auspolsterung war nötig, damit Michael Edwards überhaupt in seine geliehenen Skisprungschuhe passte. Hinzu kamen weitere Schwierigkeiten: So war Eddie mehrere Kilo schwerer als seine schmale Konkurrenz, musste wegen seiner Weitsichtigkeit durch dicke Brillengläser schauen, die ständig beschlugen – keine angenehme Vorstellung in luftiger Höhe – und zudem hatte er so wenig Geld, dass er einmal als Patient in einem finnischen Krankenhaus Unterschlupf suchen musste. Er konnte sich einfach keine Unterkunft während des dortigen Skisprungwettbewerbs leisten.

Der menschliche Wille kann Berge versetzen, heißt es. Michael Edwards hatte einen so starken Willen, dass es ihm gelang – trotz denkbar ungünstiger Voraussetzungen –, Skispringer und olympischer Wintersportler zu werden. Wenn du dich das nächste Mal über schlechte Rahmenbedingungen beschwerst, mach die Augen zu und denke für einen Moment an »Eddie the Eagle« auf der schwindelerregend hohen Skisprungschanze. Es gibt keine Ausreden. Es gibt keine Grenzen. Wenn du das verinnerlichst, kannst du sogar fliegen lernen. Wie Michael Edwards.

10. DEZEMBER

»Don't pray when it rains if you don't pray when the sun shines.«

SATCHEL PAIGE

> War ein US-amerikanischer Baseballspieler auf der Position des Pitchers. Er gilt bis heute als einer der besten Spieler der Baseballgeschichte und verkörperte zu seiner aktiven Zeit stoische Gelassenheit gegenüber des ihm jahrelang widerfahrenen Rassismus.

Allah, Jehovah, Gott oder das Fliegende Spaghettimonster der Pastafaris, hervorgegangen aus der Religionsparodie eines Evolutionstheoretikers. An was auch immer sie glauben – gläubige Sportler gibt es mindestens ebenso viele wie nicht-gläubige Sportler. Und das ist auch gut so. Deshalb ist es völlig egal, ob und wie gottesgläubig oder atheistisch du die Worte des Baseballspielers Satchel Paige deutest. Jedenfalls lehren sie uns, dass die guten Tage genauso zu unserem Leben gehören wie die schlechten.

Wir können nicht immer kontrollieren, welcher Tag als gut und welcher Tag als schlecht in unsere Lebensgeschichte eingeht. Manchmal trifft es uns völlig unvorbereitet. An deinen sonnigen Tagen schaffst du die Grundlage, um regnerische Tage gut zu überstehen. Auch ein Hausdach wird bei gutem Wetter gedeckt, um später Schutz vor Sturm und Gewitter zu bieten.

Die Kraft, schwierige Tage zu überstehen, wirst du dir vergeblich wünschen, wenn du sie nicht an guten Tagen aufgebaut hast. In schlechten Zeiten kannst du dich kaum nach guten sehnen, wenn du deine guten Tage nicht voll und ganz genießt, wenn sie da sind. Baue ein solides Fundament, bevor du plötzlich noch etwas daraufsetzen musst. Lerne, bevor du Wissen brauchst. Trainiere, bevor du stark sein musst. Arbeite heute an deiner Prävention, damit du morgen nicht in der Rehabilitation ackern musst. Lass dich heute von innerem Druck antreiben, damit du morgen mit externem Druck umgehen kannst.

11. DEZEMBER

»We take better care of our smartphones than of ourselves. We know when the battery is depleted and recharge it.«

ARIANNA HUFFINGTON

> Die griechisch-US-amerikanische Unternehmerin, Kolumnistin und Autorin ist Mitbegründerin der Zeitung *Huffington Post*. Laut *Time Magazine* zählt sie zu den 100 einflussreichsten Personen der Welt.

Auf Sportler wartet immer das nächste Rennen, Spiel, Ziel oder Highlight. Das Leben eines Athleten ähnelt einem Hamsterrad, in das er sich immerhin freiwillig begibt. Trotzdem solltest du hin und wieder ganz bewusst die Stopptaste drücken. Hinterfrage dich, ob der aktuelle Weg, den du gehst, dich noch an das richtige Ziel führt. Ehrgeiz, Wiedergutmachung oder Geld – was auch immer dein Motiv sein mag, nach einer Herausforderung sofort die nächste anzustreben: Ausgeruht kommst du schneller ans Ziel.

»Auf deinen Körper hören« mag für dich zweifelhaft sein, weil es dich nach außen nicht spektakulär darstellt. Für deine zukünftige Leistung und deine sportliche Langlebigkeit jedoch ist eine angemessene Regeneration Gold wert. Martialische Bilder aus dem Kraftraum oder vom Training sichern dir bestimmt viele Likes. Vielleicht ist es aber viel sinnvoller, einen langen Spaziergang zu machen, ein Buch zu lesen oder einfach nur zu schlafen. Warum willst du vor anderen den schönen Schein wahren, wenn dein eigener Körper schon längst auf die Bremse treten möchte? Nach dem Spiel ist vor der Pause. Für viele Sportler wäre das der bessere Satz.

12. DEZEMBER

»Mein Schlitten schläft nicht bei mir im Bett. Der hat seine eigene Decke.«

NATALIE GEISENBERGER

> Die gebürtige Münchnerin, eine der erfolgreichsten Rennrodlerinnen aller Zeiten, gewann unter anderem vier olympische Goldmedaillen und wurde neunmal Weltmeisterin.

Sportdeutschland ist mehr als Fußball Bundesliga, Fußball Nationalmannschaft und Champions League. Der deutsche Sport ist vielfältig, bunt und facettenreich. In Deutschland gibt es Stars, die – zumindest für die breite Öffentlichkeit – im Verborgenen leben und trainieren und nur alle zwei oder vier Jahre im Scheinwerferlicht stehen. Nämlich immer dann, wenn wieder Olympiamedaillen oder Weltmeistertitel vergeben werden. Wenn die Nationen in Form des Medaillenspiegels ihre Note für den Leistungssport bekommen, werden die versteckten Stars plötzlich gebraucht und gefeiert.

Stars wie die Rodlerin Natalie Geisenberger sind genau im entscheidenden Moment in Höchstform. Sie liefern Ergebnisse und schwingen keine großen Reden. Sie sorgen dafür, dass Funktionäre wieder gut schlafen können, weil die Bilanz dann doch ein bisschen besser ausgefallen ist als befürchtet.

Wir sollten diese Sportler auch außerhalb von Olympischen Spielen und Weltmeisterschaften wertschätzen, feiern und uns zum Vorbild nehmen. Es gibt nur Sportarten, keine Randsportarten. Weltklasse ist Weltklasse – auch ohne tägliche Berichte im Sportteil und Dauerpräsenz in den Sportsendungen im Fernsehen.

13. DEZEMBER

»The cave you fear to enter holds the treasure you seek.«

Joseph Conrad

> Gilt als einer der wichtigsten englischsprachigen Schriftsteller des 19. Jahrhunderts. Seine Werke waren die Vorlage für viele Filme und inspirierten viele andere Schriftsteller und Künstler.

Eine Stunde sitzt du nun schon allein an deinem Rechner. Vor dir immer noch das Anmeldeformular für den Marathon. Es wäre der Erste deines Lebens. Du willst endlich deinen Worten nun Taten folgen lassen. Beim Abendessen vergangene Woche in großer Runde klang alles noch so leicht und logisch. In vier Monaten ist das Rennen, einen Marathon wolltest du ja schon immer laufen, genug Zeit für die Vorbereitung und motivierte Freunde, die mitlaufen, hast du auch. Sogar neue Schuhe hast du dir mittlerweile besorgt. Die gestrige Recherche nach dem passenden Trainingsplan hat sogar Spaß gemacht.

Doch nun zögerst du. Plötzlich siehst du vor deinem geistigen Auge Probleme, wo vorher Chancen waren. Statt dich auf ein Lauftraining zu freuen, das schlank und glücklich macht, fürchtest du dich vor den Schmerzen in der Ferse. Statt glorreichem Zieleinlauf siehst du deinen Zusammenbruch an Kilometer 35. Angst hat deinen Wagemut verdrängt.

Nun sitzt du zehn Jahre später an der gleichen Stelle vor deinem Rechner und denkst an diese Zweifel zurück. Seit deiner damaligen Verunsicherung ist viel passiert: Du hast dein Körperfett halbiert, viele neue Freunde gefunden, deine Bestzeit deutlich verbessert und durch die Marathonveranstaltungen die Welt bereist. Auf der Couch hinter dir sitzt dein Partner. Nach deinem zweiten Marathon hat es gefunkt, vor dem fünften seid ihr zusammengezogen. »Das alles wäre nicht passiert, wenn ich damals meine Anmeldung nicht abgeschickt hätte«, schießt es dir durch den Kopf.

14. DEZEMBER

»Für Anfänger gibt es viele Möglichkeiten, für Experten jedoch nur wenige.«

SUZUKI SHUNRYŪ

> Der japanischer Zen-Mönch und -Meister machte den Zen-Buddhismus in der westlichen Welt bekannt.

Niemals wieder im Leben eines Athleten ist die Lernkurve so steil wie zu Beginn seiner Laufbahn. Alles ist neu und aufregend – noch ist nichts starr und festgefahren. Wie ein Schwamm nimmt man Wissen auf. Man lernt von Trainern, Vorbildern und aus anderen Quellen und versucht nachzuahmen und umzusetzen. Als Amateur liebt man nicht nur buchstäblich das eigene Handwerk. Die Liebe zum Lernen führt zu guten Ergebnissen, gesteigertem Leistungsvermögen und höheren Erwartungen.

Der Übergang ins Profi-, Leistungssportler- und Expertenlager birgt seine Gefahren. Fast nichts kann einen plötzlich noch überraschen oder begeistern. Alle Techniken, Taktiken und Tricks werden Routine. Jedes Training fühlt sich gleich an und verläuft ohne Überraschungsmomente. Irgendwann drohen Beratungsresistenz und Selbstüberschätzung.

Um das zu vermeiden, ist Bescheidenheit angebracht. Niemals weiß man wirklich alles über die eigene Sportart. Es ist immer möglich, noch besser zu werden. Gibt es keine Gegner mehr, gilt es eben, dem eigenen Anspruch zu genügen. Freue dich darüber, dass du niemals auslernen wirst.

15. DEZEMBER

»I started running at the age of 72 because I was tired of the boring conversations about funerals.«

RUTH ROTHFARB

> Die ehemalige US-amerikanische Marathonläuferin begann erst sehr spät in ihrem Leben mit dem Laufen. Ihren ersten Marathon absolvierte sie mit 80 Jahren.

Irgendwann – je früher, desto besser – wird es Zeit, der Wahrheit direkt in die Augen zu schauen, statt so lange Ausreden zu wiederholen, bis du sie dir vielleicht sogar selbst glaubst. Die Frage nach der Henne und dem Ei ist ausnahmsweise beantwortet. Du kannst dich nicht gut bewegen, weil du alt bist? Nein. Du bist alt, weil du dich nicht bewegst.

Verzichte nicht wegen einer abstrakten Zahl wie der deines Alters auf dein menschliches Grundrecht auf Sport und Bewegung. Vor was hast du Angst? Was ist der Worst Case? Warum gehst du nicht nach draußen und fängst an, dich zu bewegen? Orientiere dich nicht an Mitmenschen, die ständig jammern.

Ruth Rothfarb lief ihren ersten Marathon mit 80 Jahren. Warum wirst du nicht die 80-Jährige, die durch die Nordsee schwimmt, der 90-Jährige, der jeden Tag zwei Stunden Tennis spielt, die 100-Jährige, die aus ihrem mentalen Gefängnis ausbricht und wieder mit dem Laufen anfängt?

16. DEZEMBER

»In the end we only regret the chances that we didn't take.«

LEWIS CARROLL

> War ein bekannter englischer Kinderbuchautor, Poet, Mathematiker, Lehrer und Erfinder. Sein bekanntestes Buch ist *Alice im Wunderland*.

Der Gedanke an das eigene Ableben kann uns helfen, wieder oder überhaupt klar zu sehen. Was würdest du ganz kurz vor deinem Tod wohl mehr bereuen: Etwas, was du dich in deinem Sportlerleben getraut hast, das aber nicht so gut ausging wie erhofft? Oder eher etwas, das du – aus Furcht, Vorsicht oder aufgrund der Ratschläge anderer – gar nicht erst in Angriff genommen hast?

Trete regelmäßig in den Dialog mit deinem sterbenden Selbst, um die richtigen, nicht die vernünftigen Entscheidungen zu treffen. Das ist nicht makaber. Ganz im Gegenteil. Es ist lebensbejahend, praktisch und wird dir den Weg weisen, wenn du dir unsicher bist. Eines der schlimmsten Gefühle im Leben ist, zu bemerken, dass man an den wichtigen Themen vorbeigelebt hat. Noch schlimmer ist es allerdings, wenn keine Zeit mehr für eine Kurskorrektur bleibt.

17. DEZEMBER

»Forgiveness is just another name for freedom.«

MEHRERE QUELLEN

> Dieses Zitat lässt sich nicht zweifelsfrei zuordnen, wird aber oft Byron Katie zugeschrieben. Die US-amerikanische Bestsellerautorin und Rednerin ist insbesondere für ihre Fragenmethodik »*The Work*« bekannt. Das *Time Magazine* bezeichnete sie als *spirituelle Erneuerin des 21. Jahrhunderts*.

Du kannst dich in deinem Leben erst dann mit voller Energie auf etwas Neues konzentrieren, wenn du dich mit der Vergangenheit versöhnt hast. Es gibt sehr viele Sportler, die gerne hadern oder vergangenen Chancen hinterhertrauern. Solange es allerdings noch keine Zeitmaschine gibt, ist das etwa so hilfreich, als starte ein Marathonläufer mit einer 20 Kilogramm schweren Weste. Das Sportlerleben ist hart genug. Wirf deinen unnötigen Ballast über Bord und schau nach vorne.

Du hast deine Mannschaft nicht im Stich gelassen, als du den Elfmeter eine Minute vor Schluss danebengesetzt hast. Dein Training ist keine Geldverschwendung, nur weil du im Turnier noch nicht so gut spielst, wie du es eigentlich kannst. Deine Mitspielerin hat dich nicht absichtlich übersehen, als du frei vor dem Tor standst. Wenn du dir und anderen vergeben kannst, bist du frei. Erst dann bist du in der Lage, dich mit ganzem Herzen neuen Aufgaben zu widmen und das Leben im Hier und Jetzt zu genießen.

18. DEZEMBER

An diesem Tag im Jahr 1971 starb Bobby Jones.

»Golf is the closest game to the game we call life. You get bad breaks from good shots; you get good breaks from bad shots, but you have to play where the ball lies.«

Bobby Jones

> Während seiner aktiven Zeit von 1923 bis 1930 gewann der US-Amerikaner Bobby Jones zwei Drittel aller nationalen Meisterschaften, bei denen er an den Start ging. Er blieb jedoch Amateur, was seinerzeit unüblich war. Er entschied sich gegen eine Laufbahn als Profisportler, um seinem Beruf als Jurist weiterhin nachgehen zu können. Später gründete er das bis heute prestigeträchtige Golfturnier US Masters.

Sport begeistert uns Menschen nicht nur wegen des gesundheitlichen Nutzens für Körper, Geist und Seele. Er ist auch die spielerische Simulation des wahren Lebens. Im Sport lernen wir, mit Niederlagen umzugehen, auf Siege hinzuarbeiten und nach langer entbehrungsreicher Arbeit Erfolge zu feiern. Eine der wohl wichtigsten Lektionen ist: Wie sehr du dich auch dagegen wehrst, wie sehr du äußere Umstände wie Wind und Wetter dafür verantwortlich machst, du musst den Ball von dort spielen, wo er liegen geblieben ist. Es gibt gute Tage und schlechte Tage und es gilt, jeden Tag aufs Neue anzupacken. Sport ist ein so unbezahlbarer Lehrer, dass man nie zu früh damit anfangen kann. Und ebenso ist es nie zu spät, die nächste Lektion zu lernen.

19. DEZEMBER

»I spent a lot of money on booze, birds, and fast cars. The rest I just squandered.«

GEORGE BEST

> Der ehemaliger Fußballstar stand die meiste Zeit seiner Karriere in Diensten von Manchester United. Der Nordire wurde 1968 zu Europas Fußballer des Jahres gewählt und war nicht zuletzt aufgrund seines Aussehens und seines ausschweifenden Lebensstils einer der ersten Medienstars des Sports.

Ich habe viel Geld für Alkohol, Weiber und schnelle Autos ausgegeben. Den Rest habe ich einfach verprasst«. Das Zitat des nordirischen Ausnahmefußballers und Playboys hat zu Recht einen festen Platz im Zitatolymp des Sports. Wenn heutzutage Exzesse von Sportstars bekannt werden, folgt kurz darauf bereits die öffentliche Reue. Entweder in Form von schnell zusammengeschusterten Presseerklärungen des Managements, als kleinlaute Entschuldigung über die sozialen Medien oder – in ganz dramatischen Fällen – durch eigens einberufene Pressekonferenzen, in denen die Stars stumm nach Liebe schreien.

Für George Best allerdings war öffentliche Reue undenkbar. In seinem Leben hat er wenig ausgelassen. Er war sehr erfolgreich, hat viel gefeiert, war oft betrunken und ist viele Male über die Stränge geschlagen. Er hatte alle Privilegien eines Topstars und zahlte dafür doch einen hohen Preis. Er starb mit 59 Jahren. Zu seiner Beerdigung kamen über 100 000 Menschen. Nichts zu bereuen ist erstrebenswert, aber das geht auch ohne Alkoholismus.

20. DEZEMBER

»It is our choices that show what we truly are, far more than our abilities.«

ALBUS DUMBLEDORE

> Zitat des Schauspielers Richard Harris in der Rolle des Schulleiters Albus Dumbledore aus der Harry-Potter-Reihe von Joanne K. Rowling.

Was hat die Filmfigur Albus Dumbledore denn mit Sportlern zu tun, fragst du dich vielleicht gerade? Es stimmt, der alte, silberhaarige Schulleiter aus Joanne K. Rowlings weltberühmtem Bestseller *Harry Potter* hat nichts mit einem Athleten gemein. Eher mit einem Guru, der uns an die Bedeutung unserer täglichen Entscheidungen erinnert. Sie machen langfristig den Unterschied. Erfolg und Misserfolg hängen mit der Qualität unserer Entscheidungen zusammen. Unter Druck, am Ende eines Wettkampfs werden sie besonders wichtig.

Es sind es nicht unsere Worte. Unsere Taten produzieren unsere Resultate. Unsere Möglichkeiten, unser Potenzial, unser Talent bereiten uns den Weg. Unsere Entscheidungen und unser Handeln aber lassen uns diesen Weg erst beschreiten. Auf sie haben wir einen sehr viel größeren Einfluss als auf unsere Startvoraussetzungen.

21. DEZEMBER

»Wenn ich mir jetzt noch mal die Beine breche, brauche ich nur noch einen Inbusschlüssel.«

Alessandro Zanardi

> Ist ein ehemaliger italienischer Motorsportrennfahrer, zunächst in der Formel 1 und später in der Tourenwagen-Weltmeisterschaft WTCC, sowie mehrfacher Medaillengewinner bei den Paralympics in der Disziplin Handbike. Im Juni 2020 erlitt er auf seinem Handbike durch einen Zusammenstoß mit einem LKW schwere Kopfverletzungen und befindet sich seither in kritischem medizinischem Zustand.

»Alex« Zanardi ist seit vielen Jahren eine der inspirierendsten Persönlichkeiten der Sportwelt. Bei einem Rennen im Jahr 2001 auf dem Lausitzring verlor er nach einem Boxenstopp die Kontrolle über seinen Rennwagen. Als sich sein Fahrzeug langsam auf die Strecke zurückdrehte, rauschte der Kanadier Alex Tagliani mit über 320 Stundenkilometern durch Zanardi hindurch und teilte ihn und seinen Wagen buchstäblich in zwei Teile. Zanardi verlor 75 Prozent seines Bluts, beide Beine mussten oberhalb der Knie amputiert werden. Es gleicht einem Wunder, dass er überlebte.

Seinen Sinn für Humor verlor Zanardi durch seinen Unfall nicht. Mit »so viel deutschem Blut durch die Konserven« fühle er sich fast schon »wie ein Deutscher«, sagte er. Und er könne sich beim Barfußlaufen nun nicht mehr erkälten. Dank seiner positiven Einstellung fand er seinen Weg zurück in den Leistungssport. Er fuhr wieder Autorennen und stieg anschließend auf den Radsport um. Hin und wieder scherzte er zwar, er stehe mit beiden Beinen im Leben, für seine sportliche Karriere setzte er jedoch auf das Handbike.

2012 und 2016 gewann er die Goldmedaille bei den Paralympics. 2014 bewältigte er mit Handbike und Rollstuhl auf Hawaii den Ironman.

Manchmal verlieren wir die Kontrolle über unser Leben, werden aus der Bahn geworfen. Wir haben die Kraft zurückzukommen, so wie Alex Zanardi. Humor hilft uns dabei mit Sicherheit.

22. DEZEMBER

»Run for 20 minutes and you'll feel better. Run another 20 and you might tire. Add on three hours and you'll hurt but keep going and you'll see—and hear and smell and taste—the world with a vividness that will make your former life pale.«

SCOTT JUREK

> Der US-amerikanische Ultramarathonläufer gewann während seiner Karriere zahlreiche Läufe weit über 100 Meilen. Mit 165,7 Meilen (266,6 Kilometer) hält er den amerikanischen Rekord für die größte Distanz innerhalb von 24 Stunden.

Viele kleine und große Helfer begleiten uns moderne Menschen durch den Alltag. Nach dem Aufstehen der kurze Knopfdruck auf die Kaffeemaschine. Danach bringen uns Autos, Züge oder E-Bikes bequem und ohne Verzögerung an unsere Ziele. Dort angekommen, starren wir oft stundenlang auf Bildschirme und lassen uns zwischendurch das Mittagessen liefern. Und abends geht es wieder auf gleichem Weg nach Hause. Es folgen ein, zwei Stunden vor der Flimmerkiste. Dann gehen wir ins Bett. Morgen steht dann wieder das Gleiche an.

Sicherlich sind wir froh, dass wir unser Frühstück nicht mehr jagen müssen. Doch bei aller Bequemlichkeit liegt es auch in unserer eigenen Verantwortung, uns nicht zu sehr in den Alltagstrott hineinziehen zu lassen. Einen Ausweg bieten sportliche Herausforderungen. Ein Lauf vor oder nach der Arbeit hilft uns, abzuschalten – zu entspannen und auf andere Gedanken zu kommen. Körperliche Bewegung beseitigt Stress oder beugt Stress vor. Wir schlafen besser. Dumpfheit wird durch Klarheit ersetzt. Die regelmäßige Entschlackung durch sportliche Aktivität macht uns zu gesünderen, glücklicheren Menschen.

23. DEZEMBER

»Schlechte Gewohnheiten sind wie ein bequemes Bett. Es ist leicht, sich hinzulegen und schwer, wieder aufzustehen.«

VERFASSER UNBEKANNT

> Dieses Zitat ist keiner eindeutigen Quelle zuzuordnen.

Schlechte Gewohnheiten sind gleichbedeutend mit ungesunden Gewohnheiten. Sie gefährden Sportler seltsamerweise gleichzeitig mehr und weniger als den Durchschnittsmenschen. Sportler sind es einerseits gewohnt, ihren Körper gut zu behandeln, diszipliniert zu sein und Durchhaltevermögen zu beweisen. Andererseits kommen sie manchmal in ein schwieriges Fahrwasser, meist begründet durch Sätze wie: »Nach all den Anstrengungen, dem harten Training und den Entbehrungen habe ich mir das jetzt einfach verdient«.

Gemeint sind dann zum Beispiel ungesundes Essen, zu viel oder zu wenig Schlaf, zielloses In-den-Tag-Hineinleben, übermäßiger Alkoholkonsum, Rauchen und ein Training, das qualitativ und quantitativ nachlässt oder gar nicht mehr stattfindet. Natürlich macht – wie so oft – die Dosis das Gift. Schonungslose Ehrlichkeit kann Abhilfe schaffen: Ist es wirklich nur ab und zu ein Glas Wein? Kleine Sünden lassen sich auch bewusst in das Leben integrieren, indem man mit allen Sinnen isst und genießt, statt schnell zwischendurch Fast Food hinunterzuschlingen. Ein mentales Frühwarnsystem für schlechte Gewohnheiten zu installieren, macht in jedem Fall Sinn. Irgendwann wird man sonst zu bequem, um überhaupt wieder wie ein Athlet zu leben.

24. DEZEMBER

»Lasse nicht ›perfekt‹ der Feind von ›gut‹ sein.«

VERFASSER UNBEKANNT

> In Anlehnung an die Worte des französischen Philosophen und Schriftstellers Voltaire: »*Das Beste ist der Feind des Guten*« sowie des chinesischen Gelehrten Konfuzius: »*Besser ein Diamant mit einem Fehler als ein Kieselstein ohne.*«

Viele Sportler sind Perfektionisten. Also sollten wir über das heutige Zitat nachdenken. Bevor wir optimieren, lohnt es sich, zu evaluieren, wo wir stehen, wo wir hinwollen und was wir auf dem Weg von A nach B brauchen. Perfektion zu erreichen, ist eigentlich unmöglich. Niemals nur das Geringste an der eigenen Leistung auszusetzen haben – diesen Zustand werden wir wohl nie erreichen. Auch das Streben danach lohnt sich nicht.

Führen wir uns dazu das sogenannte Pareto-Prinzip vor Augen. Es geht auf den italienischen Soziologen Vilfredo Pareto zurück und besagt: Oft sind 80 Prozent des angestrebten Ergebnisses mit 20 Prozent des Gesamtaufwands zu erzielen. Die übrigen 20 Prozent, die den Unterschied zwischen gut und perfekt ausmachen, benötigen 80 Prozent des Gesamtaufwands – also den Großteil der investierten Zeit. An dieses Prinzip solltest du denken, bevor du das nächste Mal stundenlang nach den neuesten Methoden, den letzten Prozentpunkten suchst, um dein Training noch effektiver zu gestalten. Wer die Grundlagen gut beherrscht, erreicht bereits gute Resultate.

25. DEZEMBER

»If my uniform doesn't get dirty, I haven't done anything in the baseball game.«

RICKY HENDERSON

> Ist ein ehemaliger Baseballspieler, der von 1979 bis 2003 unter anderem für die New York Yankees, Boston Red Sox und die Los Angeles Dodgers spielte. Mit den Oakland Athletics (1989) und den Toronto Blue Jays (1993) gewann er die World Series, das Finale der US-Baseball-Profiliga. Zudem hält er noch immer zahlreiche Rekorde. Unter seinem Spitznamen »Man of Steal« gilt er bis heute unter vielen Experten als einer der Größten im Baseball.

Seine Geschwindigkeit und sein Selbstbewusstsein – nicht selten sprach er von sich in der dritten Person – ließen Henderson zum zehnmaligen All-Star werden. Dabei brachte er eine beispiellose Coolness auf das Baseballfeld. Und doch war er gleichzeitig demütig. Sein Vertragsunterzeichnungsbonus in Höhe von einer Million US-Dollar machte ihn zum Beispiel so stolz, dass er den Betrag lange Zeit nicht einlöste und zunächst nur den Vertrag einrahmte und an die Wand hängte. Im Gegensatz zu seinen Teamkollegen gab er seine Spieltagsprämien nicht gleich aus, sondern bewahrte die Briefumschläge mit Bargeld für seine Kinder auf, um sie für gute Schulleistungen belohnen zu können.

Henderson war der wohl beste Baseballspieler seiner Zeit. Dominant. Schnell. Präzise. Eiskalt. Seit 2009 zählt er mit Aufnahme in die Baseball Hall of Fame auch offiziell zu den Besten der Besten. Doch war er sich nie zu schade, sich auf dem Feld schmutzig zu machen. War es vielleicht genau diese Einstellung, die ihn zu einem der Größten aller Zeiten werden ließ? Darüber lässt sich nur spekulieren. Von seiner unbändigen Lust, Baseball zu spielen, können wir uns definitiv eine Scheibe abschneiden. Machen wir uns also dreckig!

26. DEZEMBER

»Chantal, heul leise.«

FACK JU GÖHTE

> Zitiert aus dem Kinofilm *Fack ju Göhte*. Die Komödie des deutschen Regisseurs mit türkischen Wurzeln Bora Dagtekin war 2013 mit über 5,6 Millionen Besuchern der erfolgreichste Kinofilm in Deutschland.

Kein Sportler verliert gerne. Niemand findet es gut, seine Ziele nicht zu erreichen. Es ist kein schönes Gefühl, in einem wichtigen Wettkampf zu versagen. In der Vorbereitung verzichten, schwitzen, leiden, nur um mit leeren Händen dazustehen. So ein Mist! Direkt nach dem Schlusspfiff oder dem Erreichen der Ziellinie ist die Enttäuschung riesengroß. Das darf so sein. Das ist menschlich. Mit ein bisschen zeitlichem und mentalem Abstand ist es aber sinnvoll und angebracht, auf die Vogelperspektive umzuschalten und die Situation in ihrem Kontext zu sehen.

Im Leben gibt es Probleme, die deutlich schwerer wiegen als sportliche Enttäuschungen. Es gibt Menschen, denen es gerade in diesem Moment verdammt dreckig geht. Die morgens nicht wissen, ob sie abends etwas zu essen haben. Die völlig unverschuldet schwer krank werden. Menschen, die ums nackte Überleben kämpfen, während wir unsere Proteinriegel bestellen.

Sport ist wichtig, fantastisch und vielleicht sogar deutlich mehr als die schönste Nebensache im Leben. Sportliche Rückschläge und Niederlagen zu verarbeiten, ist allerdings ein »Schicksal«, das viele andere Menschen auf der Erde liebend gerne gegen das ihre eintauschen würden. Wir leben den Traum von Millionen Menschen. Das lässt sich aus der Vogelperspektive hervorragend erkennen.

27. DEZEMBER

»Sport doesn't build character. It reveals it.«

Verfasser unbekannt

> Die heutigen Worte hast du vielleicht schon einmal in einem Kraftraum an der Wand oder deiner Umkleide gesehen. Zugeschrieben – wenn auch nicht ganz zweifelsfrei – werden sie dem Amerikaner John Wooden. Der »Wizard of Westwood« gewann als Trainer der Basketballmannschaft des UCLA Bruins College unglaubliche sieben nationale Meisterschaften in Serie. Insgesamt sammelte er zehn NCAA-(D-I)-Titel und damit doppelt so viele wie je zuvor ein anderer.

Sport ist die perfekte Blaupause für das Leben. Wir lernen von klein auf, mit Niederlagen umzugehen und auf Siege hinzuarbeiten. Wir überwinden Täler und besteigen Gipfel. Wir lernen die verschiedenen Facetten eines Teams und die Hintergründe eines jeden Mitglieds kennen und schätzen. Unser Sport ist Anker und Hochseedampfer zugleich. Er gibt unserem Tag, unserer Woche und unserem Leben Struktur.

Ob du nun ein Zweifler oder eine Kämpfernatur bist: In den höchsten Momenten des Triumphs, den schwierigsten Augenblicken eines Rückschlags und bei allem dazwischen gibt er uns die Chance, unseren wahren Charakter unter Beweis zu stellen. Jeden Tag aufs Neue.

28. DEZEMBER

»Wir können viel mehr als wir denken. Das ist ein Glaubenssystem, das ich übernommen habe und das zu meinem Motto geworden ist. Es gibt mehr zu entdecken, als man mit bloßem Auge sehen kann. Wenn man nicht bereit ist, neue Dinge zu erleben, wird man nie sein volles Potenzial ausschöpfen.«

WIM HOF

> Der Niederländer ist unter dem Spitznamen ›The Iceman‹ bekannt. Er hält mehrere Weltrekorde im Zusammenhang mit Kälte. Seine Leistungen führt er auf das Zusammenspiel von Atemtechniken, Meditation und Kältetraining zurück.

Der Körper ist nicht die Grenze. Unser Geist setzt das Limit. Das weiß jeder Athlet, der in einem Wettkampf oder Training schon einmal über sich hinausgewachsen ist. Der plötzlich eine Kraft einsetzen konnte, die übernatürlich und wider aller Logik schien. Was jedoch viele nicht wissen: Diese Grenzüberschreitungen können gezielt trainiert werden. Genau wie Technik-, Taktik-, Konditions- und Matchtraining gibt es das Training für den Geist. Deine mentale Muckibude hat immer geöffnet, kostet keinen Cent und wird dennoch oft links liegen gelassen.

Der niederländische »Iceman« Wim Hof sagt von sich selbst, es sei keine seltsame Laune der Schöpfung, die ihm erlaubt, enorme Kälte auszuhalten, lange im Eiswasser zu bleiben oder in Shorts und ohne Shirt eisige Gipfel zu erklimmen. Er behauptet, dass das jeder lernen kann. Dass wir alle so viel mehr können, als wir glauben. Wir leben in mentalen Gefängnissen und finden den Schlüssel nicht, der direkt vor uns liegt. Probiere es aus: Dusche nach dem Aufstehen eiskalt, laufe deutlich länger als deine Standardroute, hol dir noch zwei Extra-Gewichtsscheiben! Atme ein, atme aus. Visualisiere und exekutiere. Du bist noch lange nicht an deinem Limit angekommen.

29. DEZEMBER

»Take time to dream, it is like hooking your wagon to a star.
Take time to think, is the source of power.
Take time to laugh, it is the music of the soul.
Take time to love and be loved, is the privilege of the gods.
Take time to make friends, is the way of happiness.«

Irisches Gebet

> Das Zitat ist ein Auszug aus einem alten irischen Gebet.

Diese Weisheit ist wie ein perfekter Trainingsplan für deine kurze Zeit auf Erden. Wie du es vom Sport und Verfolgen deiner Ziele kennst, passiert aber nichts von allein.

Als Athlet bist du mit Imperativen wie »Nimm dir Zeit ...« bestens vertraut. Wahrscheinlich hast du schon Tausende Kommandos von deinen Trainern gehört: »Gib Gas«, »Mach noch einen Durchgang«, »Lauf zehn Runden!« Vielleicht hast du dir aber auch selbst zugerufen: »Halte durch, versuch es wenigstens, setz sie unter Druck!«

Was bedeutet Träumen, Nachdenken, Lachen, Leben und Freundlichsein konkret für dich? Hast du das geklärt, solltest du dir gezielt Zeit dazu nehmen und dir eventuell zunächst kleinere Unterziele setzen. Wer so handelt, hat ein gutes Fundament für ein glückliches Leben – als Sportler und als Mensch.

30. DEZEMBER

An diesem Tag im Jahr 1975 wurde Tiger Woods geboren.

»Winning is not always the barometer of getting better.«

TIGER WOODS

> Der amerikanische Superstar war und ist das weltweite Aushängeschild seines Sports. Durch seine enorme Popularität sorgte er weltweit für eine veränderte Wahrnehmung des Golfsports. Neben dem Golf geriet er auch durch einige Skandale (Untreue, Drogenmissbrauch) immer wieder in die Schlagzeilen.

Eigentlich erstaunlich. Dieses Zitat stammt von einem Sportler, von dem viele Menschen denken, dass ein zweiter Platz in einem Turnier für ihn eher gleichbedeutend mit dem ersten Verlierer ist. Von frühester Kindheit an, noch vor seinem zweiten Geburtstag, hatte Tiger Woods seinen ersten Wunderkind-Auftritt in einer Fernsehshow. Von seinem Vater Earl auf Leistung und Erfolg getrimmt, dominierte Woods später für mehrere Jahre die internationale Golfszene als bester und erfolgreichster Spieler.

Aber Golf ist ein Sport, der auf kurz oder lang jeden Demut lehrt – auch Superstars wie Tiger Woods. Im Golf kann man im engeren Sinn niemanden bezwingen: Es ist ein permanenter Kampf gegen die eigenen mentalen und technischen Unzulänglichkeiten. Wechselnde äußere Bedingungen wie Wetter und schwierige Platzbedingungen sowie schwankende Formkurven kommen erschwerend hinzu.

Tiger Woods hat in seinem Leben sehr viele Turniere gewonnen. Allerdings hat er wesentlich mehr Turniere nicht gewonnen. Etwas, was dir aus deinem Sportlerleben vielleicht auch bekannt vorkommt. Eine einseitige Fokussierung auf den Sieg ist dein *One Way*-Ticket ins Unglück. Konzentriere dich daher stets auch auf andere Ziele und eigene Maßstäbe, die von Sieg oder Niederlage unabhängig sind.

31. DEZEMBER

»The formula for success is simple: practice and concentration then more practice and more concentration.«

MILDRED ELLA »BABE« DIDRIKSON ZAHARIAS

> Die US-Amerikanerin gewann als Leichtathletin Gold über 80 Meter Hürden sowie im Speerwurf und Silber im Hochsprung bei den Olympischen Spielen 1932 in Los Angeles. Später fuhr sie auch als Profigolferin große Erfolge ein und wurde in die Hall of Fame of Women's Golf aufgenommen.

Yeah, ich habe es geschafft! Ich habe mir die vielen guten Sprüche und Zitate durchgelesen, die für mich wichtig sind. Jetzt bin ich unzerstörbar und werde ein toller Athlet«. Du hast recht: Die Lektionen aufmerksam zu lesen, ist ein guter erster Schritt. Worauf es jedoch wirklich ankommt, ist, sie zu verinnerlichen und danach zu leben. Es ist angenehm, bei einem heißen Kaffee oder kalten Bier mehr über Inspiration und Motivation zu erfahren. Gedanken müssen aber auch Taten folgen, sonst bringt der tollste Motivationsspruch nichts.

Ähnlich wie einen Golfabschlag müssen wir auch die beschriebenen Tugenden immer und immer wieder trainieren, bis sie uns in Fleisch und Blut übergegangen sind.

SIEGEREHRUNG

»Ich bereue nichts im Leben – außer dem, was ich nicht getan habe.«

Coco Chanel, französische Mode-Ikone

Der tägliche Athlet ist ein Buch von Sportlern für Sportler und Menschen mit Sportsgeist. Jeder von uns ist einzigartig. Wir sehen unterschiedlich aus und leben an verschiedenen Orten. Wir sind alt, jung, dick, dünn, reich oder arm. Wir sind Frauen, Männer oder alles dazwischen. Wir laufen, springen, radeln, werfen, turnen, klettern oder tanzen. Wir spielen mit Bällen, haben Schläger in der Hand, stehen auf Brettern und schwimmen durch Pools und Ozeane. Wir kämpfen, boxen, schießen, heben Gewichte, klettern, fliegen durch die Lüfte, verwenden Fahrzeuge aller Art oder unseren Geist. Wir sind motiviert, setzen uns Ziele, trainieren, treten an, gewinnen, verlieren, erleiden Verletzungen oder erobern Herzen. Wir fallen hin und stehen doch immer wieder auf. Wir sind Mannschafts- oder Einzelsportler. Allein sind wir nie. Wir sind Athleten und Teil eines unsichtbaren weltweiten Verbunds: der Sportfamilie.

Unser Wunsch war es, ein Buch zu schreiben, das die Mitglieder dieser Gemeinschaft durch ein Jahr, ein Jahrzehnt oder ein ganzes Leben begleitet. Wenn dir nur ein Zitat, eine Geschichte oder ein Gedanke in diesem Buch an einer bestimmten Stelle in deinem Leben als Athlet hilft, haben wir unser Ziel erreicht.

Wir stehen auf den Schultern von Giganten, ohne die unser Buch *Der tägliche Athlet* nur eine Fantasie geblieben wäre. An dieser Stelle möchten wir uns bei allen Zitatgebern und Gastautoren bedanken. Bei unseren Familien und Freunden bedanken wir uns für die kostbare Unterstützung, den Zuspruch und die Hilfe. Schließlich danken wir dir, liebe Leserin, lieber Leser, für dein Vertrauen in uns. Wir wünschen dir von Herzen, dass sich alle deine Träume als Athlet und Mensch erfüllen. Wir fühlen uns mit euch verbunden, egal wo ihr gerade seid. Zusammen ist man weniger allein.

ÜBER DIE AUTOREN

Maximilian Breböck war über viele Jahre als Leistungssportler im Tennis aktiv und zählte einmal zu den besten Junioren Deutschlands. Der große Durchbruch gelang nicht, die Leidenschaft für den Sport blieb. Nach einem abgeschlossenen Studium und einer weiterführenden Ausbildung zum Sportökonom gründete er zusammen mit Freunden zwei Unternehmen mit Sportbezug. Der Vater von zwei Kindern schreibt seit vielen Jahren als Autor, Kolumnist und Blogger vorwiegend über Themen aus den Bereichen persönliche Entwicklung und lebenslanges Lernen. Als Coach betreut er Menschen auf ihrem beruflichen und sportlichen Weg und hilft ihnen, ein Leben im Konjunktiv zu vermeiden. Mehr Informationen auch unter www.maximilian-breboeck.com.

Leon Brudy ist Experte in den Bereichen Sport- und Gesundheitswissenschaften. Nach Studium in den USA und Deutschland veröffentlichte er im Rahmen seiner Promotion an der TU München zahlreiche wissenschaftliche Fachartikel zum Thema körperliche Aktivität und Prävention. Sport und tägliche Bewegung sind für den ehemaligen Fußballer heute nicht nur berufliche Passion mit dem Ziel Begeisterung an Bewegung und Sport zu entfachen, sondern auch der Schlüssel zu einem erfüllten und gesunden Leben. Mehr Information auch unter www.leonbrudy.com.

ANHANG

BUCH- UND FILMEMPFEHLUNGEN

LITERATUR- UND MEDIENEMPFEHLUNGEN

Nachfolgend haben wir passend zum Inhalt einiger Tage beziehungsweise zu den jeweiligen Zitatgebern noch weiterführende Empfehlungen für dich zusammengestellt. Um den Rahmen nicht zu sprengen konzentrieren wir ausschließlich auf Empfehlungen mit einem sportlichen Kontext.

01. Januar
Ansehen: Netflix-Dokumentarfilm *Ronnie Coleman: The King*

05. Januar
Lesen: Buch *Sebastian Deisler: Zurück ins Leben – Die Geschichte eines Fußballspielers* von Michael Rosentritt

06. Januar
Lesen: Buch *Mein Höhenflug, mein Absturz, meine Landung im Leben* von Sven Hannawald

07. Januar
Lesen: Buch *In die Tiefe: Wie ich meine Grenzen suchte und Chancen fand* von Anna von Boetticher

10. Januar
Lesen: Buch *Born to run: Ein vergessenes Volk und das Geheimnis der besten und glücklichsten Läufer der Welt* von Christopher McDougall

15. Januar
Lesen: Buch *Ultramarathon Man: Aus dem Leben eines 24-Stunden-Läufers* von Dean Karnazes

17. Januar
Ansehen: Netflix-Dokumentarfilm *I am Ali*

22. Januar
Ansehen: Film *Die Kunst zu gewinnen – Moneyball*

04. Februar
Lesen: Buch *Finding Ultra: Wie ich meine Midlife-Krise überwand und einer der fittesten Männer der Welt wurde* von Rich Roll

13. Februar
Lesen: Buch *Open: Das Selbstporträt* von Andre Agassi

16. Februar
Lesen: Buch *Serious* von John McEnroe

17. Februar
Lesen: Buch *Unstoppable: My Life so far* von Maria Sharapova

24. Februar
Ansehen: Dokumentarfilm *Venus and Serena*

25. Februar
Lesen: Buch *Werde ein geschmeidiger Leopard – Die sportliche Leistung verbessern, Verletzungen vermeiden und Schmerzen lindern* von Kelly Starrett und Glen Cordoza

04. März
Lesen: Buch *Wovon ich rede, wenn ich vom Laufen rede* von Haruki Murakami

06. März
Ansehen: Dokumentarfilm *Tyson*

08. März
Ansehen: Dokumentarfilm *Be Water*

09. März
Lesen: Buch *Gib alles – nur nie auf!: Die Erfolgsstrategien vom Trainer der Weltstars* von Norbert Elgert

15. März
Lesen: Buch *Der perfekte Athlet* von Gray Cook

17. März
Ansehen: Dokumentarfilm *Hawaiian - The Legend of Eddie Aikau*

20. März
Lesen: Buch *Mein Leben und wie ich es zurückgewann* von Kirsten Bruhn

23. März
Ansehen: Netflix-Dokumentationsserie *The Last Dance*

25. März
Lesen: Buch *A beautiful work in progress* von Mirna Valerio

27. März
Ansehen: Film *Rocky Balboa*

28. März
Ansehen: Dokumentarfilm *Tiger*

05. April
Ansehen: Film *Battle of the Sexes – Gegen jede Regel*

08. April
Lesen: Buch *Über Leben* von Reinhold Messner
Lesen: Buch *Bergsüchtig* von Hans Kammerlander

09. April
Lesen: Buch *Today we die a little: Emil Zátopek, Olympic Legend to Cold War Hero* von Richard Askwith

13. April
Lesen: Buch *Eine Frage der Leidenschaft: Mit Mut und Motivation zum Erfolg* von Jan Frodeno

01. Mai
Ansehen: Film *Senna*

20. Mai
Ansehen: Film *Rush – Alles für den Sieg*

30. Mai
Lesen: Buch *Total Recall: Die wahre Geschichte meines Lebens* von Arnold Schwarzenegger

31. Mai
Lesen: Buch *Rafa. Mein Weg an die Spitze: Die Autobiografie* von Rafael Nadal und John Carlin

03. Juni
Ansehen: Dokumentarfilm *Free Solo*

06. Juni
Ansehen: Netflix-Dokumentationsserie *The Playbook*

12. Juni
Lesen: Buch *The Great Nowitzki: Das außergewöhnliche Leben eines großen deutschen Sportlers* von Thomas Pletzinger

16. Juni
Lesen: Buch *Ich mag, wenn's kracht: Jürgen Klopp. Die Biographie* von Raphael Honigstein

17. Juni
Lesen: Buch *Eleven Rings: The Soul of Success* von Phil Jackson und Hugh Delehanty

20. Juni
Lesen: Buch *Butterfly: Das Mädchen, das ein Flüchtlingsboot rettete und Olympia-Schwimmerin wurde* von Yusra Mardini

24. Juni
Ansehen: Dokumentarfilm *Messi*

28. Juni
Lesen: Buch *Verlieren ist keine Option* von Tim Lobinger

30. Juni
Ansehen: Dokumentarfilm *Ludwig / Walkenhorst – Der Weg zu Gold*

03. Juli
Ansehen: HBO-Dokumentarfilm *The Weight of Gold*

12. Juli
Lesen: Buch *Lucky Loser: Wie ich einmal versuchte, in die Tennis-Weltrangliste zu kommen* von Felix Hutt

13. Juli
Lesen: Buch *Der feine Unterschied: Wie man heute Spitzenfußballer wird* von Philipp Lahm

17. Juli
Lesen: Buch *Die Starmacher: Wie Ärzte, Manager und Mentaltrainer unsere Sportstars erschaffen* von Daniel Müksch

21. Juli
Lesen: Artikel der New York Times Opinion vom 16. November 2019. *I changed my body for my sport. No girl should* von Lauren Fleshman

23. Juli
Lesen: Buch *Das Wunder von Berlin: 1936: Wie neun Ruderer die Nazis in die Knie zwangen* von Daniel James Brown

29. Juli
Ansehen: Netflix-Dokumentarfilm *Phoenix aus der Asche*

30. Juli
Ansehen: Dokumentarfilm *Pumping Iron*

06. August
Ansehen: Film *Cool Runnings*

21. August
Ansehen: Dokumentarfilm *Maidentrip*

23. August
Lesen: Buch *Mamba Mentality: Mein Weg zum Erfolg* von Kobe Bryant und Andrew Bernstein

27. August
Ansehen: Dokumentarfilm *Andy Murray: Resurfacing*

7. September
Ansehen: Dokumentarfilm *Tim Don – The Man with the Halo*

10. Oktober
Lesen: Artikel der New York Times Opinion vom 24. Februar 2018 *Sasha Cohen: An Olympian's Guide to Retiring at 25* von Sasha Cohen

11. Oktober
Lesen: Buch *Roger Federer: Die Biografie* von René Stauffer

30. Oktober
Ansehen: Dokumentarfilm *Maradona* von Emir Kusturica

31. Oktober
Lesen: Buch *Soul Surfer: Meine Geschichte* von Bethany Hamilton

02. November
Lesen: Buch *Pep Guardiola: Die Biografie* von Guillem Balagué

18. November
Lesen: Buch *Leading* von Alex Ferguson und Michael Moritz

21. November
Lesen: Buch *Blaue Augen bleiben blau: Mein Leben* von Balian Buschbaum

09. Dezember
Ansehen: Film *Eddie the Eagle – Alles ist möglich*

19. Dezember
Lesen: Buch *George Best: Der ungezähmte Fußballer* von Dietrich Schulze-Marmeling

22. Dezember
Lesen: Buch *Eat and Run: Mein ungewöhnlicher Weg als veganer Ultramarathon-Läufer an die Weltspitze* von Scott Jurek und Steve Friedman

27. Dezember
Lesen: Buch *They call me Coach* von John Wooden

QUELLENNACHWEISE UND ÜBERSETZUNGEN

Die Quellen zu den verwendeten Zitaten sowie die deutsche Übersetzung zu den englischen Zitaten findest du, wenn du obigen QR-Code einscannst oder über diesen Link: https://www.m-vg.de/link/athlet/.

Der tägliche Biohacker

Max Gotzler

In einer Welt voller Versprechungen werden uns täglich schnelle Erfolge in Aussicht gestellt, sei es bei der Ernährung, beim Training oder im Beruf. Diese Erfolge sind in der Regel nur von kurzer Dauer, wenn sie denn überhaupt eintreten. Wenn du die großen Erfolge feiern willst, brauchst du Durchhaltevermögen, eine positive Einstellung und den Blick für das Wesentliche. Was würde es also für dein Leben bedeuten, wenn du ein ganzes Jahr lang, Tag für Tag, deine guten Vorsätze umsetzen würdest?
Biohacker Max Gotzler hat die besten Methoden und Strategien der Biohacker in 366 Lektionen verpackt, die täglich helfen, das eigene Leben nach den persönlichen Vorstellungen zu gestalten. Die Lektionen liefern kleine Aufgaben und Wissenswertes, um motivierter in den Tag zu starten, sich gesünder zu ernähren, produktiver am Arbeitsplatz zu sein und besser zu schlafen.

512 Seiten | Hardcover | 24,99 € (D) | 25,70 € (A) | ISBN 978-3-95972-200-1

Game Changers

Dave Asprey

Dave Asprey, Erfinder der Bulletproof-Methode für höhere geistige Leistungsfähigkeit und mehr Energie, legt in seinem neuen Buch Antworten auf die Frage vor, wie man sich im Leben auf die Gewinnerseite katapultieren kann. In seinem Podcast Bulletproof Radio interviewte er einige der einflussreichsten Führungspersönlichkeiten wie Tim Ferriss, Dr. Daniel Amen oder Arianna Huffington, wie sie den Durchbruch auf ihrem jeweiligen Gebiet schafften. Aus der Analyse dieser über 450 Erfolgsgeschichten zog der Autor das Fazit für wichtige Fragen: Wie werde ich smarter und erhöhe meine mentale Performance? Wie gelange ich schneller ans Ziel? Wie mache ich Glück zur Basis meines Erfolgs? Diese Erfolgsstrategien bieten dem Leser direkt umsetzbare Handlungsanleitungen für den eigenen Weg an die Spitze. Game Changers ist damit die Essenz von Dave Aspreys jahrelangen Studien und enthält erstmals die 46 wissenschaftlich untermauerten Gesetze des Erfolgs.

400 Seiten | Softcover | 19,99 € (D) | ISBN 978-3-95972-202-5

Haben Sie Interesse an unseren Büchern?

Zum Beispiel als Geschenk für Ihre Kundenbindungsprojekte?

Dann fordern Sie unsere attraktiven Sonderkonditionen an.

Weitere Informationen erhalten Sie bei unserem Vertriebsteam unter **+49 89 651285-252**

oder schreiben Sie uns per E-Mail an: **vertrieb@m-vg.de**

www.finanzbuchverlag.de